Andrea Rosenthal

Lenormand Legesysteme für die Ahnenkraft und Jenseitskontakte

13 kleine Legungen und Große Tafeln für die Kommunikation mit den Ahnen

Bibliografische Information der Deutschen Nationalbibliothek
Die Deutsche Nationalbibliothek verzeichnet diese Publikation in der Deutschen Nationalbibliografie; detaillierte bibliografische Daten sind im Internet über http://dnb.d-nb.de abrufbar.

Rechtliche Hinweise

Autor des Buches: © Andrea Rosenthal

Layout und Satz des Buches: Angelina Schulze

Korrekturlesen: Regina Schier
info@reginaschier.de
www.reginaschier.de

Umschlagbilder und Gestaltung:
© Angelina Schulze (Umschlaggestaltung)
© Artdesign Osorio (Hintergrundbild)
© Midjourney (Bär mit Ahnen)

Verlag:
Angelina Schulze Verlag
Am Mühlenkamp 15
38268 Lengede

verlag@angelina-schulze.com
https://angelina-schulze.com

Druckerei: Angelina Schulze Druckerei - Deutschland

1. Auflage August 2024

ISBN: 978-3-96738-295-2

Inhaltsverzeichnis

„Das Große Gesetz des Friedens“ von den „Six Nations“, einer Irokesen-Liga, die eine gemeinsame Verfassung, die die Beziehungen untereinander und mit allen zukünftigen Generationen regelte, nutzte, um den Schamanismus im amerikanischen Raum zu prägen.

Zitat

„Dein Herz soll mit Frieden und guter Absicht erfüllt sein, dein Geist mit dem Verlangen für das Wohlergehen aller Angehörigen der Vereinigung. Mit endloser Geduld sollst du deine Pflicht tun, deine Bestimmung soll durch Nachsicht für deine Leute gemäßigt sein. Weder Ärger noch Rage soll in deinem Geiste zu Hause und alle deine Taten sollen durch ruhige Entschlossenheit gekennzeichnet sein. In all deinen Entscheidungen im Rat der Vereinigung, in deinen Anstrengungen, Gesetz zu sprechen, in all deinen offiziellen Handlungen sollen Eigeninteressen in den Hintergrund rücken. Wenn dich deine Nichten und Neffen beschuldigen, falsch zu handeln oder Fehler begangen zu haben, verwerfe sie nicht einfach, sondern komme zurück auf den Weg des großen und richtigen Gesetzes. Kümmere dich um das Wohlergehen aller Menschen und behalte immer nicht nur die heutige Generation, sondern auch die kommenden Generationen im Blick. Auch die zukünftigen sieben Generationen, die heute noch nicht geboren sind.“

zeigt mir, dass die Zeit, mir dieses Thema der Ahnen und des Einflusses, den sie auf unser Leben haben können, vorzunehmen, gekommen war. Doch es war mir nicht klar, dass es mich ein ganzes Jahr begleiten würde und mich immer tiefer in die Vergangenheit und in das Erbe der Vorfahren führen würde. Nun denn, hier ist nun meine Geschichte und der Versuch, anhand der Lenormandkarten etwas über meine Ahnen zu erfahren, besonders da mein familiärer Hintergrund sich auf die Kernfamilie beschränkt und keinerlei Kenntnisse über weitläufige Verwandtschaft und Stammbaum vorhanden sind.

Alle Legungen in diesem Buch haben sich aus dieser intensiven Auseinandersetzung mit diesen nebulösen Kenntnissen ergeben, immer den Fokus auf die Informationen gerichtet, die die Ahnenreihen für mich bereithalten, um mein Leben glücklich und mit der Unterstützung der Vorfahren zu gestalten.

Den Versuch, den Lenormandkarten ein Geheimnis über die vorangegangenen Generationen zu entlocken, findest du für jede Lenormandkarte in meinen Legungen und am Ende des Buches. Fühle dich frei, sie nach deinen Erkenntnissen und intuitiven Eingebungen zu ergänzen, da es lediglich Vorschläge und Channelings meinerseits sind und sie nicht den Anspruch auf Vollständigkeit erheben. Nimm dir, was dir gefällt, und lass den Rest beiseite.

Die Deutungen für jede Lenormandkarte und die Zusatzkarten von Angelina Schulze habe ich folgendermaßen interpretiert:

Als Person: Hier findest du, wenn du etwas über eine bestimmte Person wissen möchtest, wichtige Charaktereigenschaften, die diese Person auszeichneten und was sie im Umgang auch deutlich zum Ausdruck brachte. Auch wenn es um Personen geht, die immer noch im Diesseits weilen, kannst du sie hier näher kennenlernen und eventuelle Beweggründe und Verhaltensweisen erkunden.

Die energetische und spirituelle Ausrichtung: Dabei handelt es sich um die Deutungen, die ich bereits in meinem Chakrenbuch vorgestellt habe. Sie zeigt die Triebfeder und Ausstrahlung der jeweiligen Person oder die Botschaft der Generation, nach der geforscht wird. Was sind es für spirituelle Prozesse, die hier gelebt und weitergegeben werden möchten.

Das momentane Leben: Diese Deutung bezieht sich auf lebende Personen, wie sie sich gerade fühlen und was für Bewusstseinsprozesse gerade erlebt werden. Wie gestalten sie gerade ihr Leben und verursachen entsprechende Resonanz.

Ahnenlast: Hier wird uns gezeigt, welches Karma aus den Generationen oder speziellen Menschen, nach denen gefragt wird, auch heute noch in dem Leben der Fragesteller/innen wirkt und somit Einfluss auf alles nimmt, was nicht als gut empfunden wird und der Heilung bedarf.

Ahnenkraft: Die Ahnenkraft zeigt dir die Unterstützung, die von den Vorfahren gegeben wird und macht dich auf bestimmte, der Karte entsprechende Anhaltspunkte aufmerksam.

Ahnenheilung: Wie ist Heilung möglich? Was ist zu erkennen oder anzunehmen, damit Heilung geschehen kann?

Botschaft der Karte: Hier wird nochmal eine Deutung der Karte angeboten, die einen besonderen Aspekt herausarbeitet, der für kommende Entscheidungen und Entwicklungsprozesse wichtig werden könnte.

Es steht jedem vollkommen frei, welche Deutung genutzt wird, oder welche eigenen Deutungen zum Tragen kommen sollen. Es sind nur Anstöße, die etwas in Gang setzen sollen und den Heilungsweg unterstützen können. In meinen Legungen gebe ich an, welche Kategorie ich zur Deutung hinzugezogen habe. Es ist aber auch möglich, falls man einen tieferen Einblick möchte, alle Deutungen zurate zu ziehen.

Im Jahre 2023 habe ich mich intensiv mit schamanischer Heilung und dem Medizinrad beschäftigt. Doch es war mir anfangs gar nicht klar, was für eine intensive Reise damit begann. Angeregt durch ein Gemeinschaftsprojekt mit Angelina Schulze, „Der Wind unter deinen Flügeln", zu dem ich einen Beitrag über ein Zwiegespräch mit dem Inneren Kind mithilfe der Lenormandkarten beisteuerte, wurde mir bewusst, wie wichtig die Familie, Abstammung und die Ahnen für die individuelle Prägung sind.

Am Anfang war die Frage, was dies für mich bedeutet, besonders weil mein Wissen darüber nicht über die Ursprungsfamilie hinausging.

Ist es möglich, mit den Lenormandkarten mehr über die unverarbeiteten Verletzungen der Ahnen und deren Erbe für die nächste Generation zu erfahren? Kann ich dadurch Impulse für die Heilungsarbeit bekommen? Und stimmt es, dass, wenn ich diese heile, auch die Ahnenlinie geheilt wird?

Fragen über Fragen, die mich anregten, tiefer zu forschen und mit den Lenormandkarten neue Interpretationsmöglichkeiten zu finden, die meinen Horizont erweiterten und das Verständnis für meine Vorfahren vertieften.

Schon in den 1990er Jahren lernte ich durch „Die Prophezeiungen von Celestine“ von James Redfield eine Sichtweise kennen, die die Verstrickung in einem Familiensystem aufzeigte. Zugrunde liegt das Bedürfnis nach Liebe, Aufmerksamkeit und Anerkennung, die durch jedes erdenkliche Verhalten der Kinder von den Eltern provoziert werden möchten. Sei es der Gehorsam, das Erbringen von Leistung oder, wenn es in das Gegenteil umschlägt, die Provokation, Rebellion oder Unnahbarkeit. Wobei alles der Sehnsucht obliegt, sich behütet und geliebt zu fühlen. Die daraus erlernten Verhaltensweisen werden so lange von Generation zu Generation weitergegeben, bis es gelingt, diese Sehnsucht nach Liebe und Anerkennung durch das selbstverantwortliche Verständnis der Selbstliebe, die Liebesfähigkeit zu allem Lebendigen und die Vergebung aller Beteiligten zu heilen.

Die Fragestellung, die ich mit den Lenormandkarten erarbeiten wollte, war, welchen Auftrag und welches Erbe die Ahnen an einen selbst als letztes Glied in der Ahnenkette stellen, um die Ahnenlinie mehr und mehr in die Heilung zu führen. Daher habe ich alle Interpretationen der Lenormandkarten, die du in diesem Buch findest, auf die Fragesteller bezogen, unabhängig davon, wo gerade jeder in seinem Entwicklungsprozess steht. Die Weisheit der Karten lenkt die Information auf die Zusammenhänge, die in der momentanen Situation verstanden und angenommen werden können. So wundert es nicht, dass bei einer wiederholten Befragung verschiedene Informationen fließen. Bist du bereit für die Botschaft und deren Konsequenzen auf dein Heilungsbewusstsein, kann alles in einem energetischen Prozess, wie auch bei Familienaufstellungen, gelöst und bereinigt werden. Es spielt keine Rolle, ob es lebendige Stellvertreter sind, die man in Beziehung zueinander stellt, oder als Stellvertreter die Lenormandkarten einsetzt.

Die Legung ist das Energiefeld, die Beziehungsmatrix, die den Zustand der Beziehung und deren Erbe und Auftrag symbolisch mit den Karten ausdrückt. Es ist eine Momentaufnahme, die sich bereits durch die Betrachtung und deren Erkenntnisse und den Wunsch nach Heilung zum Positiven verändert.

Alles steht in Beziehung zueinander und nichts ist statisch in diesem Leben, sondern ein dynamischer Prozess, der dahingehend begünstigt werden kann, wie man sich wünscht zu sein und das, um die beste Version seiner selbst zu manifestieren.

Ist die Ausgangssituation durch die Legung des Kartenbildes gesetzt, nutze ich wie bereits in meinem Chakrenbuch beschrieben, ein gesondertes Lenormanddeck, um besondere Energien in das Energiefeld zu bringen und damit Impulse der Vervollkommnung zu initiieren.

So entstanden nach und nach diese Legungen, die du in diesem Buch findest und dieauch dich dazu einladen, deine ganz eigene Reise zu den Ahnen anzutreten und mehr über dich und warum du so bist wie du bist, vielleicht auch beantworten zu können. Für mich war es ein Abenteuer.

Nun denn, ich werde mich mal vorsichtig herantasten und dann schauen, wohin die Reise geht ...

Vor jeder Legung stimme ich mich mit folgender Einstimmung ein, öffne einen heiligen Raum und lasse mir Antwort geben auf die Fragen, deren Antworten gerade hilfreich für mich sind.

Einstimmung

Indem ich zur Ruhe komme und mich tief über die Füße mit der Erdenergie verbinde, nehme ich die Lenormandkarten in meine Hände und lasse meine persönliche Energieschwingung einfließen. Ich erschaffe meinen heiligen Raum, indem meine innere Wahrheit über das Kronenchakra mit dem kosmischen Wissen verbunden wird und bitte um die Verbindung zu meinen Ahnen, um mir die Botschaften zu geben, die jetzt gerade für mich wichtig sind und meinen Heilungsweg unterstützen.

Ich bitte um Führung und Inspiration über das Medium der Lenormandkarten, die Brücke zu den Vorfahren und verstorbenen Seelen, die für mein jetziges Leben mir als Seelengefährten dienen, zu ermöglichen. Meine geistigen Helfen stehen an meiner Seite und begleiten diesen Prozess mit Liebe und Achtsamkeit, gemäß ihrem Auftrag, mir Schutz und Unterstützung zu leisten.

Ich bin bereit, die Botschaften mit offenem Herzen zu empfangen und sie in Wissen und Weisheit für mein Leben und meine Heilung zu wandeln.

Erste Legungen, um mit den Ahnen in Kontakt zu treten

Legung „Ahneneinfluss erkennen“

1 Ist ein Ahnenthema gerade in mir aktiv?

2 Ist es gerade dran, aufgelöst zu werden?

3 Kann ich es jetzt selbst auflösen?

4 Welche Magie kann mich dabei unterstützen?

5 Welche Energien werden dadurch befreit?

QS Worum geht es bei dieser Heilung?

	4	
3	1	5
	2	

Meine Legung

Hier habe ich meine Deutungen des momentanen Lebens genutzt.

Karte 1 Ist ein Ahnenthema gerade in mir aktiv? Karte Ring

Es geht um die Fähigkeit, Bindungen einzugehen und sich verlässlich zu zeigen. Etwas, was das soziale Umfeld, das Netz der sozialen Kontakte sichert und einen in eine Gemeinschaft einbindet, die einem Schutz und Sicherheit bietet.

Karte 2 Ist es gerade dran, aufgelöst zu werden? Karte Anker

Du arbeitest an deinem Entwicklungspotenzial, um dein Überleben zu sichern. Du findest dadurch Halt in deinem Leben. In Auseinandersetzung mit der Welt gilt es so manches Mal, etwas loszulassen, sich nicht an Vergangenes zu klammern. Gehe deinen ganz eigenen spirituellen Weg und verarbeite all die Herausforderungen, die dich am Ende stark und weise werden lassen. Durch Engagement findest du zu deiner Berufung, die den Einsatz wert ist und dich an den rechten Platz in deinem Leben bringen wird.

Karte 3 Kann ich es jetzt selbst auflösen? Karte Schiff

Diese Heilung kann geschehen, wenn du der Sehnsucht nach Weiterentwicklung deiner Seele folgst, und das Auf und Ab des Lebens als Reise zu deinem Ursprung, der göttlichen Quelle, erlebst. Alles, was in diesem Sinne geschieht, ist eine Rückerinnerung an das Göttliche, deinem Heimathafen, der nach jeder noch so langen Reise angelaufen wird.

Karte 4 Welche Magie kann mich dabei unterstützen? Karte Park

Es gilt, Masken abzulegen und authentisch zu werden in allem, was du tust. Finde deine Aufgabe und deinen Platz im Leben. Nur, wenn du zu dir selbst stehst, kannst du herausfinden, was deine ganz eigene Wahrheit ist. Verbinde dich mit der Natur und lerne von ihren Gesetzen, einerseits selbstverantwortlich und andererseits Teil eines Netzwerks zu sein. Werde unabhängig von der Meinung anderer und gebe die Kontrolle darüber auf, andere beeinflussen zu müssen.

Karte 5 Welche Energien werden dadurch befreit? Karte Kreuz

Das Unausweichliche, dem du dich stellen musst, schenkt dir die Selbsterkenntnis, die du jetzt für dein Leben brauchst. Der Glaube, dass alles in deinem Leben einen Sinn hat, hilft dir dabei, die Herausforderungen des Lebens als Wachstumsmöglichkeiten zu begreifen. Nimmst du deine Lernaufgabe an, wirst du mehr und mehr deine Berufung leben, denn sie dient der Selbstverwirklichung im Leben eines jeden Menschen.

QS Worum geht es bei dieser Heilung? Karte Ruten

Schütze dich vor negativen Energien, indem du dich verteidigst und die Angriffe abwehrst. Deine Überzeugungen haben ihre Berechtigung, können aber für Streit und Diskussionen sorgen. Zweifle nicht an dir und deiner Denkweise, sondern erkenne die Gegensätze an. Falls du durch Überprüfung deiner Glaubenssätze Fehler entdeckst, korrigiere sie umgehend und zeige dich flexibel. Ansonsten erarbeite einen gemeinsamen Konsens oder handle Kompromisse mit deinem Gegenüber aus. Du solltest dich jedoch nicht für deine eigene Meinung schuldig fühlen und dich selbst dafür bestrafen, indem du deine Überzeugungen missachtest.

Also ist es die richtige Zeit, mich damit zu beschäftigen und den Kontakt zu den Ahnen aufzunehmen.

Legung „Das Ahnenheilkraftfeld und wie es sich im Leben zeigt"

Das Kraftfeld, in dem man eingebunden ist, und die Rahmenbedingungen gestalten:

Unsere Herkunft bestimmt das Kraftfeld unserer Ahnenlinien. Alles, was sich in den vergangenen sieben Generationen in den Leben unserer Vorfahren ereignet hat und nicht in die Heilung gebracht werden konnte, wurde an die nächsten Generationen als Auftrag weitergegeben. Diese Blockaden schaffen so Hindernisse in unserem Leben, die wir uns zunächst nicht erklären können und die nichts mit dem aktuellen Erleben dieser Inkarnation zu tun haben müssen. Umso wichtiger ist es, herauszufinden, was uns belastet, denn wir versuchen automatisch diese Defizite auszugleichen. Die Kraft, die wir dafür aufwenden müssen, könnten wir für die Heilung aller Vorfahren besser nutzen, denn dann steht uns ein enormes Potenzial an unterstützender Energie zur Verfügung, die uns hilft, die gegebenen Aufgaben unseres Lebens zu meistern.

Immer, wenn wir uns das Ahnenkraftfeld anhand der Legung mit den Lenormandkarten verdeutlichen und aufbauen, können wir Heilung initiieren und mit Hilfsmitteln wie kraftspendenden Karten, Pendeln, Kristallen und Gebeten positiv einwirken. Für mich ist es zu einer Selbstverständlichkeit geworden, so einen Impuls für die positive Entwicklung zu geben, so wie es uns die Familienaufstellungen mit

Personen und die systemische Arbeit mit dem Familienbrett und deren energetische Arbeit und Wirkung gezeigt haben.

Kraft
Wie du damit umgehen kannst:

Liebe
Wie du damit umgehen kannst:

Weisheit
Wie du damit umgehen kannst:

Wie dies auf das eigene Energiesystem wirkt:

Wurzelchakra
Eltern, in der Erde verwurzelt und mit den Eltern ein Leben lang verbunden sein
Wie du damit umgehen kannst:

Sakralchakra
Lebensmission, die Lebensaufgabe umsetzen, Lehrer aus der Ahnenreihe hilft uns
Wie du damit umgehen kannst:

Solarplexuschakra
Großeltern, Kraft der vier Elemente Feuer, Wasser, Erde, Luft
Wie du damit umgehen kannst:

Herzchakra
Liebe, Selbstliebe, Nächstenliebe, göttliche Liebe und Liebe aus dem Energiefeld der Ahnen
Wie du damit umgehen kannst:

Halschakra
Lebensvision und Lebensaufgabe, sie zu erkennen und uns darauf einzulassen und sie in die Welt zu tragen
Wie du damit umgehen kannst:

Stirnchakra
Demut und Dienen, das Ego überwinden und etwas Sinnvolles für die Schöpfung und die Gemeinschaft tun
Wie du damit umgehen kannst:

Kronenchakra
Göttliche Quelle, Verbindung zum Himmel und der Sonne, den Sinn unserer Existenz begreifen
Wie du damit umgehen kannst:

Meine Legung

Vor jeder Legung stimme ich mich mit folgender Einstimmung ein, öffne einen heiligen Raum und lasse mir Antwort geben auf die Fragen, deren Antworten gerade hilfreich für mich sind.

Einstimmung
Indem ich zur Ruhe komme und mich tief über die Füße mit der Erdenergie verbinde, nehme ich die Lenormandkarten in meine Hände und lasse meine persönliche

Energieschwingung einfließen. Ich erschaffe meinen heiligen Raum, indem meine innere Wahrheit über das Kronenchakra mit dem kosmischen Wissen verbunden wird und bitte um die Verbindung zu meinen Ahnen, um mir die Botschaften zu geben, die jetzt gerade für mich wichtig sind und meinen Heilungsweg unterstützen.
Ich bitte um Führung und Inspiration über das Medium der Lenormandkarten, die Brücke zu den Vorfahren und verstorbenen Seelen, die für mein jetziges Leben mir als Seelengefährten dienen, zu ermöglichen. Meine geistigen Helfer stehen an meiner Seite und begleiten diesen Prozess mit Liebe und Achtsamkeit, gemäß ihrem Auftrag, mir Schutz und Unterstützung zu leisten.
Ich bin bereit, die Botschaften mit offenem Herzen zu empfangen und sie in Wissen und Weisheit für mein Leben und meine Heilung zu wandeln.

Das Kraftfeld, in dem man eingebunden ist, und die Rahmenbedingungen gestalten:

Hier habe ich meine Deutungen des momentanen Lebens genutzt.

Kraft
Karte 15 Bär
Die Erfahrungen aus der Vergangenheit nutzen, um mehr Selbstvertrauen zu entwickeln.
Wie du damit umgehen kannst: Zeig deinen Mut und deine Kraft, die dir innewohnen und Macht und Autorität vermitteln. Diese kraftvolle und unbändige Lebenskraft gibt dir die Sicherheit, um beharrlich an deiner spirituellen Entwicklung zu arbeiten. Durch Diplomatie und Beständigkeit wirst du deine selbst gesteckten Ziele erreichen. Dabei bekommst du den Schutz deines Geistführers und wirst von deinem Krafttier begleitet. Ereignisse aus der

Vergangenheit gehen in die Heilung und dein innerer Heiler vollzieht die Transformation, die dich von den Fesseln vergangener Verletzungen befreit. Dein innerer Wohlstand beruht auf den Führungsqualitäten, die du dir angeeignet hast. Nutze diese Kraft für dein zukünftiges Leben und lasse dich dabei von deinen Ahnen unterstützen.

Liebe

Karte 9 Blumenstrauß

Die Liebe zum Leben und deren Entfaltung schwingt im Kraftfeld.

Wie du damit umgehen kannst: Entfalte deine Kreativität mit Freude und Unbeschwertheit. Nutze deine Phantasie, deine Talente so einzusetzen, dass eine positive Entwicklung möglich ist. Die Schönheit des Lebens, ausgedrückt in Kunst und der Inspiration, erfüllt dich und lässt dich lebendig sein. Strahle diese Lebenslust in dein Umfeld aus und genieße die Heilkraft, die damit einhergeht.

Weisheit

Karte 5 Baum

Wachstum und Reife bedingen die Weisheit, die in mir wächst.

Wie du damit umgehen kannst: Starke Wurzeln und Vitalität vermitteln dir die Bodenständigkeit, die du brauchst, um beständig zu wachsen und dich zu entfalten. Innere Reife und Heilung entwickelst du, indem du die Dinge sich entwickeln lässt. Ruhe und Gelassenheit strahlen aus dir heraus und du erkennst Themen, die noch nicht abgeschlossen sind. Deine Glaubenssätze solltest du einer gründlichen Prüfung unterziehen und deren wesentlichen Sinn erkennen. So kann Heilung und Wachstum geschehen und dir kraftvolle Lebensenergie spenden. Meditiere in der Natur und verbinde dich mit den Energien von Mutter Erde. Nutze die Heilkraft von Baum- und Blütenessenzen, um in deine innere Mitte zu kommen.

QS 15+9+5 = 29 Dame

Wie du damit umgehen kannst: Stelle dich selbst in den Vordergrund und unterstütze deine Selbstverwirklichung mit Hingabe. Durch Entspannung vermehrst du dein Mitgefühl und stellst dich nährend und schützend vor andere, die deiner Fürsorge bedürfen. Du weißt, wann du abwarten musst, wo du vermitteln solltest und wo du dich dem Fluss des Lebens einfach hingeben solltest. Es ist die sanfte, aber emanzipierte Selbstbestimmung, die dich auszeichnet und die deine Bemühungen auf fruchtbaren Boden fallen lässt.

Wie dies auf das eigene Energiesystem wirkt:

Wurzelchakra
Eltern, in der Erde verwurzelt und mit den Eltern ein Leben lang verbunden sein

Karte 38 Engelsflügel
Die Engel begleiten mich und bieten mir Unterstützung.
Wie du damit umgehen kannst: Die Engel möchten dich dazu auffordern, ihren Schutz und ihre Unterstützung in dein Leben zu integrieren. Wenn du die Existenz der Engel als wahr empfindest und mit ihnen kommunizieren möchtest, bitte sie um ihren Schutz und Beistand. Ein Schutzkreis aus himmlischen Energien wird dein Leben bereichern und du wirst zu den Menschen und Gelegenheiten geführt, die für deinen Lebensplan wichtig sind.

Sakralchakra
Lebensmission, die Lebensaufgabe umsetzen, Lehrer aus der Ahnenreihe hilft uns
Karte 39 Fabrik
Ein großes Projekt, an dem gearbeitet wird.
Wie du damit umgehen kannst: Bringe etwas Neues in die Welt, indem du etwas erschaffst, woran dein Herz sich erfreuen kann. Lebe deine Talente und verwirkliche dich in Projekten und nutze all die Gestaltungsmöglichkeiten, die dir zur Verfügung stehen. Du hast bereits eine sehr gute Basis, auf der du aufbauen kannst. Dieser Schaffensprozess, in dem du dich ausdrücken kannst, dient deinem Heilungsprozess und erschafft in dir die Zufriedenheit und das Gleichgewicht, das deiner spirituellen Entwicklung dienlich ist.

Solarplexuschakra
Großeltern, Kraft der vier Elemente Feuer, Wasser, Erde, Luft
Karte 37 Bauch
Ordnung schaffen und Heilung vollziehen.
Wie du damit umgehen kannst:
Befreie dich aus dem momentanen Chaos und fange an, dein Leben neu zu strukturieren. Dabei solltest du strategisch vorgehen, denn durch Planung kommst du deiner Selbstverwirklichung einen entscheidenden Schritt näher. So kann Heilung geschehen und deine neu gewonnene Herzensweisheit fördert innere Erkenntnisprozesse. Die richtige Vorbereitung hilft dabei bei der Umsetzung und lenkt alles in die richtigen Bahnen.

Herzchakra
Liebe, Selbstliebe, Nächstenliebe, göttliche Liebe und Liebe aus dem Energiefeld der Ahnen
Karte 29 Dame

Selbstliebe in den Vordergrund stellen.
Wie du damit umgehen kannst: Stelle dich selbst in den Vordergrund und unterstütze deine Selbstverwirklichung mit Hingabe. Durch Entspannung vermehrst du dein Mitgefühl und stellst dich nährend und schützend vor andere, die deiner Fürsorge bedürfen. Du weißt, wann du abwarten musst, wo du vermitteln solltest und wo du dich dem Fluss des Lebens einfach hingeben solltest. Es ist die sanfte, aber emanzipierte Selbstbestimmung, die dich auszeichnet und die deine Bemühungen auf fruchtbaren Boden fallen lässt.

Halschakra
Lebensvision und Lebensaufgabe, sie zu erkennen und uns darauf einzulassen und sie in die Welt zu tragen
Karte 2 Klee
Leichtigkeit und Glücksmomente genießen.
Wie du damit umgehen kannst: Dir scheint alles zu gelingen. Dein Optimismus, dass alles gut wird, ist nicht zu bremsen. Deine Vitalität ist getragen von Lebensfreude und eine Welle der Hochstimmung trägt dich durch das Leben. Glückliche Fügungen und günstige Gelegenheiten versprechen ein gutes Ergebnis und lassen in dir Hoffnungen erwecken. Doch es kann sich um ein kurzes Glück handeln, darum erkenne, wie kostbar dieser Augenblick ist. Mit Humor und Zuversicht gestaltest du diese besondere Zeit der Glückseligkeit.

Stirnchakra
Demut und Dienen, das Ego überwinden und etwas Sinnvolles für die Schöpfung und die Gemeinschaft tun
Karte 22 Wege
Entscheidungen intuitiv treffen.
Wie du damit umgehen kannst: Vertraue deiner inneren Führung, denn jede Entscheidung birgt die Chance, zu lernen und dich zu entwickeln. Manchmal ist es eine

Gratwanderung, denn keine Entscheidung zu treffen ist auch eine Wahl, die Konsequenzen hat. Wechsle auch mal die Perspektive, um eine neue Ausrichtung oder Alternativen zu finden. Das Wichtigste hierbei ist es, deinen eigenen Weg zu finden und deinem Urteilsvermögen zu vertrauen. Falls er dich in die Irre führen sollte, dann kehre entschlossen um und probiere andere Möglichkeiten, die sich dir immer bieten.

Kronenchakra
Göttliche Quelle, Verbindung zum Himmel und der Sonne, den Sinn unserer Existenz begreifen
Karte 12 Vögel
Stress und negative Gedanken beenden.
Wie du damit umgehen kannst: Durch klare Imagination und Gedankenkraft bringst du den Mut auf, etwas zu ändern. Dabei nimmst du eine eindeutige Haltung ein, die dir neue spirituelle Entwicklungsmöglichkeiten bietet. Stelle deine Gewohnheiten infrage und lebe deine wahren Überzeugungen. Nur so kannst du deine ganz eigene Magie in deinem Leben entfalten. Deine ausgeprägte Intuition und deine magischen Fähigkeiten werden dich dabei unterstützen.

Ist die Information, die die Legung für einen bereithält, verstanden, arbeite ich gerne mit den Baj-Pendeln und persönlichen Pendeln von Karin Hoffmeister, die ich bereits in meinem Chakrenbuch erwähnte, um die Energien zu harmonisieren und alles wieder in eine göttliche Ordnung zu bringen. Zudem habe ich ein Lenormanddeck, das ich ausschließlich dazu nutze, besonders kraftvolle Karten wie Sonne, Baum, Lilien, Fische, Hund und Mond auf den blockierenden Stellen der Legung zu platzieren, damit ein Impuls der Heilung gesetzt wird. Auch Kristalle, die positiv programmiert sind, ergänzen diesen Prozess auf ganz wunderbare Weise. Ein Gebet rundet die Heilung ab und untermalt mit aufbauenden Energien den Prozess der Vervollkommnung.

Sei kreativ darin, das Kraftfeld, was vor dir liegt, so mit positiven Energien zu nähren, um dir und den Ahnen eine positive Ausrichtung zu geben und alle alten Belastungen aus den Ahnenlinien wieder in das Gleichgewicht, in die Harmonie zu bringen.

Legung „Ahnenkarussell"

Bei dieser Legung beziehen wir die Chakrendeutungen aus meinem Buch „Kartenlegen ausführlich erklärt – Madame Lenormand kombiniert mit Andreas Chakra-Legung" mit ein.

Wir legen die Karten mit den Zahlen 1 bis 7 verdeckt auf den Chakrenscheiben aus, die um die Mitte herum zu sehen sind. Zudem nehmen wir aus dem Lenormanddeck die Dame oder den Herr, entsprechend dem, der diese Aufstellung bis in die 7. Generation machen möchte und bestimmen, welche Ahnenlinie aufgestellt werden soll. Dabei können wir uns für die weiblichen oder männlichen Vorfahren entscheiden.
Also die weiblichen Vorfahren mütterlicherseits,
die männlichen Vorfahren mütterlicherseits,
die weiblichen Vorfahren väterlicherseits oder
die männlichen Vorfahren väterlicherseits.

Ist dies bestimmt, konzentriert man sich auf die entsprechende Person, platziert die Karte Dame oder Herr für die Fragestellerin/den Fragesteller, die gewählte Ahnenlinie und eine gezogene Lenormandkarte in die Mitte. Diese Karte zeigt uns, was die Person an die nächste Generation weiterzugeben vermag.

Dann werden die restlichen Lenormandkarten gemischt und die Verbindung zu den Ahnen aufgenommen, indem wir sie rufen und bitten, uns Informationen über die Vorfahren, bis in die 7. Generation hinein und darüber hinaus, zu geben. Dafür stimmen wir uns auf jede Generation nacheinander ein, von der 7. bis zur 1. Generation.

Nun drehen wir die Zahlenkarten um, um zu sehen, wie die Reihenfolge 7 bis 1 ist. Beginnend mit der 7. Generation können wir nun sehen, auf welchem Chakra sie liegen. Dies gibt uns Hinweise darauf, welche Hauptmerkmale diese Ahnen der Ahnenlinie hatten. Dafür können auch die Deutungen aus dem Chakrenbuch genutzt werden, die im Einzelnen auf die Chakren eingehen.

Die Lenormandkarte, die gezogen wurde, gibt uns Auskunft darüber, was an die nächste Generation weitergegeben wurde.

Ich möchte dies einmal an meiner weiblichen Ahnenlinie mütterlicherseits verdeutlichen.

Vor jeder Legung stimme ich mich mit folgender Einstimmung ein, öffne einen heiligen Raum und lasse mir Antwort geben auf die Fragen, deren Antworten gerade hilfreich für mich sind.

Legungsbeispiel

Einstimmung
Indem ich zur Ruhe komme und mich tief über die Füße mit der Erdenergie verbinde, nehme ich die Lenormandkarten in meine Hände und lasse meine persönliche Energieschwingung einfließen. Ich erschaffe meinen heiligen Raum, indem meine innere Wahrheit über das Kronenchakra mit dem kosmischen Wissen verbunden wird und bitte um die Verbindung zu meinen Ahnen, um mir die Botschaften zu geben, die jetzt gerade für mich wichtig sind und meinen Heilungsweg unterstützen.
Ich bitte um Führung und Inspiration über das Medium der Lenormandkarten, die Brücke zu den Vorfahren und verstorbenen Seelen, die mir für mein jetziges Leben als Seelengefährten dienen, zu ermöglichen. Meine geistigen Helfer stehen an meiner Seite und begleiten diesen Prozess mit Liebe und Achtsamkeit, gemäß ihrem Auftrag, mir Schutz und Unterstützung zu leisten.
Ich bin bereit, die Botschaften mit offenem Herzen zu empfangen und sie in Wissen und Weisheit für mein Leben und meine Heilung zu wandeln.

7. Generation auf dem Solarplexuschakra und der Lenormandkarte 15 Bär
Diese Ahninnen sind willensstark und mutig, agieren selbstbewusst und beweisen viel Durchsetzungsvermögen. Sie sind wahre Persönlichkeiten, die jedoch auch dickköpfig und stur sein können. Sind sie nicht interessiert, können sie sich faul und träge zeigen. Diese Führungspersönlichkeiten bieten ihrem Umfeld Schutz und Sicherheit, sind Lehrerinnen, Mentorinnen oder Heilerinnen.

6. Generation auf dem Halschakra und der Lenormandkarte 24 Herz

Diese Ahninnen haben ihr Herz auf der Zunge und zeigen viel Anteilnahme für ihr Umfeld. Sie haben das Herz auf dem rechten Fleck, sind ehrlich, großzügig und streben nach Einigkeit und Gemeinsamkeiten. Sie sind kompromissbereit und zeigen Verständnis und drücken ihre Wertschätzung durch Diplomatie und Versöhnlichkeit aus.

5. Generation auf dem Herzchakra und der Lenormandkarte 23 Mäuse

Diese Ahninnen haben viel Entbehrungen und Verluste hinnehmen müssen. Das hat in ihnen Minderwertigkeitsgefühle verursacht, die ihnen suggerierten, dass sie nicht geliebt werden. Diese negativen Gefühle haben dazu geführt, dass sie sich von der Welt und den Menschen verlassen gefühlt haben. Für sie war es ein weiter Weg in die Selbstliebe, wenn es ihnen überhaupt gelungen ist.

4. Generation auf dem Kronenchakra und der Lenormandkarte 7 Schlange

Die Auswirkungen dessen zeigen sich in dieser Generation, die lernen musste, trotz Widerständen nicht aufzugeben und nach anderen Wegen suchen, um ihre Ziele zu erreichen. Sie musste in den Wandel gehen und daran heilen, denn nur so konnte sie sich selbst und ihre Vorstellungen und Pläne verwirklichen.

3. Generation auf dem Wurzelchakra und der Lenormandkarte 11 Ruten

Diesen Ahninnen war es wichtig, sicher geglaubte Lebenskonzepte infrage zu stellen, da das Weltbild ins Wanken gekommen ist. Sie ringen nach Objektivität, müssen kritisch reflektieren und alles neu und objektiv beurteilen. Sie werden dabei durch Unfrieden im Umfeld gefordert, ihre Meinung zu verteidigen und gegebenenfalls Konflikte zu schlichten.

2. Generation auf dem Sakralchakra mit der Lenormandkarte 37 Bauch

Diese Ahninnen sind intuitiv, visionär und kreativ. Ihr Streben ist von einer positiven Gefühlswelt geprägt und mit einer erfüllten Sexualität. Sie sind auf Wachstum und Heilung ausgerichtet und lieben es, wenn alles seine Ordnung hat.

1. Generation auf dem Stirnchakra und der Lenormandkarte 40 Hand

Diese Ahninnen werden durch eine Intuition geführt, bei der sie ihren inneren Impulsen folgen und sich selbst und ihre Bedürfnisse und Wünsche dabei wahrnehmen und erfüllen möchten. Sie erlangen geistige Klarheit in dem Sinne, dass sie durch Selbsterkenntnis all ihre Illusionen verlieren und dabei lernen, Belastendes loszulassen.

Die fragende Person, in dem Fall ich selbst, in der Mitte und auf der Lenormandkarte 30 Linien

Mir ist die Spiritualität sehr wichtig, ist sie doch der Schlüssel zu Harmonie und Lebensfreude. Das Streben, in die innere Mitte zu finden und gelebte Selbstliebe auszudrücken, bestärkt die Selbstannahme und den inneren Frieden. Der Sinn dafür, dass Schönheit, Hingabe und Dankbarkeit erstrebenswert sind, um ein inneres Gleichgewicht zu erschaffen.

Legung „Ahnenheilkraftfeld mit den Elementen"

Das Kraftfeld, in dem man eingebunden ist, und die Rahmenbedingungen gestalten:

Kraft
Wie du damit umgehen kannst:

Liebe
Wie du damit umgehen kannst:

Weisheit
Wie du damit umgehen kannst:

Die Elemente:

Erde
Hier materialisiert sich alles, wird zur Materie
Wie du damit umgehen kannst:

Luft
Die Idee, die Denkweise und das logische, vom Verstand gesteuerte planen
Wie du damit umgehen kannst:

Feuer
Die Energie, die uns bei der Umsetzung unserer Ideen hilft, der Antrieb und die Leidenschaft
Wie du damit umgehen kannst:

Wasser
Das Fühlen, die emotionalen Fähigkeiten und wie sie uns beeinflussen
Wie du damit umgehen kannst:

Meine Legung „Ahnenheilkraftfeld mit den Elementen“

Vor jeder Legung stimme ich mich mit folgender Einstimmung ein, öffne einen heiligen Raum und lasse mir Antwort geben auf die Fragen, deren Antworten gerade hilfreich für mich sind.

Einstimmung
Indem ich zur Ruhe komme und mich tief über die Füße mit der Erdenergie verbinde, nehme ich die Lenormandkarten in meine Hände und lasse meine persönliche Energieschwingung einfließen. Ich erschaffe meinen heiligen Raum, indem meine innere Wahrheit über das Kronenchakra mit dem kosmischen Wissen verbunden wird und bitte um die Verbindung zu meinen Ahnen, um mir die Botschaften zu geben, die jetzt gerade für mich wichtig sind und meinen Heilungsweg unterstützen.
Ich bitte um Führung und Inspiration über das Medium der Lenormandkarten, die Brücke zu den Vorfahren und verstorbenen Seelen, die für mein jetziges Leben mir als Seelengefährten dienen, zu ermöglichen. Meine geistigen Helfer stehen an meiner Seite und begleiten diesen Prozess mit Liebe und Achtsamkeit, gemäß ihrem Auftrag, mir Schutz und Unterstützung zu leisten.

Ich bin bereit, die Botschaften mit offenem Herzen zu empfangen und sie in Wissen und Weisheit für mein Leben und meine Heilung zu wandeln.

Das Kraftfeld, in dem man eingebunden ist, und die Rahmenbedingungen gestalten:

Auch bei dieser Legung nutze ich meine Deutungen des momentanen Lebens.

Kraft, was Kraft gibt
Karte 16 Sterne
Wie du damit umgehen kannst:
Visionen und die Hoffnung sich spirituell weiterzuentwickeln.
Sei ein spirituelles Vorbild, indem du deinen Eingebungen folgst und einer Verbesserung deiner Situation entgegenstrebst. Vertraue in die Zukunft und erreiche mit deiner Medialität eine höhere Ebene deines Bewusstseins. Deine tiefe Einsicht in größere Zusammenhänge und die Klarheit, die damit einhergeht, lässt dich deinen Idealen näherkommen. So ist dir der Erfolg sicher und du siehst das Licht am Ende des Tunnels.

Liebe, was die Liebe steigert
Karte 8 Sarg
Sich immer wieder in seiner Liebesfähigkeit transformieren und alte und starre Verhaltenseisen zu Grabe tragen.
Wie du damit umgehen kannst:
Du spürst das Ende einer Phase, eines Erkenntnis- und Lernprozesses, der alles hat stagnieren lassen. Lasse los und lasse dir Flügel wachsen und freue dich über den Beginn dieser Wandlungsphase, in der du wie Phönix aus der

Asche steigen kannst. Tiefe und intensive Erfahrungen haben dich an diesen Punkt gebracht und das Ende eines Zyklus angezeigt, der dir nicht gutgetan hat.

Weisheit, das Wissen, auf dem man aufbauen kann
Karte 11 Ruten
Alle Glaubenssätze überprüfen, ob sie meiner wirklichen Wahrheit entsprechen.
Wie du damit umgehen kannst:
Schütze dich vor negativen Energien, indem du dich verteidigst und die Angriffe abwehrst. Deine Überzeugungen haben ihre Berechtigung, können aber für Streit und Diskussionen sorgen. Zweifle nicht an dir und deiner Denkweise, sondern erkenne die Gegensätze an. Falls du durch Überprüfung deiner Glaubenssätze Fehler entdeckst, korrigiere sie umgehend und zeige dich flexibel. Ansonsten erarbeite einen gemeinsamen Konsens oder handle Kompromisse mit deinem Gegenüber aus. Du solltest dich jedoch nicht für deine eigene Meinung schuldig fühlen und dich selbst dafür bestrafen, indem du deine Überzeugungen missachtest.

QS 16+8+11 = 35 = 8 Sarg Transformationsenergien
Wie du damit umgehen kannst:
Du spürst das Ende einer Phase, eines Erkenntnis- und Lernprozesses, der alles hat stagnieren lassen. Lasse los und lasse dir Flügel wachsen und freue dich über den Beginn dieser Wandlungsphase, in der du wie Phönix aus der Asche steigen kannst. Tiefe und intensive Erfahrungen haben dich an diesen Punkt gebracht und das Ende eines Zyklus angezeigt, der dir nicht gutgetan hat.

Die Elemente:

Erde

Norden, Winter, (Körper)Bewusstsein, Erzengel Uriel
Hier materialisiert sich alles, wird zur Materie.

Karte 25 Ring

Routinen und Gewohnheiten überprüfen und durch das Versprechen, sich Gutes zu tun, ersetzen.

Wie du damit umgehen kannst:

Drücke deine Verbundenheit in Auseinandersetzung mit der Welt aus und kultiviere die Fähigkeit, Verbindlichkeiten einzugehen und die Verbundenheit zu anderen Menschen wirklich zu empfinden. Der Ausdruck von Zusammengehörigkeit lässt dich wahrhaftig sein und dir selbst die notwendige Stabilität für deine seelische Gesundheit geben. Gib dir ein heiliges Versprechen, andere genauso wertzuschätzen wie du auch dich selbst achten und lieben solltest.

Luft

Osten, Frühling, Intellekt, Gedanken, Erzengel Raphael
Die Idee, die Denkweise und das logische, vom Verstand gesteuerte planen

Karte 34 Fische

Die Einsicht, nur so der eigenen Seele näherzukommen, tiefer einzutauchen in das eigene Selbst.

Wie du damit umgehen kannst:

Tauche ein in die Tiefe deines Seelenlebens und erkenne die unbewussten Prozesse, die dich daran hindern, mit dem Leben zu fließen. Nur so kannst du deinen Seelenplan erfüllen und lernen, aus dem Bauch heraus die richtigen Entscheidungen zu treffen. Hierbei geht es um inneren und äußeren Reichtum, der sich in deinem Leben manifestieren möchte. Alle Süchte und Träumereien, die dein Leben beeinträchtigen, haben keine Chance, wenn du mit deiner Seele verbunden bist. Denn auch die reale Welt möchte entdeckt und in ihrer Fülle gelebt werden.

Feuer
Süden, Sommer, Energie, Tatkraft, Erzengel Michael
Die Energie, die uns bei der Umsetzung unserer Ideen hilft, der Antrieb und die Leidenschaft

Karte Dame
Dem Empfangen und sich entwickeln lassen eine Chance geben, damit man sich in seiner Weiblichkeit wieder spürt.

Wie du damit umgehen kannst:
Stelle dich selbst in den Vordergrund und unterstütze deine Selbstverwirklichung mit Hingabe. Durch Entspannung vermehrst du dein Mitgefühl und stellst dich nährend und schützend vor andere, die deiner Fürsorge bedürfen. Du weißt, wann du abwarten musst, wo du vermitteln solltest und wo du dich dem Fluss des Lebens einfach hingeben solltest. Es ist die sanfte, aber emanzipierte Selbstbestimmung, die dich auszeichnet und die deine Bemühungen auf fruchtbaren Boden fallen lässt.

Wasser
Westen, Herbst, Gefühle, Erzengel Chamuel und Gabriel
Das Fühlen, die emotionalen Fähigkeiten und wie sie uns beeinflussen

Karte 39 Fabrik
Eine umfangreiche Aufgabe für mein Gemütsleben, all die Gefühle der Zweifel und des minderen Selbstwertgefühls mit viel Kraft und Engagement zu heilen.

Wie du damit umgehen kannst:
Bringe etwas Neues in die Welt, indem du etwas erschaffst, woran dein Herz sich erfreuen kann. Lebe deine Talente und verwirkliche dich in Projekten und nutze all die Gestaltungsmöglichkeiten, die dir zur Verfügung stehen. Du hast bereits eine sehr gute Basis, auf der du aufbauen kannst. Dieser Schaffensprozess, in dem du dich ausdrücken kannst, dient deinem Heilungsprozess und erschafft in dir die Zufriedenheit und das Gleichgewicht, das deiner spirituellen Entwicklung dienlich ist.

QS 25+34+29+39 = 127 = 10 Sense = 1 Reiter

Die Konsequenzen ziehen und mit starker Motivation die Initiative ergreifen.

Wie du damit umgehen kannst:

Du solltest mit Willen und Entschlossenheit deine Ziele verfolgen. Sei dir deiner Chancen und Möglichkeiten bewusst und nutze sie so gut du kannst. Vielleicht ist sogar ein kurz entschlossenes Handeln notwendig, um eine Situation in positive Bahnen zu lenken. Durch deine eigens initiierten inneren Prozesse gibst du wichtige Impulse für das Erfüllen deiner Lebensaufgabe. Selbstverantwortlich nimmst du dein Leben in deine Hände und handelst nach deinen inneren Überzeugungen. Dadurch entsteht eine starke Dynamik, doch Vorsicht, schieße nicht über das Ziel hinaus. Setze nicht nur durch deine Gedankenkraft, sondern auch durch deine Initiative deine Vorhaben in die Tat um.

Legung „Der kleine Stammbaum“

Bei dieser Legung geht es um die Eltern, Großeltern und Urgroßeltern. Wir wollen herausfinden, was jede Ahnenlinie uns als Auftrag mitgibt, um in die Heilung und Liebe zu gehen. Wir können hierbei alle Deutungsvorschläge von Ahnenlast, Ahnenkraft und Ahnenheilung nutzen, die ihr am Buchende findet, die die Essenz dessen zeigen, was jeder Ahne im Einzelnen und die Ahnenlinie im Kollektiv uns an Lebensweisheit schenkt und wohin wir uns entwickeln sollten.

Zunächst die Übersicht der Positionen:

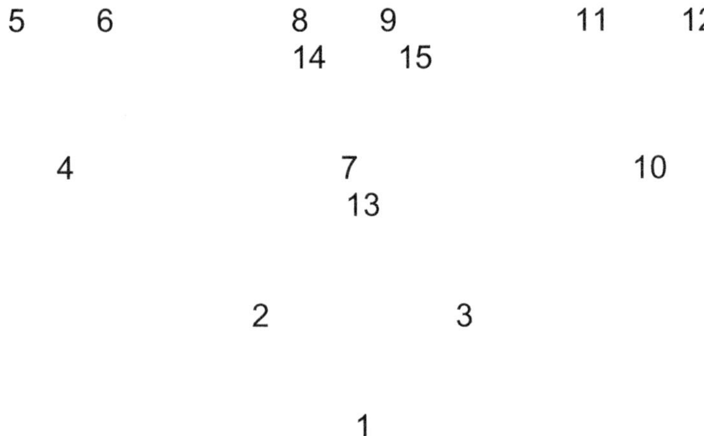

Die Kernfamilie:

1 Die Person, um die es bei dieser Legung geht

2 Die Mutter

3 Der Vater

Hier beziehen wir die Quersumme der Karten 1, 2 und 3 in die Deutung mit ein, die uns das Thema und die Aufgabe in dieser Inkarnation anzeigt.

Karte 1 + Karte 2 + Karte 3 = Thema und Aufgabe in dieser Inkarnation

Die Ahnenlinie des Zweiges des Großvaters der Mutter:

4 Großvater der Mutter

5 Urgroßvater der Mutter

6 Urgroßmutter der Mutter

Die Ahnenlinie des Zweiges der Großmutter der Mutter:

7 Großmutter der Mutter

8 Urgroßvater der Mutter

9 Urgroßmutter der Mutter

Die Ahnenlinie des Zweiges des Großvaters des Vaters:

10 Großvater des Vaters

11 Urgroßvater des Vaters

12 Urgroßmutter des Vaters

Die Ahnenlinie des Zweiges der Großmutter des Vaters:

13 Großmutter des Vaters

14 Urgroßvater des Vaters

15 Urgroßmutter des Vaters

Legung

Vor jeder Legung stimme ich mich mit folgender Einstimmung ein, öffne einen heiligen Raum und lasse mir Antwort geben auf die Fragen, deren Antworten gerade hilfreich für mich sind.

Einstimmung
Indem ich zur Ruhe komme und mich tief über die Füße mit der Erdenergie verbinde, nehme ich die Lenormandkarten in meine Hände und lasse meine persönliche Energieschwingung einfließen. Ich erschaffe meinen heiligen Raum, indem meine innere Wahrheit über das Kronenchakra mit dem kosmischen Wissen verbunden wird und bitte um die Verbindung zu meinen Ahnen, um mir die Botschaften zu geben, die jetzt gerade für mich wichtig sind und meinen Heilungsweg unterstützen.
Ich bitte um Führung und Inspiration über das Medium der Lenormandkarten, die Brücke zu den Vorfahren und verstorbenen Seelen, die für mein jetziges Leben mir als Seelengefährten dienen, zu ermöglichen. Meine geistigen Helfer stehen an meiner Seite und begleiten diesen Prozess mit Liebe und Achtsamkeit, gemäß ihrem Auftrag, mir Schutz und Unterstützung zu leisten.

Ich bin bereit, die Botschaften mit offenem Herzen zu empfangen und sie in Wissen und Weisheit für mein Leben und meine Heilung zu wandeln.

Kernfamilie

Wir beginnen mit der Kernfamilie bestehend aus der Person, der Mutter und dem Vater. Wir deuten die Karten mit Hilfe der Deutungsvorschläge oder lassen intuitiv Botschaften in uns aufsteigen.

Aus der Kernfamilie ziehen wir die erste Quersumme, um zu erfahren, welches Thema, welche Aufgabe in der Kernfamilie in dieser Inkarnation wichtig ist.

Karte 1 Person + Karte 2 Mutter + Karte 3 Vater = Thema und Aufgabe der Inkarnation

Familienzweig der Mutter

Dann befassen wir uns mit der mütterlichen Ahnenlinie und deuten die Karte 4, den Großvater und seine Eltern die Karte 5, den Urgroßvater und Karte 6, die Urgroßmutter.

Auch hier beziehen wir wieder die Quersumme in die Deutung mit ein, entsprechend dem Thema und der Aufgabe, die in diesem Familienzweig wichtig sind.

Karte 4 Großvater + Karte 5 Urgroßvater + Karte 6 Urgroßmutter = Thema und Aufgabe der Inkarnation

Nun fehlt nur noch die Ahnenlinie der Großmutter der Mutter mit den Karten 7, die Großmutter, Karte 8, der Urgroßvater und Karte 9, die Urgroßmutter.

Wir deuten jede Person und ziehen anschließend wieder die Quersumme, um das gemeinsame Thema und die Aufgabe in dieser Inkarnation zu erkennen.

Karte 7 Großmutter + Karte 8 Urgroßvater + Karte 9 Urgroßmutter = Thema und Aufgabe der Inkarnation

Für die Ahnenlinie der Mutter haben wir nun zwei Quersummen, die nochmals addiert werden und anzeigen, was geheilt werden sollte.

Quersumme 1 + Quersumme 2 = Heilauftrag in dieser Ahnenlinie

Familienzweig des Vaters

Nun befassen wir uns mit der väterlichen Ahnenlinie und deuten die Karte 10, den Großvater und seine Eltern die Karte 11, den Urgroßvater und Karte 12, die Urgroßmutter.

Auch hier beziehen wir wieder die Quersumme in die Deutung mit ein, entsprechend dem Thema und der Aufgabe, die in diesem Familienzweig wichtig sind.

Karte 10 Großvater + Karte 11 Urgroßvater + Karte 12 Urgroßmutter = Thema und Aufgabe der Inkarnation

Nun fehlt nur noch die Ahnenlinie der Großmutter des Vaters mit der Karte 13, der Großmutter, der Karte 14, dem Urgroßvater und der Karte 15, der Urgroßmutter.

Wir deuten jede Person und ziehen anschließend wieder die Quersumme, um das gemeinsame Thema und die Aufgabe in dieser Inkarnation zu erkennen.

Karte 13 Großmutter + Karte 14 Urgroßvater + Karte 15 Urgroßmutter = Thema und Aufgabe der Inkarnation

Auch für die Ahnenlinie des Vaters haben wir nun zwei Quersummen, die nochmals addiert werden und anzeigen, was geheilt werden sollte.

Quersumme 1 + Quersumme 2 = Heilauftrag in dieser Ahnenlinie

Meine Legung „Der kleine Stammbaum"

Vor jeder Legung stimme ich mich mit folgender Einstimmung ein, öffne einen heiligen Raum und lasse mir Antwort geben auf die Fragen, deren Antworten gerade hilfreich für mich sind.

Einstimmung
Indem ich zur Ruhe komme und mich tief über die Füße mit der Erdenergie verbinde, nehme ich die Lenormandkarten in meine Hände und lasse meine persönliche Energieschwingung einfließen. Ich erschaffe meinen heiligen Raum, indem meine innere Wahrheit über das Kronenchakra mit dem kosmischen Wissen verbunden wird und bitte um die Verbindung zu meinen Ahnen, um mir die Botschaften zu geben, die jetzt gerade für mich wichtig sind und meinen Heilungsweg unterstützen.

Ich bitte um Führung und Inspiration über das Medium der Lenormandkarten, die Brücke zu den Vorfahren und verstorbenen Seelen, die für mein jetziges Leben mir als Seelengefährten dienen, zu ermöglichen. Meine geistigen Helfer stehen an meiner Seite und begleiten diesen Prozess mit Liebe und Achtsamkeit, gemäß ihrem Auftrag, mir Schutz und Unterstützung zu leisten.
Ich bin bereit, die Botschaften mit offenem Herzen zu empfangen und sie in Wissen und Weisheit für mein Leben und meine Heilung zu wandeln.

Wir mischen die Karten, öffnen uns für das Feld der Ahnen und legen die Karten wie beschrieben der Reihe nach aus.

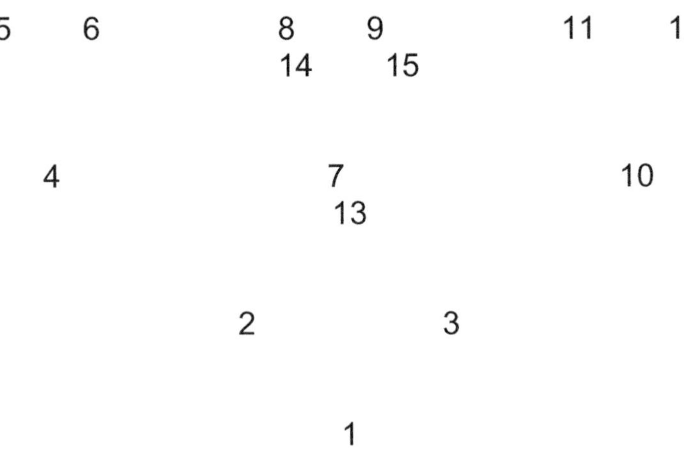

Sterne Mäuse Fische Turm Fuchs Wolken
Bauch Schlange

Haus Buch Berg
Vögel

Dame Hund

Anker

Wichtig
Zu jeder Person findest du ausführliche Deutungsmöglichkeiten jeder einzelnen Person, falls du mehr Informationen über die Person haben möchten. Ich habe für diese Legung die Deutung genommen, die mir zeigt, was jede einzelne Person an Ahnenkraft für mich bereithält. Die Quersummen habe ich den Deutungen der Ahnenheilung entnommen.

Die Kernfamilie:

1 Die Person, um die es bei dieser Legung geht Karte 35 Anker
Du arbeitest an deinem Entwicklungspotenzial, um dein Überleben zu sichern. Du findest dadurch Halt in deinem Leben. In Auseinandersetzung mit der Welt gilt es so manches Mal, etwas loszulassen, sich nicht an Vergangenes zu klammern. Gehe deinen ganz eigenen spirituellen Weg und verarbeite all die Herausforderungen, die dich am Ende stark und weise werden lassen. Durch Engagement findest du zu deiner Berufung, die den Einsatz wert ist und dich an den rechten Platz in deinem Leben bringen wird.

2 Die Mutter Karte 29 Dame
Die Kraft deiner Ahninnen erreicht dich jetzt, um dich dabei zu unterstützen, dein Leben mit nährender Kraft und Fürsorge zu erfüllen. Alles, was du tust, wird davon durchdrungen, dich und andere dabei zu unterstützen, sich im Leben zu emanzipieren. Dein Wunsch nach Selbstbestimmung und deine hohe Lernbereitschaft bieten die notwendigen Voraussetzungen, die Kraft der Ahnen für dich wirken zu lassen.

3 Der Vater Karte 18 Hund
Die zwischenmenschlichen Beziehungen in deinem Leben sind ein Spiegelbild dessen, was du wirklich fühlst und welche Werte dir wichtig sind. Es ist die Verlässlichkeit, die du besonders an anderen schätzt und die auch dir in die Wiege gelegt wurde. Treue und Loyalität sind für dich wichtige Voraussetzungen, um Beziehungen welcher Art auch immer, erfolgreich und innig zu führen. Deine Ahnen sind präsent, egal ob du sie spürst oder nicht. Sie helfen dir, dich auf dem Weg hin zur Liebe zu entfalten.

Hier beziehen wir **die Quersumme der Karten 1, 2 und 3** in die Deutung mit ein, die uns das Thema und die Aufgabe anzeigt in dieser Inkarnation.

Karte 1 + Karte 2 + Karte 3 = Thema und Aufgabe in dieser Inkarnation

Karte 35 Anker + Karte 29 Dame + Karte 18 Hund = 82 = **10 Sense Thema und Aufgabe der Inkarnation**
Du wächst an deinen Aufgaben und vielleicht bist du besonders, da du so viel Schmerz erleben musst. Es wird gesagt, dass deine Seele dir nur das zumutet, was du auch schaffen kannst. Es gibt einen Weg und du wirst ihn finden, auch wenn dafür ein harter Schnitt notwendig sein sollte. Der

Schmerz und die Trauer sind Energien, die in dir und durch dich durch fließen müssen. Mache dich durchlässig für diese Erfahrung und gebe alles an den Spirit ab, der dies in neutrale Energien umwandeln kann.

Familienzweig der Mutter

Dann befassen wir uns mit der mütterlichen Ahnenlinie und deuten die Karte 4, den Großvater und seine Eltern, die Karte 5, den Urgroßvater und die Karte 6, die Urgroßmutter.

<u>Die Ahnenlinie des Zweiges des Großvaters der Mutter:</u>

4 Großvater der Mutter Karte 4 Haus
Geborgenheit und Schutz wurden dir durch deine Vorfahren gegeben, sodass du dich frei entfalten kannst. Ein Gefühl von Heimat und Zugehörigkeit schenkt dir das Vertrauen, allem zu trotzen und deine Heldenreise als Krieger bzw. Kriegerin des Lichts zu bestehen. Es ist das Privileg eines glücklichen Zuhauses, das dich in die Welt ziehen lässt. Erst dieser innige Zufluchtsort macht dich bereit, voller Selbstvertrauen das Leben da draußen zu entdecken. In dem Wissen, immer zurückfinden zu können, und den Schutz deiner Ahnen zu genießen, lässt dich daran erinnern, dass du in dir Zuhause bist.

5 Urgroßvater der Mutter Karte 16 Sterne
Es geht darum, tiefere Einsichten in Zusammenhänge des Lebens auf dieser Erde und der Verbindung zum Kosmos zu erlangen. Dies erweitert deinen Horizont und macht dich bereit, dich nicht nur hier auf der Erde im Kreise deiner Ahnen, sondern auch als Sternensaat zu sehen, die mit dem

gesamten Universum verbunden ist. Deine Ahnen möchten dir den Glauben an eine Macht, größer als du selbst, für dieses Leben hier auf diesem Planeten mitgeben. Das Glück zu haben, deinen Idealen zu folgen und dir all das zu erfüllen, was du dir wünscht. Du kommst von den Sternen und hier auf die Erde, um menschliche Erfahrungen zu machen. Welche es sind, bestimmst du durch dein Streben nach Liebe oder Angst.

6 Urgroßmutter der Mutter Karte 23 Mäuse
Lasse all die Liebe und Fülle, die auch in deiner Ahnenreihe existiert, dir den Rücken stärken und dir und deinen Vorfahren beweisen, dass du selbst es bist, die darüber bestimmt, wie du die Welt und dein Leben empfindest. Du hast die Macht, dich aus der Opferhaltung zu befreien. Löse dich von schmerzvollen Erinnerungen und Beziehungen und den Misserfolg durch Pessimismus. Die Ahnen geben dir die Vision eines besseren Lebens, ohne Beklemmung und Verluste.

Auch hier beziehen wir wieder die Quersumme in die Deutung mit ein, entsprechend dem Thema und der Aufgabe, die in diesem Familienzweig wichtig sind.

Karte 4 Großvater + Karte 5 Urgroßvater + Karte 6 Urgroßmutter = Thema und Aufgabe der Inkarnation

Karte 4 Großvater 4 Haus + Karte 5 Urgroßvater Karte 16 Sterne + Karte 6 Urgroßmutter Karte 23 Mäuse = 43 = **Quersumme 7 Schlange Thema und Aufgabe der Inkarnation**
Es geht darum, sich immer wieder wie eine Schlange zu häuten und aufgrund von Erkenntnis zu neuen Ansichten und Beurteilungen des Lebens und dessen Sinnhaftigkeit zu finden. Ja, sogar gegebenenfalls dem Leben wieder Sinn zu verleihen, indem man sich wandeln kann und sich von altem

Denken verabschieden kann, ohne Schaden im Selbstwert zu nehmen.

Nun fehlt nur noch die Ahnenlinie der Großmutter der Mutter mit den Karten 7, 26 Buch, die Großmutter, Karte 8, 34 Fische, der Urgroßvater und Karte 9, die Urgroßmutter 19 Turm.

Die Ahnenlinie des Zweiges der Großmutter der Mutter:

Wir deuten jede Person und ziehen anschließend wieder die Quersumme, um das gemeinsame Thema und die Aufgabe in dieser Inkarnation zu erkennen.

7 Großmutter der Mutter Karte 26 Buch
Die spirituellen hermetischen Gesetze geben dir Orientierung, um dein Leben so zu führen, wie es deinem Lebensplan entspricht. Nutze all die Erfahrungen der Ahnen, um das Wissen, was im Verborgenen liegt, zu offenbaren. Es zeigt dir die Geheimnisse des Lebens und wie alles miteinander verbunden ist, besonders mit dir und deinen Ahnen, die dich an ihrem Wissen teilhaben lassen möchten. Du suchst nach der Wahrheit und findest auf dem Weg zu dir selbst. Das ist es, was dich den wahren Sinn des Lebens erfahren lässt.

8 Urgroßvater der Mutter Karte 34 Fische
Ohne deine Seele wäre es dir nicht möglich, all die Erfahrungen zu sammeln, die dich dazu führen, deiner Herkunft zu trotzen und deinen eigenen Weg zu finden. Dabei helfen dir die positiven wie die negativen Eigenschaften deiner

Ahnen, dich im Labyrinth der Dualität, der Freiheit und der Abhängigkeiten zu erfahren.

9 Urgroßmutter der Mutter 19 Turm
Die Individualität eines Menschen ist wichtig, jedoch sollte sie nicht unsichtbare Grenzen setzen, die nicht überwunden werden können. Weitblick und die Betrachtung des Zusammenhangs des großen Ganzen setzen Kräfte frei, die einen befähigen, alles zu überwinden, was einen von der Einheit trennt und nur dazu führt, das Ego zu pflegen. Falls du Umbrüche in deinem Leben bewältigen musst, findest du immer Sicherheit in deinem eigenen Herzen. Sie zerstören alte Strukturen, das, was nicht mehr wirklich gut für dich funktioniert, damit etwas Neues entstehen kann.

Quersumme = Karte 7 Großmutter 26 Buch + Karte 8 Urgroßvater 34 Fische + Karte 9 Urgroßmutter 19 Turm = Thema und Aufgabe der Inkarnation

26 Buch + 34 Fische + 19 Turm = 79 = **16 Sterne Thema und Aufgabe der Inkarnation**
Deine Wünsche und Visionen leiten dich wie Sterne durch dein Leben und zeigen dir den Weg, wie du die Schmerzen deiner Ahnen heilen kannst. Dabei hilft dir die Anbindung an das Göttliche und das Vertrauen in die Zukunft, die von deiner Hellsicht genau dahin geführt wird, wo du jetzt genau richtig bist. Erinnere dich daran, woher du kommst und wohin du wieder gehst, wenn du dieses menschliche Dasein verlässt. Integriere all das, was du bist und sein könntest, wenn du die kosmischen Energien nutzt, um heil zu werden.

Für die Ahnenlinie der Mutter haben wir nun zwei Quersummen, die nochmals addiert werden und anzeigen, was geheilt werden sollte.

Quersumme 1 ist 7 Schlange + Quersumme 2 ist 16 Sterne = **23 Mäuse Heilauftrag in dieser Ahnenlinie**
Befreie dich von den Altlasten, die dir deine Ahnen in diese Inkarnation als Auftrag mitgegeben haben. In diesem Mangelbewusstsein liegt das Geschenk, dich aus eigener Kraft deinen wahren Bedürfnissen von Liebe und Fülle zuzuwenden. Auch deine Ahnen werden davon profitieren und durch deine Heilung ins Licht geführt.

Familienzweig des Vaters

Nun befassen wir uns mit der väterlichen Ahnenlinie und deuten die Karte 10, 21 Berg, den Großvater und seine Eltern die Karte 11, 14 Fuchs den Urgroßvater und die Karte 12, die Urgroßmutter, 6 Wolken.

Wir deuten jede Karte und auch hier beziehen wir wieder die Quersumme in die Deutung mit ein, entsprechend dem Thema und der Aufgabe, die in diesem Familienzweig wichtig sind.

Die Ahnenlinie des Zweiges des Großvaters des Vaters:

10 Großvater des Vaters Karte 21 Berg
Die Herausforderungen, die sich einem stellen, wecken genau die Talente in uns, um daran zu wachsen. Unsere Ahnen lebten ein Leben mit vielen widrigen Umständen, was sie nicht davon abgehalten hat, ein wertvolles Leben zu führen. Es ist der Kampf ohne Gewalt, ohne anderen zu schaden, der eine erstrebenswerte Schlichtung in dir und in Bezug zu anderen verlangt. Die Vorfahren helfen dir, deine Kräfte bewusst zu zentrieren und eine absichtliche positive Veränderung herbeizuführen.

11 Urgroßvater des Vaters 14 Fuchs

Deine Ahnenlinien haben sich schon immer durch besondere Bauernschläue ausgezeichnet. Sich durchs Leben zu schlagen, oder widrigen Umständen auszuweichen gehörte zum Überlebensinstinkt dazu. Doch gilt es zu unterscheiden, ob es immer gerechtfertigt war, die Wahrheit zu verdrehen oder etwas aufgrund einer Lüge aufzubauen. Jeder deiner Vorfahren hat die Erfahrung gemacht, dabei auf Sand zu bauen. Also nimm dir das zu Herzen und bleibe ehrlich und authentisch bei allem, was du tust.

12 Urgroßmutter des Vaters 6 Wolken

Geht die Seele in die Inkarnation, verbirgt sich all das, was die Seele mit ihrer Seelenfamilie an Lernaufgaben verabredet hat, hinter dem Nebel des Vergessens. Um zu seiner eigentlichen Strahlkraft zu gelangen, gilt es den Schleier des Vergessens zu durchdringen und nicht mehr zu verleugnen, dass man eine strahlende und heile Seele ist. Die Kraft der Ahnen hilft dir, zu deinem Ursprung zurückzufinden, indem sie dir dabei helfen, die Lektionen, die du dir vorgenommen hast, mit ihrem Schutz zu absolvieren. Den Nebel zu lichten, der um deine Existenz schwebt und dir den Weg, den deine Seele gewählt hat, mitunter verhüllt.

Karte 10 Großvater, 21 Berg + Karte 11 Urgroßvater, 14 Fuchs + Karte 12 Urgroßmutter, 6 Wolken = 41 = **5 Baum Thema und Aufgabe der Inkarnation**

Deine Seele und die deiner Ahnen können heilen, wenn die Harmonie zwischen dir und der Natur gegeben ist. Heilt die Natur und ist sie in ihrer ursprünglichen Kraft, gelingt es auch dir, dich zu nähren und zu erfrischen, damit du durch die Erfahrung der Verbindung zur Natur hin zu der göttlichen Quelle, aus der sie entspringt, wieder findest, falls du dich von ihr entfernt haben solltest. Falls Krankheit dich begleitet, erkenne sie als Weg, in die Einheit, der Ganzheit allen Seins, zurückzufinden.

Nun fehlt nur noch die Ahnenlinie der Großmutter des Vaters mit der Karte 13, der Großmutter, der Karte 14, dem Urgroßvater und der Karte 15, der Urgroßmutter.

Wir deuten jede Person und ziehen anschließend wieder die Quersumme, um das gemeinsame Thema und die Aufgabe in dieser Inkarnation zu erkennen.

<u>Die Ahnenlinie des Zweiges der Großmutter des Vaters:</u>

13 Großmutter des Vaters 12 Vögel
All die Weisheit, die deinen Ahnen zur Verfügung stand, ist auch für dich zugänglich. Nehme Kontakt auf zu deinen Ahnen und stellen ihnen die Fragen, die dir gerade wichtig erscheinen. Die Antwort kann auf verschiedenste Weise zu dir finden, sei es ein Lied, eine Passage in einem Buch, etwas, das ein anderer zu dir sagt, oder etwas, das beim Stellen der Frage intuitiv in dir aufsteigt.

14 Urgroßvater des Vaters 37 Bauch
Entwickelt man innere Weisheit, stellt man fest, dass man niemandem Schlechtes wünscht und davon ausgeht, dass jeder sein Bestes gibt. In jedem schlummert ein göttlicher Kern, der sich durch den Ausdruck der Liebe entfaltet und dafür sorgt, sich selbst und andere mit Güte zu behandeln.

15 Urgroßmutter des Vaters 7 Schlange
Die Kraft der Ahnen hilft dir, dich immer wieder neu zu erfinden und nicht an Altem festzuhalten, das dir nicht mehr dienlich ist. Du besitzt die Kraft der Wandlung zum Guten, um immer mehr zu dir selbst zu finden und vermeintlich

erscheinende Umwege zu meistern. Das Leben unterliegt dem Zyklus Tod und Wiedergeburt und unsere Seele erlangt durch die Herausforderungen, die sich ihr stellen, Erkenntnisse, die der spirituellen Entwicklung dienen. Im Spannungsfeld von Ungemach und positiven Wandlungsprozessen lernt die Seele die Dualität des Lebens kennen und wie wichtig es ist, zu lernen, auf die richtige Weise mit den Problemen umzugehen.

Karte 13 Großmutter, 12 Vögel + Karte 14 Urgroßvater, 37 Bauch + Karte 15 Urgroßmutter, 7 Schlange = 56 = **11 Ruten Thema und Aufgabe der Inkarnation**
Überzeugungen haben sich gebildet, um sich selbst die Welt zu erklären. Unterscheide, ob sie von dir selbst oder anderen stammen, die sich die Welt nur nicht anders vorstellen konnten. Halte Heilung für möglich, und Heilung kann geschehen, ohne blockierende Glaubenssätze und Selbstbilder, die nicht deinen wahren Kern ehren.

Auch für die Ahnenlinie des Vaters haben wir nun zwei Quersummen, die nochmals addiert werden und anzeigen, was geheilt werden sollte.

Quersumme 1 + Quersumme 2 = Heilauftrag in dieser Ahnenlinie

5 Baum + 11 Ruten = **16 Sterne Heilauftrag in dieser Ahnenlinie**
Deine Wünsche und Visionen leiten dich wie Sterne durch dein Leben und zeigen dir den Weg, wie du die Schmerzen deiner Ahnen heilen kannst. Dabei hilft dir die Anbindung an das Göttliche und das Vertrauen in die Zukunft, die von deiner Hellsicht genau dahin geführt wird, wo du jetzt genau richtig bist. Erinnere dich daran, woher du kommst und

wohin du wieder gehst, wenn du dieses menschliche Dasein verlässt. Integriere all das, was du bist und sein könntest, wenn du die kosmischen Energien nutzt, um heil zu werden.

Legung „Die Ahnenreihen, die Generationen bis in die 7. Generation“

Oft wird in der schamanischen Tradition davon berichtet, dass der Einfluss deiner Ahnen nicht nur bis in die vergangenen sieben Generationen reicht, sondern darüber hinaus auch die kommenden sieben Generationen miteinbezogen werden. Dadurch wird die Verantwortung gegenüber unseren Nachkommen deutlich, was den Erhalt unserer Lebensbedingungen auf dieser Erde angeht.

Als Person:

Wie du damit umgehen kannst:

1. Generation

2. Generation

3. Generation

4. Generation

5. Generation

6. Generation

7. Generation

Für die Ahnenreihen empfehle ich ein neues Deck Lenormandkarten zu nutzen.

Ahnenreihen, weibliche Vorfahren

Diese Legung kann selbstverständlich auf für die männlichen Vorfahren gelegt werden. Dies sollte vor der Legung festgelegt werden.
Bitte für jede Generation neu mischen und legen. Dann kann es sein, dass sich Karten wiederholen, jedoch bleibt die ganze Brandbreite der Möglichkeiten gewährleistet.

Meine Legung „Die Ahnenreihen, die Generationen bis in die 7. Generation"

Vor jeder Legung stimme ich mich mit folgender Einstimmung ein, öffne einen heiligen Raum und lasse mir Antwort geben auf die Fragen, deren Antworten gerade hilfreich für mich sind.

Einstimmung
Indem ich zur Ruhe komme und mich tief über die Füße mit der Erdenergie verbinde, nehme ich die Lenormandkarten in meine Hände und lasse meine persönliche Energieschwingung einfließen. Ich erschaffe meinen heiligen Raum, indem meine innere Wahrheit über das Kronenchakra mit dem kosmischen Wissen verbunden wird und bitte um die Verbindung zu meinen Ahnen, um mir die Botschaften zu geben, die jetzt gerade für mich wichtig sind und meinen Heilungsweg unterstützen.
Ich bitte um Führung und Inspiration über das Medium der Lenormandkarten, die Brücke zu den Vorfahren und

verstorbenen Seelen, die für mein jetziges Leben mir als Seelengefährten dienen, zu ermöglichen. Meine geistigen Helfer stehen an meiner Seite und begleiten diesen Prozess mit Liebe und Achtsamkeit, gemäß ihrem Auftrag, mir Schutz und Unterstützung zu leisten.
Ich bin bereit, die Botschaften mit offenem Herzen zu empfangen und sie in Wissen und Weisheit für mein Leben und meine Heilung zu wandeln.

Ich habe für jede Position alle Karten neu gemischt und ausgelegt, sodass sich die Wiederholungen der Karten erklären. Mir war es wichtig, alle Deutungsmöglichkeiten für jede Generation zur Verfügung zu haben.

Person/Ich Gegenwart
Buch-Schlüssel-Bär
Wissen, was mir dabei geholfen hat die Erfahrungen der Vergangenheit richtig zu verarbeiten und als Stärken zu integrieren.
Wie du damit umgehen kannst:
Buch – Dein inneres Wissen möchte aus dem Verborgenen emporsteigen. Mit Hilfe von Orakelarbeit oder Einweihungen in die hermetischen Gesetze wirst du das wertvolle Wissen der Überlieferungen vom Meister zum Schüler und aus dem morphogenetischen Feld, wo alles Wissen gespeichert ist, für deinen Lebensplan einsetzen können. Denn hier ist der Schlüssel zum tiefgründigen Entwicklungsprozess des Menschen angelegt. Nutze dieses dir zur Verfügung stehende Wissen, um deinem Leben einen Sinn zu geben und dich energetisch mit der kosmischen Energie zu verbinden. Sie wird deine Lernprozesse unterstützen und dir die Kraft geben, deine gewonnene Weisheit in dein Leben zu integrieren.

Schlüssel – Es ist eine Zeit, in der sich einiges für dich klärt. Du öffnest dich mit mehr Vertrauen zu dir dem Leben. Pragmatismus war gestern und jetzt bringst du etwas Neues in dein Leben. Vielleicht hilft dir ein Schlüsselerlebnis, letzte Zweifel zu zerstreuen und wichtige Erkenntnisse zu gewinnen. Tue das Richtige und entfalte dein ganzes Potenzial. So entwickelst du die Kompetenz, dein Leben, so wie du es wirklich leben willst, zu leben.
Bär – Zeige deinen Mut und deine Kraft, die dir innewohnen und Macht und Autorität vermitteln. Diese kraftvolle und unbändige Lebenskraft gibt dir die Sicherheit, um beharrlich an deiner spirituellen Entwicklung zu arbeiten. Durch Diplomatie und Beständigkeit wirst du deine selbst gesteckten Ziele erreichen. Dabei bekommst du den Schutz deines Geistführers und wirst von deinem Krafttier begleitet. Ereignisse aus der Vergangenheit gehen in die Heilung und dein innerer Heiler vollzieht die Transformation, die dich von den Fesseln vergangener Verletzungen befreit. Dein innerer Wohlstand beruht auf den Führungsqualitäten, die du dir angeeignet hast. Nutze diese Kraft für dein zukünftiges Leben und lasse dich dabei von deinen Ahnen unterstützen.

1. Generation (Mutter)
Sense-Schlange-Engelsflügel

Verletzungen durch die verstandesbetonte Mutter (Schlange), die bereits in der oberen Welt ist und einen besonderen Auftrag für mich hatte. Geborgenheit in der spirituellen Welt zu finden und die Engel als Begleiter zu haben.

Wie du damit umgehen kannst:
Sense – Ziehe Konsequenzen aus einem schmerzvollen Einschnitt, der dir widerfahren ist. Finde die Ursache heraus, die dazu geführt hat, dass du dich verletzt und tief getroffen fühlst. Diese karmische Lektion bedarf einer Lebenskorrektur, um destruktive Kräfte in deinem Leben zu eliminieren. Vielleicht ist auch eine Abkehr von alten

Überzeugungen notwendig, um diesen wunden Punkt endlich zu überwinden.
Schlange – Durch Entwicklung von Erkenntnis kannst du Altes hinter dir lassen. Deine Wandlungsfähigkeit ist gefordert, um den Heilungsprozess zu vollziehen. Du lernst intuitiv zwischen Geist und Seele zu kommunizieren. Jedoch bewerte dich und andere nicht negativ und lasse keine Kritik zu, um die Situation nicht komplizierter erscheinen zu lassen, als sie tatsächlich ist.
Engelsflügel – Die Engel möchten dich dazu auffordern, ihren Schutz und ihre Unterstützung in dein Leben zu integrieren. Wenn du die Existenz der Engel als wahr empfindest und mit ihnen kommunizieren möchtest, bitte sie um ihren Schutz und Beistand. Ein Schutzkreis aus himmlischen Energien wird dein Leben bereichern und du wirst zu den Menschen und Gelegenheiten geführt, die für deinen Lebensplan wichtig sind.

2. Generation (Großmutter)
Hund-Wolken-Fuchs
Eine Dienende, mir wohl gesonnen. Musste ihre Fähigkeiten im Verborgenen (Nebel) halten und konnte nicht authentisch sein, hat ihre Kräfte versteckt und wurde um ihre Macht betrogen.
Wie du damit umgehen kannst:
Hund – Du solltest durch Innenschau die Kräfte des Unbewussten entdecken und diese zum Ausdruck bringen. Gemeinschaftssinn leben, indem du dich mit Gleichgesinnten umgibst und generell soziale Bindungen pflegst. Biete deinen medialen Fähigkeiten Aufmerksamkeit und entfalte sie so gut es geht. Übe dich darin, empathisch und offen für die Bedürfnisse anderer zu sein. Zeige dich loyal und hilfsbereit und baue Vertrauen auf, damit du andere in ihrem Tun unterstützen kannst.
Wolken – Um die Realität richtig einschätzen zu können, sollte der Energiefluss erhöht werden. Alte Glaubenssätze

und falsche Informationen hindern dich daran, dein Potenzial zu entfalten. Baue keine Luftschlösser, sondern erkenne wichtige Wahrheiten. Fülle das Vakuum mit Informationen aus der feinstofflichen Welt und verbinde dich mit deiner Intuition, die dir wichtige Botschaften deiner Seele offenbart. Tritt aus der Opferrolle und dem Schwarz-Weiß-Denken heraus und Sorgen können sich auflösen wie der Nebel am Morgen.

Fuchs – Diese karmische Prüfung, die dir gestellt wird, kann nur bewältigt werden, wenn du in Verbindung mit dir selbst bist. Setze alles an Klugheit, Raffinesse und Spürsinn ein, um diese Reifeprüfung zu bestehen. Täuschung und Desillusionierung müssen ein Ende finden, damit du authentisch deine eigene Wahrheit lebst. Vertraue auf deine Instinkte und gehe auf deinem ganz individuellen Seelenpfad voran und lasse alle Fehleinschätzungen, die aus Angst entstanden sind, hinter dir.

3. Generation (Urgroßmutter)

Park-Herr-Buch

Jemand, die ihr Wissen über Naturheilweisen leben und aktiv ausdrücken konnte und damit in die Öffentlichkeit gegangen ist. Wissen aufgeschrieben und publiziert hat – zumindest, es an ihre Tochter weitergegeben hat.

Wie du damit umgehen kannst:

Park – Es gilt, Masken abzulegen und authentisch zu werden in allem, was du tust. Finde deine Aufgabe und deinen Platz im Leben. Nur, wenn du zu dir selbst stehst, kannst du herausfinden, was deine ganz eigene Wahrheit ist. Verbinde dich mit der Natur und lerne von ihren Gesetzen, einerseits selbstverantwortlich und andererseits Teil eines Netzwerkes zu sein. Werde unabhängig von der Meinung anderer und gebe die Kontrolle darüber auf, andere beeinflussen zu müssen.

Herr – Nutze alle deine Eigenschaften die dich produktiv und willensstark sein lassen. So verschaffst du dir die

Stabilität, die du brauchst, um die volle Verantwortung für dich zu übernehmen. Klare Strukturen und das Streben nach Unabhängigkeit lassen dich mutig voranschreiten auf dem Weg in dein selbstbestimmtes Leben.

Buch – Dein inneres Wissen möchte aus dem Verborgenen emporsteigen. Mit Hilfe von Orakelarbeit oder Einweihungen in die hermetischen Gesetze wirst du das wertvolle Wissen der Überlieferungen vom Meister zum Schüler und dem morphogenetischen Feld, wo alles Wissen gespeichert ist, für deinen Lebensplan einsetzen können. Denn hier ist der Schlüssel zum tiefgründigen Entwicklungsprozess des Menschen angelegt. Nutze dieses dir zur Verfügung stehende Wissen, um deinem Leben einen Sinn zu geben und dich energetisch mit der kosmischen Energie zu verbinden. Sie wird deine Lernprozesse unterstützen und dir die Kraft geben, deine gewonnene Weisheit in dein Leben zu integrieren.

4. Generation (Ururgroßmutter)
Dame-Anker-Mäuse

Eine Dienerin, die hart arbeiten musste und viel Kummer und Sorgen erlebt hat. Traumata erlebt und wohl möglich daran gearbeitet hat. Ärmliche Verhältnisse, Hunger und Not erlitten hat.

Wie du damit umgehen kannst:

Dame – Stelle dich selbst in den Vordergrund und unterstütze deine Selbstverwirklichung mit Hingabe. Durch Entspannung vermehrst du dein Mitgefühl und stellst dich nährend und schützend vor andere, die deiner Fürsorge bedürfen. Du weißt, wann du abwarten musst, wo du vermitteln solltest und wo du dich dem Fluss des Lebens einfach hingeben solltest. Es ist die sanfte, aber emanzipierte Selbstbestimmung, die dich auszeichnet und die deine Bemühungen auf fruchtbaren Boden fallen lässt.

Anker – Du arbeitest an deinem Entwicklungspotenzial, um dein Überleben zu sichern. Du findest dadurch Halt in

deinem Leben. In Auseinandersetzung mit der Welt gilt es so manches Mal, etwas loszulassen, sich nicht an Vergangenes zu klammern. Gehe deinen ganz eigenen spirituellen Weg und verarbeite all die Herausforderungen, die dich am Ende stark und weise werden lassen. Durch Engagement findest du zu deiner Berufung, die den Einsatz wert ist und dich an den rechten Platz in deinem Leben bringen wird.
Mäuse – Durch Entbehrungen musst du dich in Bescheidenheit üben. Nutze die Gelegenheit, um wieder in die Einfachheit des Lebens zu finden. Beende allen Selbstbetrug und alle Sorgen, die mit diesem Verzicht einhergehen. In Demut, was bedeutet, den Mut zu haben, dich selbst und dein Leben dem Göttlichen anzuvertrauen, findest du zu deinem wahren Selbstwert zurück und kannst alle Unzufriedenheit und Verzweiflung hinter dir lassen. Mache dem Pessimismus ein Ende und gebe deine Passivität auf, damit sich deine Existenzängste nicht verselbstständigen.

5. Generation
Mäuse-Hund-Fuchs

Aus der Not eine Tugend gemacht, sich selbst dabei treu geblieben und sich in den Dienst für andere gestellt. Dabei ehrlich und authentisch gewesen, hilfsbereit und loyal.

Wie du damit umgehen kannst:

Mäuse – Durch Entbehrungen musst du dich in Bescheidenheit üben. Nutze die Gelegenheit, um wieder in die Einfachheit des Lebens zu finden. Beende allen Selbstbetrug und alle Sorgen, die mit diesem Verzicht einhergehen. In Demut, was bedeutet den Mut zu haben dich selbst und dein Leben dem Göttlichen anzuvertrauen, findest du zu deinem wahren Selbstwert zurück und kannst alle Unzufriedenheit und Verzweiflung hinter dir lassen. Mache dem Pessimismus ein Ende und gib deine Passivität auf, damit sich deine Existenzängste nicht verselbstständigen.
Hund – Du solltest durch Innenschau die Kräfte des Unbewussten entdecken und diese zum Ausdruck bringen.

Gemeinschaftssinn leben, indem du dich mit Gleichgesinnten umgibst und generell soziale Bindungen pflegst. Biete deinen medialen Fähigkeiten Aufmerksamkeit und entfalte sie so gut es geht. Übe dich darin, empathisch und offen für die Bedürfnisse anderer zu sein. Zeige dich loyal und hilfsbereit und baue Vertrauen auf, damit du andere in ihrem Tun unterstützen kannst.

Fuchs – Diese karmische Prüfung, die dir gestellt wird, kann nur bewältigt werden, wenn du in Verbindung mit dir selbst bist. Setze alles an Klugheit, Raffinesse und Spürsinn ein, um diese Reifeprüfung zu bestehen. Täuschung und Desillusionierung müssen ein Ende finden, damit du authentisch deine eigene Wahrheit lebst. Vertraue auf deine Instinkte und gehe auf deinem ganz individuellen Seelenpfad voran und lasse alle Fehleinschätzungen, die aus Angst entstanden sind, hinter dir.

6. Generation

Klee-Kind-Wolken

Kurzes Leben, oder ein Leben mit vielen Umbrüchen, die sie immer wieder dazu gezwungen haben, neu anzufangen. Hat ihren Instinkten vertraut und sich schlau durchs Leben gemogelt.

Wie du damit umgehen kannst:

Klee – Dir scheint alles zu gelingen. Dein Optimismus, dass alles gut wird, ist nicht zu bremsen. Deine Vitalität ist getragen von Lebensfreude und eine Welle der Hochstimmung trägt dich durch das Leben. Glückliche Fügungen und günstige Gelegenheiten versprechen ein gutes Ergebnis und lassen in dir Hoffnungen erwecken. Doch es kann sich um ein kurzes Glück handeln, darum erkenne, wie kostbar dieser Augenblick ist. Mit Humor und Zuversicht gestaltest du diese besondere Zeit der Glückseligkeit.

Kind – Voller Schwung und Elan experimentierst du ganz verspielt und unbekümmert mit deiner Neugier auf das Leben. Deine Hingabe gibt dir den notwendigen Auftrieb, dich

Schritt für Schritt voranzutasten und deinen Wünschen Gestalt zu verleihen. Durch den Dialog mit deinem Inneren Kind gelingt es dir, im Hier und Jetzt zu sein und dich leicht und lebendig zu fühlen.
Wolken – Um die Realität richtig einschätzen zu können, sollte der Energiefluss erhöht werden. Alte Glaubenssätze und falsche Informationen hindern dich daran, dein Potenzial zu entfalten. Baue keine Luftschlösser, sondern erkenne wichtige Wahrheiten. Fülle das Vakuum mit Informationen aus der feinstofflichen Welt und verbinde dich mit deiner Intuition, die dir wichtige Botschaften deiner Seele offenbart. Tritt aus der Opferrolle und dem Schwarz-Weiß-Denken heraus und Sorgen können sich auflösen wie der Nebel am Morgen.

7 Generation
Turm-Lilien-Blumenstrauß
Hat ein Zuhause wie eine Festung erlebt, das Geborgenheit geschenkt hat und die Möglichkeit bot, sich in den eigenen Talenten und Fähigkeiten auszuleben. Sie konnte ihrer Individualität Ausdruck verleihen.
Wie du damit umgehen kannst:
Turm – Es ist Zeit, dich auf dich selbst zu besinnen. Ziehe dich zurück und sammle dich, um dich zu orientieren, was du wirklich möchtest. Diese erzwungene Einschränkung ist eine Grenzerfahrung, die dir zeigt, welche alten Glaubenssätze du aufgeben musst. Setze gesunde Grenzen und komme wieder in deine selbst gewählte Eigenständigkeit, die dir durch diese Selbstreflexion nur allzu deutlich wird.
Lilien – Durch Gebet und Meditation kannst du deinen Energiehaushalt positiv beeinflussen und in deine Mitte finden. Durch liebevolle Annahme deiner selbst erschaffst du den Frieden in dir, den du brauchst, um die Leidenschaft und Vitalität zu erzeugen, die dir hilft, das Leben harmonisch zu gestalten. Im Gleichgewicht mit deinen Kräften empfindest du Dankbarkeit für die Selbstliebe, die sich in deiner

Spiritualität ausdrücken darf und dir die Energie schenkt, die du für deine Sinnlichkeit und deine Wertschätzung für die Schönheit des Lebens benötigst.
Blumenstrauß – Entfalte deine Kreativität mit Freude und Unbeschwertheit. Nutze deine Phantasie, deine Talente so einzusetzen, dass eine positive Entwicklung möglich ist. Die Schönheit des Lebens, ausgedrückt in Kunst und der Inspiration, erfüllt dich und lässt dich lebendig sein. Strahle diese Lebenslust in dein Umfeld aus und genieße die Heilkraft, die damit einhergeht.

Sich klarzumachen, dass alles, was wir denken und tun Einfluss auf unser Leben ausübt, und vieles davon durch die Kindheit und deren Prägungen in uns arbeitet, macht es sinnvoll, dem nachzuspüren, um uns selbst besser zu verstehen.

Glaubenssätze, Prägungen und daraus resultierende Verhaltensmuster können von einer Generation zur nächsten Generation weitergegeben werden. So lange, bis sie, falls sie zerstörerisch auf unser Leben einwirken, in die Heilung gehen und vom letzten Glied der Ahnenkette in die Harmonie gebracht werden.

Legung „Vergangenheit – Gegenwart – Zukunft im morphogenetischen Feld“

Bei dieser Legung empfiehlt es sich, falls du sie komplett auslegen möchtest, ein zweites Lenormanddeck hinzuzuziehen. Ich lege alle Quersummenkarten mit einem separaten Deck aus, da sich so die Karten verdoppeln können. In meinem Beispiel taucht der Blumenstrauß sogar dreimal auf. Die Legung ist für mich und zeigt mir auf, wie es um mich im Spätsommer bestellt ist. Eine turbulente Zeit liegt gerade hinter mir, und ich versuche noch, alles zu sortieren. Dabei kann mir die Legung bestimmt helfen. Ich nutze meine Deutungen und kann bei dieser Legung alle Deutungen miteinbeziehen. Welche das sind, siehst du bei meiner Ausarbeitung. Alles findest du im Deutungsbereich in diesem Buch. Es sind nur Interpretationen, wie ich sie wählen würde. Natürlich kannst du auch, ganz unabhängig davon, bei deinen eigenen Legungen deine Deutungen nutzen.

Zunächst hier die Legung, wie sie aufgebaut ist:

Position 1 Die Person, um die es geht
Wie du damit umgehen kannst:

Zeitschiene Vergangenheit

Position 2 Die Ahnenlinien, mütterlicherseits und väterlicherseits
Wie du damit umgehen kannst:

Position 3 Die Ursprungsfamilie, in die man geboren wurde
Wie du damit umgehen kannst:

Position 4 Der rote Faden, der sich bis jetzt durch das Leben zieht
Wie du damit umgehen kannst:

Position 5 Die Quersumme 1 der Karten aus der Vergangenheit der Person, die die Essenz und Aufgabe der Person zeigen.

Zeitschiene Gegenwart

Position 6 Die Beziehung zu dir selbst
Wie du damit umgehen kannst:

Position 7 Das selbstbestimmte Leben
Wie du damit umgehen kannst:

Position 8 Die selbst gegründete Familie bzw. Lebensgemeinschaft, falls vorhanden
Wie du damit umgehen kannst:

Position 9 Die Wahlfamilie, Freunde und soziales Umfeld
Wie du damit umgehen kannst:

Position 10 Die Quersumme 2 der Karten der Gegenwart, die die momentanen Lebensumstände widerspiegeln.

Die Themen, die für die Gegenwart und Zukunft wichtig sind:

Position 11 Die Liebe, die in einem wirkt
Wie du damit umgehen kannst:

Position 12 Die Achtsamkeit, die man aufbringen sollte
Wie du damit umgehen kannst:

Position 13 Die Heilung, die dadurch vollzogen wird
Wie du damit umgehen kannst:

Position 14 Die Quersumme 3 der Karten für die Liebe, Achtsamkeit und Heilung, die die Lebensqualität bestimmen.

Zeitschiene Zukunft

Position 15 Die Fähigkeit, das Alte, was einem nicht mehr dient, loszulassen
Wie du damit umgehen kannst:

Position 16 Die Visionen umsetzen oder verwerfen
Wie du damit umgehen kannst:

Position 17 Die Realität erschaffen, falls der Mut vorhanden ist
Wie du damit umgehen kannst:

Position 18 Die sozialen Kontakte, Freunde/Freundinnen, die einen unterstützen
Wie du damit umgehen kannst:

Position 19 Das Umfeld, in dem man sich bewegt
Wie du damit umgehen kannst:

Position 20 Die Träume und Wünsche für die Zukunft
Wie du damit umgehen kannst:

Position 21 Die Quersumme 4 der Karten der Zukunft, die zeigen, welche Möglichkeiten sich bieten, falls man sich selbst treu bleibt und dem eigenen Herzen folgt.

Nun bestimmen wir noch weitere wichtige Informationen für die du die Deutungen im Deutungsbereich nutzen kannst.

Position 22 Die Quersumme 4 der Zukunft, die auch den Hintergrund der Ahnenkraft und Ahnenheilung ausdrückt, die einen bei dem momentanen Lebensprozess unterstützt.

Position 23 Die Summe der Quersummen 1, 2 und 3, die das Potenzial und die Fähigkeiten der Person zeigen.

Position 24 Die Quersumme aus dem Ergebnis von der Quersumme 1, 2 und 3 mit der Quersumme 4 ergeben die Botschaft aus dem Jenseits, die einen erreichen möchte.

Meine Legung „Vergangenheit – Gegenwart – Zukunft im morphogenetischen Feld“

Vor jeder Legung stimme ich mich mit folgender Einstimmung ein, öffne einen heiligen Raum und lasse mir Antwort geben auf die Fragen, deren Antworten gerade hilfreich für mich sind.

Einstimmung
Indem ich zur Ruhe komme und mich tief über die Füße mit der Erdenergie verbinde, nehme ich die Lenormandkarten in meine Hände und lasse meine persönliche Energieschwingung einfließen. Ich erschaffe meinen heiligen Raum, indem meine innere Wahrheit über das Kronenchakra mit dem kosmischen Wissen verbunden wird und bitte um die Verbindung zu meinen Ahnen, um mir die Botschaften zu geben, die jetzt gerade für mich wichtig sind und meinen Heilungsweg unterstützen.
Ich bitte um Führung und Inspiration über das Medium der Lenormandkarten, die Brücke zu den Vorfahren und verstorbenen Seelen, die für mein jetziges Leben mir als Seelengefährten dienen, zu ermöglichen. Meine geistigen Helfer stehen an meiner Seite und begleiten diesen Prozess mit Liebe und Achtsamkeit, gemäß ihrem Auftrag, mir Schutz und Unterstützung zu leisten.
Ich bin bereit, die Botschaften mit offenem Herzen zu empfangen und sie in Wissen und Weisheit für mein Leben und meine Heilung zu wandeln.

Position 1 Die Person, um die es geht
Karte 19 Turm
Sich vom Ego befreien, Einsamkeit und Weitblick entwickeln
Wie du damit umgehen kannst:
Es ist Zeit, dich auf dich selbst zu besinnen. Ziehe dich zurück und sammle dich, um dich zu orientieren, was du wirklich möchtest. Diese erzwungene Einschränkung ist eine Grenzerfahrung, die dir zeigt, welche alten Glaubenssätze du aufgeben musst. Setze gesunde Grenzen und komme wieder in deine selbst gewählte Eigenständigkeit, die dir durch diese Selbstreflexion nur allzu deutlich wird.

Zeitschiene Vergangenheit

Position 2 Die Ahnenlinien, mütterlicherseits und väterlicherseits
Karte 9 Blumenstrauß
Kreativität, Entfaltung und Freude
Wie du damit umgehen kannst:
Entfalte deine Kreativität mit Freude und Unbeschwertheit. Nutze deine Phantasie, deine Talente so einzusetzen, dass eine positive Entwicklung möglich ist. Die Schönheit des Lebens, ausgedrückt in Kunst und der Inspiration, erfüllt dich und lässt dich lebendig sein. Strahle diese Lebenslust in dein Umfeld aus und genieße die Heilkraft, die damit einhergeht.

Position 3 Die Ursprungsfamilie, in die man geboren wurde
Karte 11 Ruten
Glaubenssätze und Überzeugungen
Wie du damit umgehen kannst:
Schütze dich vor negativen Energien, indem du dich verteidigst und die Angriffe abwehrst. Deine Überzeugungen

haben ihre Berechtigung, können aber für Streit und Diskussionen sorgen. Zweifle nicht an dir und deiner Denkweise, sondern erkenne die Gegensätze an. Falls du durch Überprüfung deiner Glaubenssätze Fehler entdeckst, korrigiere sie umgehend und zeige dich flexibel. Ansonsten erarbeite einen gemeinsamen Konsens oder handle Kompromisse mit deinem Gegenüber aus. Du solltest dich jedoch nicht für deine eigene Meinung schuldig fühlen und dich selbst dafür bestrafen, indem du deine Überzeugungen missachtest.

Position 4 Der rote Faden, der sich bis jetzt durch das Leben zieht
Karte 13 Kind
Unschuld und Neubeginn
Wie du damit umgehen kannst:
Voller Schwung und Elan experimentierst du ganz verspielt und unbekümmert mit deiner Neugier auf das Leben. Deine Hingabe gibt dir den notwendigen Auftrieb, dich Schritt für Schritt voranzutasten und deinen Wünschen Gestalt zu verleihen. Durch den Dialog mit deinem inneren Kind gelingt es dir, im Hier und Jetzt zu sein und dich leicht und lebendig zu fühlen.

Position 5 Die Quersumme der Karten aus der Vergangenheit der Person, die die Essenz und Aufgabe der Person zeigen
19+9+11+13= 52= **7 Schlange**
Durch Entwicklung von Erkenntnis kannst du Altes hinter dir lassen. Deine Wandlungsfähigkeit ist gefordert, um den Heilungsprozess zu vollziehen. Du lernst intuitiv zwischen Geist und Seele zu kommunizieren. Jedoch bewerte dich und andere nicht negativ und lasse keine Kritik zu, um die Situation nicht komplizierter erscheinen zu lassen, als sie tatsächlich ist.

Zeitschiene Gegenwart

Position 6 Die Beziehung zu dir selbst
Karte 5 Baum
Der Lebensbaum, Gesundheit und Krankheit
Wie du damit umgehen kannst:
Starke Wurzeln und Vitalität vermitteln dir die Bodenständigkeit, die du brauchst, um beständig zu wachsen und dich zu entfalten. Innere Reife und Heilung entwickelst du, indem du die Dinge sich entwickeln lässt. Ruhe und Gelassenheit strahlen aus dir heraus und du erkennst Themen, die noch nicht abgeschlossen sind. Deine Glaubenssätze solltest du einer gründlichen Prüfung unterziehen und deren wesentlichen Sinn erkennen. So können Heilung und Wachstum geschehen und dir kraftvolle Lebensenergie spenden. Meditiere in der Natur und verbinde dich mit den Energien von Mutter Erde. Nutze die Heilkraft von Baum- und Blütenessenzen, um in deine innere Mitte zu kommen.

Position 7 Das selbstbestimmte Leben
Karte 10 Sense
Ordnung schaffen und Konsequenzen ziehen
Wie du damit umgehen kannst:
Ziehe Konsequenzen aus einem schmerzvollen Einschnitt, der dir widerfahren ist. Finde die Ursache heraus, die dazu geführt hat, dass du dich verletzt und tief getroffen fühlst. Diese karmische Lektion bedarf einer Lebenskorrektur, um destruktive Kräfte in deinem Leben zu eliminieren. Vielleicht ist auch eine Abkehr von alten Überzeugungen notwendig, um diesen wunden Punkt endlich zu überwinden.

Position 8 Die selbst gegründete Familie bzw. Lebensgemeinschaft, falls vorhanden
Karte 4 Haus
Das traute Heim
Wie du damit umgehen kannst:
Es geht darum, Stabilität und Ruhe in deinem Leben zu verwirklichen. Ein Nest zu bauen, was dir Geborgenheit und Sicherheit vermittelt. Wenn du es schaffst, mit deinen elementaren Bedürfnissen in Verbindung zu stehen und deinen Körper als Sitz der Seele zu begreifen, fällt es dir leicht, ihn zu achten und zu pflegen und ihm deine volle Aufmerksamkeit zu schenken. Dieses Körperbewusstsein bietet dir die dauerhafte Basis, dein Innenleben deinem Privatleben anzugleichen und Schutz und Sicherheit zu genießen. Wie innen so außen, findest du den Platz in deinem Leben.

Position 9 Die Wahlfamilie, Freunde und soziales Umfeld
Karte 28 Herr
Krieger des Herzens, Schamane
Wie du damit umgehen kannst:
Nutze alle deine Eigenschaften die dich produktiv und willensstark sein lassen. So verschaffst du dir die Stabilität, die du brauchst, um die volle Verantwortung für dich zu übernehmen. Klare Strukturen und das Streben nach Unabhängigkeit lassen dich mutig voranschreiten auf dem Weg in dein selbstbestimmtes Leben.

Position 10 Die Quersumme der Karten der Gegenwart, die den momentanen Lebensumstände widerspiegeln.
5+10+4+28= 47= **11 Ruten**
Schütze dich vor negativen Energien, indem du dich verteidigst und die Angriffe abwehrst. Deine Überzeugungen haben ihre Berechtigung, können aber für Streit und Diskussionen sorgen. Zweifle nicht an dir und deiner Denkweise,

sondern erkenne die Gegensätze an. Falls du durch Überprüfung deiner Glaubenssätze Fehler entdeckst, korrigiere sie umgehend und zeige dich flexibel. Ansonsten erarbeite einen gemeinsamen Konsens oder handle Kompromisse mit deinem Gegenüber aus. Du solltest dich jedoch nicht für deine eigene Meinung schuldig fühlen und dich selbst dafür bestrafen, indem du deine Überzeugungen missachtest.

Die Themen, die für die Gegenwart und Zukunft wichtig sind:

Position 11 Die Liebe, die in einem wirkt
Karte 33 Schlüssel
Die Realität und ihre Gesetzmäßigkeiten
Wie du damit umgehen kannst:
Es ist eine Zeit, in der sich einiges für dich klärt. Du öffnest dich mit mehr Vertrauen zu dir dem Leben. Pragmatismus war gestern und jetzt bringst du etwas Neues in dein Leben. Vielleicht hilft dir ein Schlüsselerlebnis, letzte Zweifel zu zerstreuen und wichtige Erkenntnisse zu gewinnen. Tue das Richtige und entfalte dein ganzes Potenzial. So entwickelst du die Kompetenz, dein Leben, so wie du es wirklich leben willst, zu leben.

Position 12 Die Achtsamkeit, die man aufbringen sollte
Karte 15 Bär
Selbstvertrauen und Mut
Wie du damit umgehen kannst:
Zeige deinen Mut und deine Kraft, die dir innewohnen und Macht und Autorität vermitteln. Diese kraftvolle und unbändige Lebenskraft gibt dir die Sicherheit, um beharrlich an deiner spirituellen Entwicklung zu arbeiten. Durch Diplomatie und Beständigkeit wirst du deine selbst gesteckten Ziele erreichen. Dabei bekommst du den Schutz deines Geistführers und wirst von deinem Krafttier begleitet. Ereignisse aus

der Vergangenheit gehen in die Heilung und dein innerer Heiler vollzieht die Transformation, die dich von den Fesseln vergangener Verletzungen befreit. Dein innerer Wohlstand beruht auf den Führungsqualitäten, die du dir angeeignet hast. Nutze diese Kraft für dein zukünftiges Leben und lasse dich dabei von deinen Ahnen unterstützen.

Position 13 Die Heilung, die dadurch vollzogen wird
Karte 24 Herz
Die Liebesfrequenz, der Heilige Gral
Wie du damit umgehen kannst:
Aktiviere dein Herzfeld, indem du positive Schwingungen aus deinem Herzchakra heraus strahlen lässt. So aktivierst du deine Herzensenergie, die dir auf spiritueller Ebene dabei hilft, dich selbst zu finden und durch die Liebe zu dir selbst den Frieden in dir zu schaffen, um dein Leben aus dem Herzen heraus zu leben und mit dem Herzen zu sehen. Dadurch erzeugst du eine magische Anziehungskraft, die dein Herz für alle Menschen und Wesen sowie die Schöpfung öffnet und du aus deinem Herzen heraus mit Mitgefühl handeln kannst.

Position 14 Die Quersumme der Karten für die Liebe, Achtsamkeit und Heilung, die die Lebensqualität bestimmen.
33+15+24= 72= **9 Blumenstrauß**
Begabungen und kreative Umsetzung, Nahrung für die Seele
Wie du damit umgehen kannst:
Entfalte deine Kreativität mit Freude und Unbeschwertheit. Nutze deine Phantasie, deine Talente so einzusetzen, dass eine positive Entwicklung möglich ist. Die Schönheit des Lebens, ausgedrückt in Kunst und der Inspiration, erfüllt dich und lässt dich lebendig sein. Strahle diese Lebenslust in

dein Umfeld aus und genieße die Heilkraft, die damit einhergeht.

Zeitschiene Zukunft

Position 15 Die Fähigkeit, das Alte, was einem nicht mehr dient, loszulassen
Karte 3 Schiff
Die Sehnsucht, die einem neue Abenteuer verspricht, die Reise der Seele
Wie du damit umgehen kannst:
Du hast gelernt, deine Schaffenskraft richtig einzusetzen, um beständig an deinem Ziel zu arbeiten. Deine entwickelte innere Stärke gibt dir zudem die Geduld, auch mal etwas auf dich zukommen zu lassen. So können sich die Dinge auf deiner Lebensreise so entwickeln, wie es deinem Lebensplan entspricht. Du erreichst eine neue Ebene auf der Suche nach dem Sinn deines Lebens und erkennst Zusammenhänge, die dein Wissen anreichern.

Position 16 Die Visionen umsetzen oder verwerfen
Karte 35 Anker
Rituale und magische Praktiken
Wie du damit umgehen kannst:
Du arbeitest an deinem Entwicklungspotenzial, um dein Überleben zu sichern. Du findest dadurch Halt in deinem Leben. In Auseinandersetzung mit der Welt gilt es so manches Mal, etwas loszulassen, sich nicht an Vergangenes zu klammern. Gehe deinen ganz eigenen spirituellen Weg und verarbeite all die Herausforderungen, die dich am Ende stark und weise werden lassen. Durch Engagement findest du zu deiner Berufung, die den Einsatz wert ist und dich an den rechten Platz in deinem Leben bringen wird.

Position 17 Die Realität erschaffen, falls der Mut vorhanden ist
Karte 8 Sarg
Loslassen und Erneuerung, Tod und Wiedergeburt
Wie du damit umgehen kannst:
Du spürst das Ende einer Phase, eines Erkenntnis- und Lernprozesses, der alles hat stagnieren lassen. Lasse los und lasse dir Flügel wachsen und freue dich über den Beginn dieser Wandlungsphase, in der du wie Phönix aus der Asche steigen kannst. Tiefe und intensive Erfahrungen haben dich an diesen Punkt gebracht und das Ende eines Zyklus angezeigt, der dir nicht gutgetan hat.

Position 18 Die sozialen Kontakte, Freunde/Freundinnen, die einen unterstützen
Karte 14 Fuchs
Die eigene Wahrheit entdecken
Wie du damit umgehen kannst:
Diese karmische Prüfung, die dir gestellt wird, kann nur bewältigt werden, wenn du in Verbindung mit dir selbst bist. Setze alles an Klugheit, Raffinesse und Spürsinn ein, um diese Reifeprüfung zu bestehen. Täuschung und Desillusionierung müssen ein Ende finden, damit du authentisch deine eigene Wahrheit lebst. Vertraue auf deine Instinkte und gehe auf deinem ganz individuellen Seelenpfad voran und lasse alle Fehleinschätzungen, die aus Angst entstanden sind, hinter dir.

Position 19 Das Umfeld, in dem man sich bewegt
Karte 22 Wege
Scheideweg, Weggabelung, einen neuen Weg einschlagen
Wie du damit umgehen kannst:
Vertraue deiner inneren Führung, denn jede Entscheidung birgt die Chance, zu lernen und dich zu entwickeln.

Manchmal ist es eine Gratwanderung, denn keine Entscheidung zu treffen ist auch eine Wahl, die Konsequenzen hat. Wechsle auch mal die Perspektive, um eine neue Ausrichtung oder Alternativen zu finden. Das Wichtigste hierbei ist es, deinen eigenen Weg zu finden und deinem Urteilsvermögen zu vertrauen. Falls er dich in die Irre führen sollte, dann kehre entschlossen um und probiere andere Möglichkeiten, die sich dir immer bieten.

Position 20 Die Träume und Wünsche für die Zukunft
Karte 26 Buch
Das alte Wissen, die mentale Ebene
Wie du damit umgehen kannst:
Dein inneres Wissen möchte aus dem Verborgenen emporsteigen. Mit Hilfe von Orakelarbeit oder Einweihungen in die hermetischen Gesetze wirst du das wertvolle Wissen der Überlieferungen vom Meister zum Schüler und aus dem morphogenetischen Feld, wo alles Wissen gespeichert ist, für deinen Lebensplan einsetzen können. Denn hier ist der Schlüssel zum tiefgründigen Entwicklungsprozess des Menschen angelegt. Nutze dieses dir zur Verfügung stehende Wissen, um deinem Leben einen Sinn zu geben und dich energetisch mit der kosmischen Energie zu verbinden. Sie wird deine Lernprozesse unterstützen und dir die Kraft geben, deine gewonnene Weisheit in dein Leben zu integrieren.

Position 21 Die Quersumme der Karten der Zukunft, die zeigen, welche Möglichkeiten sich bieten, falls man sich selbst treu bleibt und dem eigenen Herzen folgt.
3+35+8+14+22+26= 108= **9 Blumenstrauß**
Begabungen und kreative Umsetzung, Nahrung für die Seele
Wie du damit umgehen kannst:
Entfalte deine Kreativität mit Freude und Unbeschwertheit. Nutze deine Phantasie, deine Talente so einzusetzen, dass eine positive Entwicklung möglich ist. Die Schönheit des Lebens, ausgedrückt in Kunst und der Inspiration, erfüllt dich und lässt dich lebendig sein. Strahle diese Lebenslust in dein Umfeld aus und genieße die Heilkraft, die damit einhergeht.

Nun bestimmen wir noch weitere wichtige Informationen, für die du die Deutungen im Deutungsbereich nutzen kannst.

Position 22 Die Quersumme 4 der Zukunft, die auch den Hintergrund der Ahnenkraft und Ahnenheilung ausdrückt, die einen bei dem momentanen Lebensprozess unterstützt.
QS 4 ist 9 Blumenstrauß siehe oben …

Position 23 Die Summe der Quersummen 1, 2 und 3, die das Potenzial und die Fähigkeiten der Person zeigen.
QS 1+QS 2+QS 3 = 7 Schlange +11 Ruten + 9 Blumenstrauß = 27 Brief
Frequenz der Kommunikation, Gebete und Anrufungen, Seelen-Kommunikation
momentanes Leben: Empfange die Botschaften deiner Engel oder Geistführer, die dir durch Träume oder spirituelle Schriften etwas mitteilen möchten. Gehe ins Zwiegespräch mit deiner inneren Führung und entlaste deine Seele von

allen unwichtigen, oberflächlichen Gefühlen, die dich nur daran hindern, ein Sender und Empfänger für die spirituellen Wahrheiten zu sein. Werde in deiner Kommunikation mit anderen immer offener und ehrlicher, damit wahre Begegnungen von Seele zu Seele möglich werden.

Position 24 Die Quersumme aus dem Ergebnis von der Quersumme 1, 2 und 3 plus der Quersumme 4 ergibt die Botschaft aus dem Jenseits, die einen erreichen möchte.

27 Brief + 9 Blumenstrauß = 36 Kreuz

Alles, was wir in den verschiedenen Inkarnationen erlebt haben, bleibt im Seelengedächtnis gespeichert. Liebe und Weisheit sind dabei die Erfahrungen, die die Seele am meisten nährt und sich in ihrer liebenden Energie erfahren lässt. Das Leben wird von unseren Gedanken, Gefühlen und Taten gelenkt und kommt uns so manches Mal schicksalhaft vor. Doch alles dient dem spirituellen Wachstum der Seele, die auf diese Erde inkarniert ist, um menschliche Erfahrungen zu machen und in dem Spannungsfeld der Dualität den Glauben an die Liebe und das Wissen um ein Miteinander in Mitgefühl und Respekt zu leben.

Für mich spiegelt es sehr deutlich meine momentane Lebenssituation wider. All die Hinweise, die mir hier gegeben werden, lassen mich das Licht am Ende des Tunnels sehen und einen Sinn in dem erkennen, was gerade geschieht. Es berührt mich immer wieder auf tiefster Ebene, wie intim die Karten antworten und lösungsorientiert einen Weg aufzeigen, die Hürden des Lebens zu meistern. Das ist es, was ich mit den Lenormandkarten erreichen möchte.

Die großen Ahnentafeln

Und nun kommen wir zum Herzstück, meinen Varianten der Ahnentafeln. Die liegen mir besonders am Herzen und geben einen umfassenden Überblick darüber, was noch in die Heilung gehen möchte und welche Unterstützung aus den Ahnenreihen dafür zur Verfügung steht. Hierbei werden alle Deutungsvorschläge dieses Buches einbezogen, entsprechend der Position der Reihen. Die erste Reihe spiegelt das momentane Leben wider, die 2. Reihe die Ahnenlast, die 3. Reihe die Ahnenkraft und die 4. Reihe die Ahnenheilung. Die Botschaften können zu allen Deutungsreihen hinzugezogen werden, ganz deiner Intuition entsprechend.

Nun möchte ich euch anhand dieser Varianten zeigen, wie ich diese Aufstellungen der sich bedingenden Energien auf eine energetisch, spirituelle Ebene hebe, um Heilung zu initiieren.

Dabei beginne ich mit einem Gebet, das die geistigen Kräfte herbeiruft und den Heilungsprozess unterstützt.

Ich rufe alle geistigen Kräfte zur Heilung von (hier den Namen einsetzen)

Kommt hier in diesen heiligen Raum aus allen Richtungen des Himmels.

Aus dem Norden mit den Gaben der Erde und Erzengel Zadkiel
Ich platziere einen Amethyst im Norden der Legung.

Aus dem Osten mit der Klarheit des Geistes und Erzengel Gabriel
Ich platziere einen Bergkristall im Osten der Legung.

Aus dem Süden mit der Kraft des Feuers und der Tatkraft und Erzengel Michael
Ich platziere einen Sonnenstein im Süden der Legung.

Aus dem Westen mit der Kraft des Wasser und den Emotionen und Erzengel Chamuel
Ich platziere einen Rosenquarz in den Westen der Legung.

Lasst eure Energien durch mich fließen als Werkzeug der Heilung und schenkt den vorhandenen Energien die Initialzündung für Heilung, die nun in der Seele und dem Seelenplan, der gewünscht ist, verwirklicht werden kann.

Löst alles Leid und allen Schmerz, durchtrennt alle Verstrickungen in niedere Energien.

Mein Schutzengel sei vor mir, um mir den rechten Weg zu weisen. Er ist neben mir, um mich in die Arme zu schließen und mich bei dieser energetischen Arbeit zu schützen.
Ebenso sei er hinter mir, um mir den Rücken zu stärken und unter mir, um den heiligen Raum zu halten. Denn mein Schutzengel ist bei mir, um diese heilende Anwendung zu begleiten.

Danke, Danke, Danke

Nun schaue ich mir an wo Disharmonien in der Legung zu finden sind und schwinge dort mit dem Hathor Pendel rosa schwingende Energien ein. Zudem lege ich die Lenormandkarte Herz auf diesen Bereich der Legung, die ich nur für diese Heilarbeit einsetze.

Überall dort, wo Klarheit notwendig ist, schwinge ich mit dem schamanischen Pendel so viel Energien ein, bis das Pendel zur Ruhe kommt. Auch dort platziere ich eine Karte, diesmal den Stern, für Klarheit und Vision.

Alles, was mit Wachstum und Reife unterstützt werden sollte, bereichere ich mit der Karte Baum, und da, wo Leichtigkeit und Humor gefördert werden sollte, mit der Karte Klee.

Intuitiv suche ich die Pendel aus, die Energien lösen und neue positive Energien einschwingen. Dabei nutze ich die Pendel von Baj, zu finden im Internet und meine individuell gestalteten Pendel von Karin Hoffmeister, die ich schon in meinem Chakrenbuch erwähnt habe. Da setze ich mein Erzengel-Raphael-Pendel, mein Krafttier, den Falken, das Chakren-Pendel oder das Ho'oponopono-Pendel ein. Besonders bei diesem Pendel lege ich zudem die Karte Lilien hinzu, um den inneren Frieden zu fördern. Transformation wird mit der Klarte Sarg gefördert und für Mitgefühl und ein friedliches Miteinander hilft der Hund. Der Mond lässt uns versöhnen mit unseren Schattenaspekten, die sich, wenn wir sie in Liebe annehmen, auflösen können.

Es ist ein meditativer, intuitiver Prozess, der ganz getragen von Energien der Erzengel immer genau richtig ist. Es würde schon reichen, die Erzengel zu rufen, doch hat es sich in meiner Arbeit mit den Legungen bewährt, besonderes Augenmerk auf bestimmte Schwachstellen der momentanen Befindlichkeit der fragenden Person positiv zu begleiten.

Ich lasse die Legung noch eine ganze Weile mit den Kristallen und Karten liegen, damit alles in die göttliche Ordnung finden kann, zum Wohle der Person, die um diese Legung gebeten und ihre Zustimmung zu der Heilarbeit gegeben hat.

Dies ist meine Vorgehensweise, doch bedeutet nicht, dass es so gemacht werden müsste. Nur wenn es sich für dich richtig anfühlt, und dein Herz sich dafür öffnet, ist es eine Möglichkeit, die Qualität der Legung und deren Deutung mit spiritueller Kraft zu bereichern.

Fühle dich vollkommen frei, deinen eigenen Weg zu finden.

Variante 1 „Die 6x6 Ahnentafel

Thema	Wohlbefinden	Zuhause	Freunde	Bestimmung	Kreativität
1	2	3	4	5	6
7	8	9	10	11	12
13	14	15	16	17	18
19	20	21	22	23	24
25	26	27	28	29	30
31 + QS	32 + QS	33 + QS	34 + QS	35 + QS	36 + QS

Diese Legung zeigt uns verschiedene Lebensbereiche auf, die mit den wichtigen Ahnenthemen beleuchtet werden. Vorschläge für die Deutung der jeweiligen Spalten findest du im Deutungsbereich. Wir brauchen 36 Karten und ein weiteres Lenormanddeck, um die Quersummenkarten zu legen. Die Aufteilung ist wie folgt:

Wir beginnen mit der 1. Reihe unter der Überschrift „Das momentane Leben“

Karte 1 Das Thema und die Zeitqualität, die sich gerade aufdrängt

Karte 2 Das Wohlbefinden auf allen Seinsebenen, körperlich, mental, emotional und spirituell

Karte 3 Das Zuhause, die (Wahl-)Familie, die Lieben, die uns begleiten

Karte 4 Der Freundeskreis und das soziale Netzwerk, das einen umgibt

Karte 5 Die Bestimmung, die Berufung und wie sie gelebt wird

Karte 6 Die Kreativität und Achtsamkeit, die gezeigt wird, um den Seelenplan umzusetzen

Die Quersumme aus den Karten der Reihe 1 ergibt einen Hinweis auf die Lösung, die sich nun anbietet.

Weiter geht es mit der 2. Reihe unter der Überschrift „Die Ahnenlast“

Karte 7 Das Thema und die Zeitqualität, die sich gerade aufdrängt

Karte 8 Das Wohlbefinden auf allen Seinsebenen, körperlich, mental, emotional und spirituell

Karte 9 Das Zuhause, die (Wahl)Familie, die Lieben, die uns begleiten

Karte 10 Der Freundeskreis und das soziale Netzwerk, das einen umgibt

Karte 11 Die Bestimmung, die Berufung und wie sie gelebt wird

Karte 12 Die Kreativität und Achtsamkeit, die gezeigt wird, um den Seelenplan umzusetzen

Die Quersumme aus den Karten der Reihe 2 ergibt einen Hinweis auf die Lösung, die sich nun anbietet.

In der 3. Reihe finden wir die Überschrift „Die Ahnenkraft“

Karte 13 Das Thema und die Zeitqualität, die sich gerade aufdrängt

Karte 14 Das Wohlbefinden auf allen Seinsebenen, körperlich, mental, emotional und spirituell

Karte 15 Das Zuhause, die (Wahl-)Familie, die Lieben, die uns begleiten

Karte 16 Der Freundeskreis und das soziale Netzwerk, das einen umgibt

Karte 17 Die Bestimmung, die Berufung und wie sie gelebt wird

Karte 18 Die Kreativität und Achtsamkeit, die gezeigt wird, um den Seelenplan umzusetzen
Die Quersumme aus den Karten der Reihe 3 ergibt einen Hinweis auf die Lösung, die sich nun anbietet.

Die 4. Reihe zeigt uns „Die Ahnenheilung“

Karte 19 Das Thema und die Zeitqualität, die sich gerade aufdrängt

Karte 20 Das Wohlbefinden auf allen Seinsebenen, körperlich, mental, emotional und spirituell

Karte 21 Das Zuhause, die (Wahl-)Familie, die Lieben, die uns begleiten

Karte 22 Der Freundeskreis und das soziale Netzwerk, das einen umgibt

Karte 23 Die Bestimmung, die Berufung und wie sie gelebt wird

Karte 24 Die Kreativität und Achtsamkeit, die gezeigt wird, um den Seelenplan umzusetzen

Die Quersumme aus den Karten der Reihe 4 ergibt einen Hinweis auf die Lösung, die sich nun anbietet.

Die 5. Reihe schenkt uns eine „Botschaft aus dem Jenseits“

Karte 25 Das Thema und die Zeitqualität, die sich gerade aufdrängt

Karte 26 Das Wohlbefinden auf allen Seinsebenen, körperlich, mental, emotional und spirituell

Karte 27 Das Zuhause, die (Wahl)-Familie, die Lieben, die uns begleiten

Karte 28 Der Freundeskreis und das soziale Netzwerk, das einen umgibt

Karte 29 Die Bestimmung, die Berufung und wie sie gelebt wird

Karte 30 Die Kreativität und Achtsamkeit, die gezeigt wird, um den Seelenplan umzusetzen

Die Quersumme aus den Karten der Reihe 5 ergibt einen Hinweis auf die Lösung, die sich nun anbietet.

Die 6. Reihe setzt sich aus der Quersumme der Karten aus der jeweiligen Spalte und einer gelegten Karte zusammen. Die Kombination, die sich daraus ergibt, zeigt die Magie, die darin verborgen ist.

Spalte 1
Die Quersumme aus Karte 1, 7, 13, 19 und 25 und die bereits gelegte Karte 31
Das Thema und die Zeitqualität, die sich gerade aufdrängt und die Magie, die sich dahinter verbirgt

Spalte 2
Die Quersumme aus Karte 2, 8, 14, 20 und 26 und die bereits gelegte Karte 32
Das Wohlbefinden auf allen Seinsebenen, körperlich, mental, emotional und spirituell

Spalte 3
Die Quersumme aus Karte 3, 9, 15, 21 und 27 und die bereits gelegte Karte 33
Das Zuhause, die (Wahl-)Familie, die Lieben, die uns begleiten

Spalte 4
Die Quersumme aus Karte 4, 10, 16, 22 und 28 und die bereits gelegte Karte 34
Der Freundeskreis und das soziale Netzwerk, das einen umgibt

Spalte 5
Die Quersumme aus Karte 5, 11, 17, 23 und 29 und die bereits gelegte Karte 35
Die Bestimmung, die Berufung und wie sie gelebt wird

Spalte 6
Die Quersumme aus Karte 6, 12, 18, 24 und 30 und die Bereits gelegte Karte 36
Die Kreativität und Achtsamkeit, die gezeigt wird, um den Seelenplan umzusetzen

Die Quersumme aus den beiden Karten der Reihe 6 ergeben einen Hinweis auf die Lösung, die sich nun anbietet.

Meine Legung

Vor jeder Legung stimme ich mich mit folgender Einstimmung ein, öffne einen heiligen Raum und lasse mir Antwort geben auf die Fragen, deren Antworten gerade hilfreich für mich sind.

Einstimmung
Indem ich zur Ruhe komme und mich tief über die Füße mit der Erdenergie verbinde, nehme ich die Lenormandkarten in meine Hände und lasse meine persönliche Energieschwingung einfließen. Ich erschaffe meinen heiligen Raum, indem meine innere Wahrheit über das Kronenchakra mit dem kosmischen Wissen verbunden wird und bitte um die Verbindung zu meinen Ahnen, um mir die Botschaften zu geben, die jetzt gerade für mich wichtig sind und meinen Heilungsweg unterstützen.
Ich bitte um Führung und Inspiration über das Medium der Lenormandkarten, die Brücke zu den Vorfahren und verstorbenen Seelen, die für mein jetziges Leben mir als Seelengefährten dienen, zu ermöglichen. Meine geistigen Helfer stehen an meiner Seite und begleiten diesen Prozess mit Liebe und Achtsamkeit, gemäß ihrem Auftrag, mir Schutz und Unterstützung zu leisten.
Ich bin bereit, die Botschaften mit offenem Herzen zu empfangen und sie in Wissen und Weisheit für mein Leben und meine Heilung zu wandeln.

Wir beginnen mit der 1. Reihe unter der Überschrift „Das momentane Leben“

Karte 1 Das Thema und die Zeitqualität, die sich gerade aufdrängt
25 Ring
Drücke deine Verbundenheit in Auseinandersetzung mit der Welt aus und kultiviere die Fähigkeit, Verbindlichkeiten einzugehen und die Verbundenheit zu anderen Menschen wirklich zu empfinden. Der Ausdruck von Zusammengehörigkeit lässt dich wahrhaftig sein und dir die notwendige Stabilität für deine seelische Gesundheit geben. Gib dir ein heiliges Versprechen, andere genauso wertzuschätzen wie du auch dich selbst achten und lieben solltest.

Karte 2 Das Wohlbefinden auf allen Seinsebenen, körperlich, mental, emotional und spirituell
15 Bär
Zeige deinen Mut und deine Kraft, die dir innewohnen und Macht und Autorität vermitteln. Diese kraftvolle und unbändige Lebenskraft gibt dir die Sicherheit, um beharrlich an deiner spirituellen Entwicklung zu arbeiten. Durch Diplomatie und Beständigkeit wirst du deine selbst gesteckten Ziele erreichen. Dabei bekommst du den Schutz deines Geistführers und wirst von deinem Krafttier begleitet. Ereignisse aus der Vergangenheit gehen in die Heilung und dein innerer Heiler vollzieht die Transformation, die dich von den Fesseln vergangener Verletzungen befreit. Dein innerer Wohlstand beruht auf den Führungsqualitäten, die du dir angeeignet hast. Nutze diese Kraft für dein zukünftiges Leben und lasse dich dabei von deinen Ahnen unterstützen.

Karte 3 Das Zuhause, die (Wahl-)Familie, die Lieben, die uns begleiten
26 Buch
Dein inneres Wissen möchte aus dem Verborgenen emporsteigen. Mit Hilfe von Orakelarbeit oder Einweihungen in die hermetischen Gesetze wirst du das wertvolle Wissen der

Überlieferungen vom Meister zum Schüler und aus dem morphogenetischen Feld, wo alles Wissen gespeichert ist, für deinen Lebensplan einsetzen können. Denn hier ist der Schlüssel zum tiefgründigen Entwicklungsprozess des Menschen angelegt. Nutze dieses dir zur Verfügung stehende Wissen, um deinem Leben einen Sinn zu geben und dich energetisch mit der kosmischen Energie zu verbinden. Sie wird deine Lernprozesse unterstützen und dir die Kraft geben, deine gewonnene Weisheit in dein Leben zu integrieren.

Karte 4 Der Freundeskreis und das soziale Netzwerk, das einen umgibt
28 Herr

Nutze alle deine Eigenschaften die dich produktiv und willensstark sein lassen. So verschaffst du dir die Stabilität, die du brauchst, um die volle Verantwortung für dich zu übernehmen. Klare Strukturen und das Streben nach Unabhängigkeit lassen dich mutig voranschreiten auf dem Weg in dein selbstbestimmtes Leben.

Karte 5 Die Bestimmung, die Berufung und wie sie gelebt wird
36 Kreuz

Das Unausweichliche, dem du dich stellen musst, schenkt dir die Selbsterkenntnis, die du jetzt für dein Leben brauchst. Der Glaube, dass alles in deinem Leben einen Sinn hat, hilft dir dabei, die Herausforderungen des Lebens als Wachstumsmöglichkeiten zu begreifen. Nimmst du deine Lernaufgabe an, wirst du mehr und mehr deine Berufung leben, denn sie dient der Selbstverwirklichung im Leben eines jeden Menschen.

Karte 6 Die Kreativität und Achtsamkeit, die gezeigt wird, um den Seelenplan umzusetzen
7 Schlange
Durch Entwicklung von Erkenntnis kannst du Altes hinter dir lassen. Deine Wandlungsfähigkeit ist gefordert, um den Heilungsprozess zu vollziehen. Du lernst intuitiv zwischen Geist und Seele zu kommunizieren. Jedoch bewerte dich und andere nicht negativ und lasse keine Kritik zu, um die Situation nicht komplizierter erscheinen zu lassen, als sie tatsächlich ist.

Die Quersumme aus den Karten der Reihe 1 ergibt **einen Hinweis auf die Lösung**, die sich nun anbietet.

25+15+26+28+36+7=137= **11 Ruten**
Schütze dich vor negativen Energien, indem du dich verteidigst und die Angriffe abwehrst. Deine Überzeugungen haben ihre Berechtigung, können aber für Streit und Diskussionen sorgen. Zweifle nicht an dir und deiner Denkweise, sondern erkenne die Gegensätze an. Falls du durch Überprüfung deiner Glaubenssätze Fehler entdeckst, korrigiere sie umgehend und zeige dich flexibel. Ansonsten erarbeite einen gemeinsamen Konsens oder handle Kompromisse mit deinem Gegenüber aus. Du solltest dich jedoch nicht für deine eigene Meinung schuldig fühlen und dich selbst dafür bestrafen, indem du deine Überzeugungen missachtest.

Weiter geht es mit der 2. Reihe unter der Überschrift „Die Ahnenlast“

Karte 7 Das Thema und die Zeitqualität, die sich gerade aufdrängt
20 Park
Du bist ein Teil des Ganzen, das unsterblich ist. Das Erbe ist in den kollektiven Informationen begründet, die dich in deiner Kindheit beeinflusst haben. Getragen von dem Wissen deiner Ahnen, geben sie dir den Rahmen deiner Erlebniswelt, die durch das Erforschen neuer Hemisphären erweitert werden kann. Sei voller Mitgefühl mit dir selbst als Teil der Erde, die dich trägt. Triffst du die richtigen Entscheidungen, bringt dies Harmonie in dein Leben. Die Verbindung zur Natur bietet dir den Weg in dein Gleichgewicht. Widerstehe Gier, Habsucht und Stagnation und entscheide dich für Dankbarkeit und die Hilfe der Ahnen. Versuche jede Veränderung in deinem Leben anzunehmen. So verwandelst du diese Negativitäten in ein Vertrauen in die göttliche Quelle.

Karte 8 Das Wohlbefinden auf allen Seinsebenen, körperlich, mental, emotional und spirituell
17 Störche
Die Ahnen wurden oft gefordert, sich flexibel und anpassungsfähig zu verhalten und nicht gegen den Strom zu schwimmen. Das Leben und die Lebensumstände, die sich einem bieten, beruhen auf dem Mut der Vorfahren, Chancen zu nutzen und sich dem Wandel des Lebens anzuvertrauen. Vielleicht verspürt man eine gewisse Unruhe und möchte die Welt entdecken. Die Ahnen haben den Weg dafür bereitet.

Karte 9 Das Zuhause, die (Wahl-)Familie, die Lieben, die uns begleiten
29 Dame
Stelle dich selbst in den Vordergrund und unterstütze deine Selbstverwirklichung mit Hingabe. Durch Entspannung vermehrst du dein Mitgefühl und stellst dich nährend und schützend vor andere, die deiner Fürsorge bedürfen. Du weißt, wann du abwarten musst, wo du vermitteln solltest und wo du dich dem Fluss des Lebens einfach hingeben solltest. Es ist die sanfte, aber emanzipierte Selbstbestimmung, die dich auszeichnet und die deine Bemühungen auf fruchtbaren Boden fallen lässt.

Karte 10 Der Freundeskreis und das soziale Netzwerk, das einen umgibt
35 Anker
Bei deinem Beruf/deiner Berufung kannst du deine Fähigkeiten, die dir in dieser Inkarnation zur Verfügung stehen, in einem Rahmen ausdrücken, der auch deinen Ahnen gefallen hätte. Ist es doch die berufliche Tätigkeit, die schon deinen Vorfahren die entsprechenden Lebensbedingungen vorgegeben hat. Forsche nach, welche Tätigkeiten und Fertigkeiten in deinen Ahnenlinien vorkamen und schaue, ob du sie mit ihnen teilst. Lasse dich nicht auf sinnlose Machtkämpfe ein, die aus Herrschsucht entstehen und eine Überreaktion deines Gegenüber provozieren könnten. Überprüfe alle Details, bevor du dich zum Handeln entscheidest und setze dich dort durch, wo es um das Gelingen deines Selbstausdrucks geht.

Karte 11 Die Bestimmung, die Berufung und wie sie gelebt wird
1 Reiter
Die Erfahrung des reisenden Menschen, der wie ein Nomade durch die Lande zieht, ist in dir verwurzelt. Es macht

dich zu jemandem, der sich überall zu Hause fühlen kann. Allein oder in einer Sippe, stellt er sicher, dass an jedem Ort ein Überleben gesichert werden kann. Doch achte darauf, dass dein kreatives Schaffen nicht zum Strohfeuer wird. Auch andere Vorfahren haben sich voller Übermut in Abenteuer gestürzt, die von Kurzsichtigkeit und Sturheit geprägt waren. Stagnation ist nicht deine Art, doch sollte das innere Streben nicht nur durch Naivität geprägt sein.

Karte 12 Die Kreativität und Achtsamkeit, die gezeigt wird, um den Seelenplan umzusetzen
14 Fuchs
Du kannst, was deine Familiengeschichte betrifft, nicht wissen, was Wahrheit oder Lüge ist. Sind die Geschichten über deine Ahnen wirklich so geschehen, oder sind sie aufgrund von Gründen, die du nicht kennst, verfälscht worden? Forsche weiter und gib dich nicht mit lapidaren Begründungen zufrieden. Sei bereit, die Wahrheit zu erkennen, selbst wenn es nur die Gewissheit ist, dass du alles heilen kannst, was in deinen Ahnenlinien an Negativem geschehen ist.

Die Quersumme aus den Karten der Reihe 2 ergibt **einen Hinweis auf die Lösung**, die sich nun anbietet.

20+17+29+35+1+14=116= **8 Sarg**

In deinen Ahnenlinien ist es immer wieder zu Situationen gekommen, die alles infrage gestellt haben oder ein Lebensmodell in Schutt und Asche gelegt haben. Das Ende eines sicher geglaubten Lebens und die geglaubten Selbstverständlichkeiten, die plötzlich keine mehr waren. Überprüfe, was in deinem Leben in Schutt und Asche liegt und wage einen Neubeginn, indem du all das loslässt, was sich nicht mehr richtig für dich anfühlt.

In der 3. Reihe finden wir die Überschrift „Die Ahnenkraft"

Karte 13 Das Thema und die Zeitqualität, die sich gerade aufdrängt
3 Schiff
All die Erinnerungen, die in deinem Ahnenfeld weilen, werden von dieser Sehnsucht der Verwirklichung der Träume genährt. Du bist getragen von der Kraft deiner Vorfahren, gebettet in den Wunsch, dich in dieser Inkarnation zu verwirklichen und deine Ahnen zu heilen. Was träumt in dir und wird durch deine Sehnsucht in dir erweckt? Deine Ahnen gaben dir diesen Wunsch mit auf deinen Weg, damit du ihn für dich und deine Vorfahren auf deiner Lebensreise erfüllen kannst. Das Erbe deiner Ahnen träumt in dir und bereitet dir den Weg in die Erfüllung, auch wenn du ihn vergessen hast.

Karte 14 Das Wohlbefinden auf allen Seinsebenen – körperlich, mental, emotional und spirituell
10 Sense
Aus Verletzungen entspringt nicht nur Schmerz, sondern auch Erfahrung und die Überwindung von Schmerz. Die Ahnen werden dir dabei helfen, alle Verletzungen, die dir widerfahren sind, in eine wunderbare Erkenntnis zu verwandeln.

Karte 15 Das Zuhause, die (Wahl-)Familie, die Lieben, die uns begleiten
13 Kind
Kraft deiner Ahnen und der Unterstützung, die sie dir anbieten möchten, wird es möglich, in deine Selbstliebe zu finden. Dein Inneres Kind wartet auf dich, um all das zu heilen, was in dir verletzt wurde und dein Leben negativ beeinflusst. Öffne dich der Kraft der Liebe und deiner Ahnen und heile dadurch alle Vorfahren gleich mit.

Karte 16 Der Freundeskreis und das soziale Netzwerk, das einen umgibt
24 Herz
All die Liebe, die deine Ahnen für dich empfinden, strömt in dein Leben und verzaubert alles, mit dem sie in Berührung kommt. Ist es doch die Liebe, die alles heilt und die Illusion des „Getrenntseins“ aufhebt. Die Ahnen helfen dir bei der Entfaltung deines göttlichen Wesens, das sich darin ausdrückt, dass du dich von der Liebe der Ahnen getragen und beschützt fühlst. Diese magische Kraft bringt Anmut in dein Leben, die dir das Gefühl gibt, dass du im Fluss des Lebens bist, wenn du die Einheit mit allen anderen empfindest.

Karte 17 Die Bestimmung, die Berufung und wie sie gelebt wird
33 Schlüssel
In der Gewissheit, auf dem richtigen Weg zu sein, klärt sich vieles, womit du zurzeit konfrontiert bist. Durch Schlüsselerlebnisse wird dir klar, wie sehr deine Ahnen dich dabei unterstützen möchten, die wichtige Bestätigung zu bekommen, dass du kompetent und auch fähig bist, alles zu erreichen, was du dir vorgenommen hast. Erkenne, dass die Realität deine individuelle Sicht auf die Dinge ist und durch die Heilung der Ahnen deine Lebenseinstellung positiv beeinflusst wird. Realität wird durch unsere Reaktionen auf das Leben geformt, die durch alte Glaubenssätze, Trauma und Überzeugungen aus deinen Ahnenlinien geprägt sein können. Richtest du dich positiv aus, gibst du dir und deinen Vorfahren die Chance, etwas Gutes für dich und andere zu bewirken.

Karte 18 Die Kreativität und Achtsamkeit, die gezeigt wird, um den Seelenplan umzusetzen

30 Lilien

In der Ruhe liegt die Kraft. Wie wahr das doch ist. Bist du in deinem inneren Gleichgewicht wirst du souverän alles meistern, was das Leben für dich an Erfahrungen bereithält. Deine Ahnen unterstützen dich dabei, Harmonie in deinem Leben zu initiieren. Sie wollen dich als einen glücklichen und zufriedenen Menschen sehen, der die Gelassenheit weitergeben kann, die auch deinen Ahnen innewohnt. Dafür solltest du deine eigenen natürlichen Rhythmen von Anspannung und Entspannung wahren, damit Regeneration für dich möglich wird.

Die Quersumme aus den Karten der Reihe 3 ergibt **einen Hinweis auf die Lösung**, die sich nun anbietet.

3+10+13+24+33+30=113= **5 Baum**

Die Natur, in die du hineingeboren wurdest, schenkt dir Geborgenheit. Wie der Lebensbaum, der einerseits verwurzelt in der Erde genährt wird und dessen Äste in den Himmel zur göttlichen Verbindung streben, hast auch du ein Erbe in dir, was dich immer mit der Natur verbindet, und starke Wurzeln bildet. Erinnere dich an deine Wurzeln, wenn du dich schwach fühlst. Die Natur und ihre Erscheinungsformen werden dir immer wieder neue Inspiration und Kraft schenken. Durch die Vielfalt der Geheimnisse, die sich in der Natur offenbaren, wirst du allen Kummer vergessen, wenn du dich in der Natur aufhältst und ihre Kraft in dich aufnimmst. Wie die Ahnen schenkt auch sie dir Energie, die von der Göttlichkeit durchdrungen ist.

Die 4. Reihe zeigt uns „Die Ahnenheilung“

Karte 19 Das Thema und die Zeitqualität, die sich gerade aufdrängt
18 Hund
Bist du verraten worden oder haben dich dir nahestehende Menschen verlassen, so lasse dich nicht von deinen Werten der Treue und Loyalität abbringen. Es kann sein, dass man nicht auf der gleichen Entwicklungsebene ist, und der Preis wäre zu hoch, seine eigene Schwingung mit Schmerz und Zweifeln zu vergiften. Bleibe dir treu und vergebe, sobald es dir möglich ist. Das macht dich wieder frei für Menschen, die es gut mit dir meinen. Bitte um Menschen, die deine Seelengefährten sind und genau wissen, was du brauchst, um heil und liebend zu leben.

Karte 20 Das Wohlbefinden auf allen Seinsebenen, körperlich, mental, emotional und spirituell
9 Blumenstrauß
Drücke dich in deinen Fähigkeiten und Talenten aus, damit dein individueller Selbstausdruck sich in der Welt manifestieren kann. Es ist dein Auftrag, der Welt Freude und Schönheit zu schenken.

Karte 21 Das Zuhause, die (Wahl-)Familie, die Lieben, die uns begleiten
6 Wolken
Dies Vergessen stimuliert in dir, die Unwissenheit in dir zu klären und alle Unsicherheiten zu durchlaufen, damit du durch die Erfahrung der Angst in deine Kraft und Schönheit findest, die eigentlich deine Seele ausmacht. Von der Angst in die Liebe, von dem Unwissen in die Gewissheit deiner Seele, immer gebettet, immer in der Einheit deiner kollektiven Seelenfamilie zu sein und in Anbindung an das Göttliche.

Karte 22 Der Freundeskreis und das soziale Netzwerk, das einen umgibt
16 Sterne
Deine Wünsche und Visionen leiten dich wie Sterne durch dein Leben und zeigen dir den Weg, wie du die Schmerzen deiner Ahnen heilen kannst. Dabei hilft dir die Anbindung an das Göttliche und das Vertrauen in die Zukunft, die von deiner Hellsicht genau dahin geführt wird, wo du jetzt genau richtig bist. Erinnere dich daran, woher du kommst und wohin du wieder gehst, wenn du dieses menschliche Dasein verlässt. Integriere all das, was du bist und sein könntest, wenn du die kosmischen Energien nutzt, um heil zu werden.

Karte 23 Die Bestimmung, die Berufung und wie sie gelebt wird
34 Fische
Da du ein Teil deiner Ahnenlinie bist, kommt dir all das zugute, was sie an Liebe und Weisheit durchlebt haben und zu dir strömt. Ist es doch die Verbindung zu der Seelenquelle, in die du nach deinen gemachten Erfahrungen von Freiheit und auch denen der Abhängigkeit und Unfreiheit im Leben, wieder zurückkehren kannst. Erkenne die Zusammenhänge im Universum und du erkennst deine Seele. Lasse dich von deiner Seele und den Seelengefährten durch all die Tiefen der initiierten Heilung führen, denn du hast sie dir selbst als Erfahrung auferlegt.

Karte 24 Die Kreativität und Achtsamkeit, die gezeigt wird, um den Seelenplan umzusetzen
32 Mond
Seinen eigenen Schatten zu begegnen ist nicht immer leicht. Doch ist es der Schlüssel dazu, wieder in sich in Harmonie finden zu finden. Alles, was dich ausmacht, darf sein und anerkannt werden. So nimmt es den Schrecken und die Macht, dich und dein Leben zu beherrschen. Die Illusion des

Getrenntseins kann sich auflösen, wenn die Schatten ans Licht gebracht und erlöst werden.

Die Quersumme aus den Karten der Reihe 4 ergibt **einen Hinweis auf die Lösung**, die sich nun anbietet.

18+9+6+16+34+32=115= **7 Schlange**
Es geht darum, sich immer wieder wie eine Schlange zu häuten und aufgrund von Erkenntnis zu neuen Ansichten und Beurteilungen des Lebens und dessen Sinnhaftigkeit zu finden. Ja, sogar gegebenenfalls dem Leben wieder Sinn zu verleihen, indem man sich wandeln kann und sich von altem Denken verabschieden kann, ohne Schaden im Selbstwert zu nehmen.
Die 5. Reihe schenkt uns eine „Botschaft aus dem Jenseits“

Karte 25 Das Thema und die Zeitqualität, die sich gerade aufdrängt
2 Klee
Blicke mit Dankbarkeit und Wertschätzung auf die gemeinsam verbrachte Zeit, die glückliche Erinnerungen in dir wach hält. Dies ist der Reichtum, der in deinem Herzen wohnt und es nährt und für das Glück öffnet. Dein Leben darf leicht sein, also lasse los, was dich noch belastet. Es liegt in der Vergangenheit und ist für das Hier und Jetzt nicht mehr wichtig. Denn du kannst dich jeden Augenblick in deinem Leben neu entscheiden, wie du dich fühlst. Schätzt du den Augenblick, sammele weitere Erinnerungen, die dich in schweren Zeiten durch die Dunkelheit tragen. An jedem neuen Tag kannst du dich für Dankbarkeit, Lachen und einen optimistischen Neubeginn entscheiden. Wende dich bewusst der leichten Seite des Lebens zu und nimm dir Zeit, das Leben zu genießen. Entspanne dich und gehe mit Humor durchs Leben.

Karte 26 Das Wohlbefinden auf allen Seinsebenen – körperlich, mental, emotional und spirituell
5 Baum
Die Natur hilft dir, Frieden in dir zu finden. Übergib deine Sorgen und Trauer der Erde, dem Wasser oder dem Wind. Spüre die Kraft der Natur und versorge dich mit all der Energie, die sie dir zur Verfügung stellt. Empfinde dich als Teil der wunderbaren Schöpfung, die dich umgibt, und dich mit allem versorgt, was du zum Leben brauchst. Indem du die Fülle und Lebendigkeit um dich herum wahrnimmst, kannst du bis auf die Zellebene an Harmonie, Vitalität und Gesundheit gewinnen. Sei dabei tief in deinem Urvertrauen zum Leben verwurzelt. Mutter Erde sorgt für dich!

Karte 27 Das Zuhause, die (Wahl-)Familie, die Lieben, die uns begleiten
19 Turm
Lasse alle Begrenzungen, die dir dein Ego vorschreibt, los und setze neue Maßstäbe. Du bist hier, um dein inneres Licht zu entdecken, was dir immer zeigt, wohin dein Weg dich führen möchte. Falls du Einsamkeit empfindest, verbinde dich mit deinen Ahnen oder den verstorbenen Seelen, die wichtig für dich waren. Sie wissen genau, was es bedeutet, einerseits gesunde Grenzen zu setzen und andererseits Teil einer Gemeinschaft zu sein. Lasse sie für dich ein Beispiel sein, wie es geht, ein Gleichgewicht zwischen Alleinsein und Einssein zu leben.

Karte 28 Der Freundeskreis und das soziale Netzwerk, das einen umgibt
27 Brief
Die Seelenkommunikation bedeutet die Kommunikation mit Seelen, die nicht mehr inkarniert sind. Denn man kommuniziert mit der Seele des Verstorbenen, nicht mit dessen Geist. Deine Fähigkeit, dich mit dir und deiner Umwelt auseinanderzusetzen, gibt dir die Gelegenheit, dich zu zeigen

und andere besser kennenzulernen. Kommunikation, ob nun verbal oder auch nonverbal, ist die Verbindung, die dich nährt, unterstützt und dir Schutz bietet. Du stellst fest, auf wen du dich wirklich verlassen kannst und wer ehrlich zu dir ist. Das ist es, was wirklich im Leben zählt.

Karte 29 Die Bestimmung, die Berufung und wie sie gelebt wird
22 Wege
Du erkennst deinen Weg, wenn du dein Herz als Ratgeber nutzt. Nur so kannst du sicher sein, ein Leben in Liebe zu führen, dass, wozu deine Seele wirklich hier auf Erden ist. Erkenne, dass es mindestens zwei Perspektiven gibt, die anerkannt werden möchten. Lasse bei allem, was du tust, Mitgefühl und Liebe mitschwingen. Der Segen der Ahnen und der geliebten Verstorbenen ist dir dabei gewiss.

Karte 30 Die Kreativität und Achtsamkeit, die gezeigt wird, um den Seelenplan umzusetzen
31 Sonne
Du bist auf der lichten Seite des Lebens und voller Freude und Enthusiasmus blickst du deiner Zukunft entgegen. Genau die Lebenseinstellung, die du brauchst, um ein erfolgreiches und positives Leben führen zu können. Sei dir dieser positiven Kraft bewusst und lasse sie in deinem Leben wirken. Alles wird von der allumfassenden nährenden Energie durchdrungen. Auch wir Menschen sind nicht von ihr getrennt. Sie ist eine liebende, lebensspendende Energie, die in allem ist und alles belebt.

Die Quersumme aus den Karten der Reihe 5 ergibt **einen Hinweis auf die Lösung**, die sich nun anbietet.

2+5+19+27+22+31 = 106 = **7 Schlange**

Das Leben ist im steten Wandel und auch du, liebe Seele, bist diesem Wandel unterlegen. Je zukunftsorientierter du dich neu erfinden kannst, desto leichter wird es dir fallen, einzwängende Überzeugungen und daraus resultierende Probleme immer mehr aus deinem Leben zu eliminieren. Gib die Kontrolle auf, denn es ist eine Illusion, das Handeln anderer lenken zu können oder etwas zu erzwingen. Nur was dir freiwillig geschenkt wird, bleibt dir erhalten. Alles andere zerrinnt dir zwischen den Fingern.

Die 6. Reihe setzt sich aus der Quersumme der Karten aus der jeweiligen Spalte und einer gelegten Karte zusammen. Die Kombination, die sich daraus ergibt zeigt die Magie, die darin verborgen ist.

Die Quersumme aus den beiden Karten der Reihe 6 ergibt einen Hinweis auf die Lösung, die sich nun anbietet.

Spalte 1
Die Quersumme aus den Karten 1, 7, 13, 19 und 25 und der bereits gelegten Karte 31
Das Thema und die Zeitqualität, die sich gerade aufdrängt und die Magie, die sich dahinter verbirgt
21 Berg + QS aus 25+20+3+18+2 = 68 = **14 Fuchs**
21+14 = **Lösung 35 Anker**
Berg = hier nutze ich die energetische und spirituelle Ausrichtung
Es treten im Leben viele unsichtbare Widerstände auf, für die man energetischen Schutz benötigt. Die vielen Baustellen des Lebens, die man bewältigen muss, sind nicht nur mit dem nötigen Biss, sondern auch mit Ausdauer und Entschlossenheit zu bewältigen. Dabei muss man oft den inneren Schweinehund überwinden. Gipfelerlebnisse erlebt man

nur, wenn man nicht aufgibt und Rückgrat zeigt. Doch es ist viel leichter, sich selbst zu sabotieren und im Wege zu stehen. Es gilt, sich einen Überblick zu verschaffen, Frustphasen zu überwinden und über sich selbst hinauszuwachsen, alles andere dient nur der Bekräftigung von Illusionen und Wunschdenken.

Fuchs = hier nutze ich die energetische und spirituelle Ausrichtung

Man ist von Energieräubern umgeben, man manipuliert aber auch selbst andere. Die spirituelle Verbindung zu sich selbst ist gestört. Das führt zu Desillusionierung und karmischen Prüfungen, die eine Reifeprüfung initiieren. Die Verbindung zu den Ahnen hilft, auf seinem Seelenpfad zu sein.

Lösung Anker = Dies sind Menschen, die ständig an etwas arbeiten, oder etwas verarbeiten müssen. Es fällt ihnen schwer, nicht an etwas zu klammern und sie müssen viel Zeit dafür aufbringen, etwas loszulassen. Diese Unbeweglichkeit zeigt sich jedoch nur im Privatleben, denn in ihrem Berufsleben zeigen sie sich sehr innovativ. Sie haben viel Entwicklungspotenzial in der materiellen Welt, und können so ihr Überleben sichern. Bei der spirituellen Arbeit an sich selbst leisten sie gründliche Aufarbeitung, da sie Halt im Leben finden möchten. Doch am wichtigsten ist es ihnen, ein selbstbestimmtes Leben zu führen.

Spalte 2

Die Quersumme aus den Karten 2, 8, 14, 20 und 26 und der bereits gelegten Karte 32

Das Wohlbefinden auf allen Seinsebenen, körperlich, mental, emotional und spirituell

8 Sarg + QS aus 15+17+10+9+5=56 = **11 Ruten**

8+11 = **Lösung 19 Turm**

Sarg = Man hat phasenweise zu wenig Energie, erlebt Krankheit, fühlt sich schlapp und lustlos, ist wenig motiviert und erlebt Lebensphasen, in denen man leidend und depressiv ist. Kündigt sich ein Ende eines Zyklus an, wird dies als tiefe und intensive Erfahrung erlebt. Doch dann steigt man wie Phönix aus der Asche und lernt durch starke Transformationsprozesse, dass man sich Flügel wachsen lassen kann. Es beginnt immer wieder eine neue Wandlungsphase wie die bei der Raupe zum Schmetterling.

Ruten Das Leben im Strudel von Angriff und Verteidigung ist anstrengend und kann bei anderen Menschen Widerstand erzeugen. Sind sie bereit, zu schlichten und kommen jemandem entgegen, ist Klärung möglich. Sie brauchen Schutz vor negativen Energien. Objektivität, ist etwas, was sie sich erarbeiten müssen. Dies gelingt, indem sie sich ihre Überzeugungen anschauen und gegebenenfalls verändern. Es fällt ihnen oft schwer einen gemeinsamen Konsens zu erarbeiten. Doch sie sollten die Inflexibilität aufgeben und zu mehr Kompromissen bereit sein. Denn es gilt, Gegensätze anzuerkennen und Glaubenssätze zu entlarven, die nicht dienlich sind und diese gegebenenfalls zu korrigieren.

Lösung Turm= Man zeichnet sich durch Introvertiertheit aus, die sich dadurch ausdrückt, dass man niemanden an sich heran lässt. Diese Unnahbarkeit ist eigentlich Hilflosigkeit und wirkt für andere wie eine Abweisung. Durch eine Krise oder erzwungene Einschränkungen findet eine Rückbesinnung auf sich selbst statt. Eine Zwangspause für innere Sammlung und Neuorientierung kann dabei zur Grenzerfahrung werden. Man stößt an seine eigenen Grenzen und kann sie überwinden, indem alte Glaubenssätze aufgegeben werden.

Spalte 3

Die Quersumme aus den Karten 3, 9, 15, 21 und 27 und der bereits gelegten Karte 33

Das Zuhause, die (Wahl-)Familie, die Lieben, die uns begleiten

12 Vögel + QS aus 26+29+13+6+19 = 93 = **12 Vögel (Doppelung)**

12+12 = **Lösung 24 Herz**

Vögel (Doppelung) = Man unterliegt starken niederen Schwingungen. Dabei muss man den Mut aufbringen, etwas zu verändern und eine eindeutige Haltung einzunehmen. Durch klare Imagination und Gedankenkraft können innere Umbrüche erzielt werden. Dabei werden enorme spirituelle Entwicklungsmöglichkeiten in jede Richtung freigesetzt. Das bringt Magie ins Leben und fördert Fähigkeiten wie Telepathie. Man sollte Gewohntes infrage stellen und nach seinen wahren Überzeugungen leben. Dabei hilft eine ausgeprägte Intuition.
Lösung Herz = Positive Schwingungen bewirken eine Herzöffnung – man aktiviert sein Herzfeld und sorgt dafür, dass das Herzchakra sich öffnet, um die göttliche Liebe spüren zu können. Dies bewirkt eine magische Anziehungskraft. Man kann mit dem Herzen sehen (Der kleine Prinz), und sich um Herzensangelegenheiten bemühen. Sich im All-Eins-Sein und den Seelenverbindungen auf dieser Erde beweisen und durch Aktivierung seiner Herzensenergie einen spirituellen Weg gehen. So lebt man seine Spiritualität wirklich, das heißt, zu sich selbst zu finden und durch Selbstliebe Frieden in sich zu erschaffen, und sein Leben aus dem Herzen heraus zu leben.

Spalte 4

Die Quersumme aus den Karten 4, 10, 16, 22 und 28 und der bereits gelegten Karte 34

Der Freundeskreis und das soziale Netzwerk, das einen umgibt

23 Mäuse + QS aus 28+35+24+16+27 = 130 = **4 Haus**

23+4 = **Lösung 27 Brief**

Mäuse = Enormes Mangeldenken erschafft schlechte Energien, und Existenzängste und Geiz können zu einem totalen Zusammenbruch führen. Schüchternheit hilft hier nicht weiter. Diese Lebensumstände verursachen kein oder wenig Selbstwert. Zunächst gilt es, sich in Bescheidenheit zu üben, und wieder in die Einfachheit des Lebens zu finden.

Beendet man den Selbstbetrug und wird dem Leben gegenüber dankbar und demütig, zieht man positivere Energien in sein Leben. Das ist ein Naturgesetz.
Haus= Für diese Menschen ist es wichtig, in ihrem Leben Stabilität und Ruhe zu verwirklichen. Ein Nest zu bauen, das ihnen Geborgenheit spendet und Sicherheit vermittelt. Durch den menschlichen Körper, als Sitz der Seele, ein gutes Körperbewusstsein zu haben und mit sich und seinen elementaren Bedürfnissen in Verbindung zu stehen.
Lösung Brief= Man meidet unbeständige und oberflächliche Kontakte, die sich in Unverbindlichkeit auflösen. Dafür ist einem die Mühe und Zeit zu schade. Man möchte dem Gegenüber wirklich tief begegnen und sich austauschen, um sich kennenzulernen und wohlmöglich sich gegenseitig zu inspirieren. Um ins Zwiegespräch mit seiner Seele zu kommen, nutzt man das Kartenlegen, den Kontakt zur Anderswelt und die Botschaften der Engel und Geistführer. Als Schreibmedium oder Verfasser spiritueller Schriften ist man Empfänger der Anderswelt.

Spalte 5
Die Quersumme aus den Karten 5, 11, 17, 23 und 29 und der bereits gelegten Karte 35
Die Bestimmung, die Berufung und wie sie gelebt wird
4 Haus + QS aus 36+1+33+34+22 = 126 = **9 Blumenstrauß**
4+9 = **Lösung 13 Kind**
Haus= Für diese Menschen ist es wichtig, in ihrem Leben Stabilität und Ruhe zu verwirklichen. Ein Nest zu bauen, das ihnen Geborgenheit spendet und Sicherheit vermittelt. Durch den menschlichen Körper, als Sitz der Seele, ein gutes Körperbewusstsein zu haben und mit sich und seinen elementaren Bedürfnissen in Verbindung zu stehen.
Blumenstrauß = Diese Menschen haben eine positive Ausstrahlung, eine Lebendigkeit, die ansteckend wirkt. Sie erleben friedvolle Phasen mit Freude und Lebenslust und sind im inneren Gleichgewicht. Sie lieben Geselligkeit und sind

wahre Lebenskünstler/-innen. Ihre lebendige Medialität zeigt sich in der Heilung und als Lichtarbeiter/-innen. Sie lieben die Kunst, und sie verfügen über Heilkraft, die über ein normales Maß hinausgeht. Sie streben danach, die Fülle des Lebens zu genießen. Eine wichtige Lebensweise ist es dabei, sich in Achtsamkeit zu üben.

Lösung Kind= Diese Menschen sollten sich durch Gelassenheit und Hingabe an die Sache auszeichnen. Durch spielerisches und unbekümmertes Handeln bekommt man den notwendigen Auftrieb und ist voller Schwung und Elan. Ein Lebensthema ist die Heilung des Inneren Kindes. Dabei erlebt man Initiationen und Einweihungen. Das befähigt, die Aufmerksamkeit im Hier und Jetzt zu halten und die Vergangenheit hinter sich zu lassen.

Spalte 6

Die Quersumme aus den Karten 6, 12, 18, 24 und 30 und der bereits gelegten Karte 36

Die Kreativität und Achtsamkeit, die gezeigt wird, um den Seelenplan umzusetzen

11 Ruten + QS aus 7+14+30+32+31 = 114 = **6 Wolken**

11+6 = **Lösung 17 Störche**

Ruten = Das Leben im Strudel von Angriff und Verteidigung, ist anstrengend und kann bei anderen Menschen Widerstand erzeugen. Sind sie bereit, zu schlichten und kommen jemandem entgegen, ist Klärung möglich. Diese Menschen brauchen Schutz vor negativen Energien. Objektivität, ist etwas, was sie sich erarbeiten müssen. Dies gelingt, indem sie sich ihre Überzeugungen anschauen und gegebenenfalls verändern. Es fällt ihnen oft schwer, einen gemeinsamen Konsens zu erarbeiten. Doch sie sollten die Inflexibilität aufgeben und zu mehr Kompromissen bereit sein. Denn es gilt, Gegensätze anzuerkennen und Glaubenssätze zu entlarven, die nicht dienlich sind und diese gegebenenfalls zu korrigieren.

Wolken = Man unterliegt oftmals schlechtem Einfluss, fühlt sich wie in einem Vakuum. Sorgen und Ängste verunsichern einen und man hat dabei einen Tunnelblick. Viele leiden unter tiefer Verunsicherung, bis sie es wagen, andere Wege zu gehen. Man kann nicht klar sehen und die Realität nicht richtig einschätzen. Entweder hat man falsche Informationen oder unterliegt alten Glaubenssätzen, die das eigene Potenzial daran hindern, sich zu entfalten. Dadurch wird man verführt, Luftschlösser zu bauen und wichtige Wahrheiten nicht zu sehen.
Lösung Störche = Bei diesen Menschen gibt es viele Impulse für Neues und sie fördern Beweglichkeit im Denken und Handeln und den Fortschritt. Man ist impulsiv, zeigt sich oftmals unbeständig und erfindet sich immer wieder neu. Es ist wichtig, ein soziales Miteinander zu leben, einer Gemeinschaft anzugehören. Dadurch stellt sich ein Gefühl der Verbundenheit ein und es fördert Abwechslung und Vielfalt.

Die Quersumme aus allen Karten der 6. Reihe ergibt **den Schlüssel zur Harmonie und Ausgeglichenheit auf allen Ebenen des Lebens, die Magie**.
Ich fand hier alle Deutungsvorschläge wichtig, den Schlüssel zur Harmonie und Ausgeglichenheit auf allen Ebenen zu entwickeln. Dies sollte als Orientierungshilfe angestrebt und verinnerlicht werden.

(14+21) 19+ (21+14) 35+ (12+12) 24+ (23+4) 27+ (4+9) 13+ (11+6) 17 = **9 Blumenstrauß**

Blumenstrauß
Als Person: Eine Lebenskünstlerin und ein Schöngeist. Diese Menschen sind voller Kreativität, die ein Ventil braucht. Man findet seine Erfüllung in der Entfaltung seiner Talente und Potenziale, liebt Freude und Schönheit und glaubt an die positive Entwicklung im Leben. Dabei zeigt

man sich unbeschwert und lebendig und lässt seiner Phantasie freien Lauf.

Die energetische und spirituelle Ausrichtung: Diese Menschen haben eine positive Ausstrahlung, eine Lebendigkeit, die ansteckend wirkt. Sie erleben friedvolle Phasen mit Freude und Lebenslust und sind im inneren Gleichgewicht. Sie lieben Geselligkeit und sind wahre Lebenskünstler/-innen. Ihre lebendige Medialität zeigt sich in der Heilung und als Lichtarbeiter/-innen. Sie lieben die Kunst, und sie verfügen über Heilkraft, die über ein normales Maß hinausgeht. Sie streben danach, die Fülle des Lebens zu genießen. Eine wichtige Lebensweise ist es dabei, sich in Achtsamkeit zu üben.

Das momentane Leben: Entfalte deine Kreativität mit Freude und Unbeschwertheit. Nutze deine Phantasie, deine Talente so einzusetzen, dass eine positive Entwicklung möglich ist. Die Schönheit des Lebens, ausgedrückt in Kunst und der Inspiration, erfüllt dich und lässt dich lebendig sein. Strahle diese Lebenslust in dein Umfeld aus und genieße die Heilkraft, die damit einhergeht.

Ahnentafel Variante 2

Zu Variante 2
Diese Ahnentafel zeigt mir all die Themen auf, die ich in diesem besonderen Jahr des Drachen erfahren, durchleben und manifestieren kann. Es ist schon erstaunlich, wie es mit meinem Horoskop übereinstimmt und genau den Kern dessen widerspiegelt, woran ich in diesem Jahr wachsen darf.

Spalte 1
Reihe 1 Das momentane Leben Haus 1 Reiter – Die Motivation, Bewegung und Willenskraft, selbstverantwortlich sein Leben zu lenken

Reihe 2 Die Ahnenlast Haus 10 Sense – Verletzungen und Konsequenzen, die sich daraus ergeben sollten

Reihe 3 Die Ahnenkraft Haus 19 Turm – Die Individualität und gesunde Grenzen setzen

Reihe 4 Die Ahnenheilung Haus 28 Herr – Die Initiative ergreifen, aktiv gestalten und Heilung initiieren

Spalte 2
Reihe 1 Das momentane Leben Haus 2 Klee – Glück und Synchronizitäten

Reihe 2 Die Ahnenlast Haus 11 Ruten – Glaubenssätze und innere Konflikte

Reihe 3 Die Ahnenkraft Haus 20 Park – Wie das Umfeld darauf reagiert, etwas eröffnet sich dir

Reihe 4 Die Ahnenheilung Haus 29 Dame – Empfangen, Akzeptieren und Annehmen der Bedingungen

Spalte 3
Reihe 1 Das momentane Leben Haus 3 Schiff – Die Seelenreise und die Weiterentwicklung

Reihe 2 Die Ahnenlast Haus 12 Vögel – Selbstsabotage und blinder Fleck

Reihe 3 Die Ahnenkraft Haus 21 Berg – Ausdauer, Hindernisse überwinden und über sich hinauswachsen

Reihe 4 Die Ahnenheilung Haus 30 Lilien – In den inneren Frieden finden, Harmonie im Innen und Außen erschaffen

Spalte 4
Reihe 1 Das momentane Leben Haus 4 Haus – Das Privatleben und die eigenen Bedürfnisse

Reihe 2 Die Ahnenlast Haus 13 Kind – Unerfahrenheit und Naivität, das Innere Kind

Reihe 3 Die Ahnenkraft Haus 22 Wege – Kreative Lösungen finden, eine neue Ausrichtung

Reihe 4 Die Ahnenheilung Haus 31 Sonne – An Ausstrahlung und Lebensfreude gewinnen, die Lichtseite

Spalte 5
Reihe 1 Das momentane Leben Haus 5 Baum – Wachstum und Reife entfalten

Reihe 2 Die Ahnenlast Haus 14 Fuchs – Sich von Täuschung und Fehleinschätzung befreien

Reihe 3 Die Ahnenkraft Haus 23 Mäuse – Sich von Ballast befreien

Reihe 4 Die Ahnenheilung Haus 32 Mond – Seine Gemütslage ausbalancieren, seine Schattenseite integrieren

Spalte 6
Reihe 1 Das momentane Leben Haus 6 Wolken – Unsicherheiten und Unklarheiten

Reihe 2 Die Ahnenlast Haus 15 Bär – Ahnenlast vergangener Generationen, in der Vergangenheit leben
Reihe 3 Die Ahnenkraft Haus 24 Herz – Den Herzensweg gehen und Dankbarkeit zeigen

Reihe 4 Die Ahnenheilung Haus 33 Schlüssel – Kompetenz entwickeln, sein Potenzial entfalten und leben

Spalte 7
Reihe 1 Das momentane Leben Haus 7 Schlange – Entwicklung durch Erkenntnis, Altes hinter sich lassen, sodass Heilung geschieht

Reihe 2 Die Ahnenlast Haus 16 Sterne – Den Horizont erweitern, Eingebungen und Visionen, die Erweiterung des Bewusstseins anstreben

Reihe 3 Die Ahnenkraft Haus 25 Ring – Seelenverbindungen, Abschluss eines Zyklus

Reihe 4 Die Ahnenheilung Haus 34 Fische – Inneren und äußeren Reichtum entwickeln, mit dem Leben fließen

Spalte 8
Reihe 1 Das momentane Leben Haus 8 Sarg – Transformation und Loslassen

Reihe 2 Die Ahnenlast Haus 17 Störche – Aufbruch in eine positive Veränderung, Fortschritte machen

Reihe 3 Die Ahnenkraft Haus 26 Buch – Der Lernprozess, die innere Wahrheit entdecken

Reihe 4 Die Ahnenheilung Haus 35 Anker – Engagement zeigen, etwas verarbeiten, ein selbstbestimmtes Leben führen

Spalte 9
Reihe 1 Das momentane Leben Haus 9 Blumenstrauß – Entfaltung und Kreativität

Reihe 2 Die Ahnenlast Haus 18 Hund – Helfersyndrom, zu vertrauensselig sein

Reihe 3 Die Ahnenkraft Haus 27 Brief – Schwüre, Versprechen und Eide lösen, Botschaften aus dem Jenseits

Reihe 4 Die Ahnenheilung Haus 36 Kreuz – Ein positives Karma erschaffen, der göttlichen Führung vertrauen

Meine Legung

Meine Frage war, was das Jahr 2024 für mich bereithält und wie mich die Ahnen dabei unterstützen, ein gutes Jahr zu gestalten.

Vor jeder Legung stimme ich mich mit folgender Einstimmung ein, öffne einen heiligen Raum und lasse mir Antwort geben auf die Fragen, deren Antworten gerade hilfreich für mich sind.

Einstimmung
Indem ich zur Ruhe komme und mich tief über die Füße mit der Erdenergie verbinde, nehme ich die Lenormandkarten in meine Hände und lasse meine persönliche Energieschwingung einfließen. Ich erschaffe meinen heiligen Raum, indem meine innere Wahrheit über das Kronenchakra mit dem kosmischen Wissen verbunden wird und bitte um die Verbindung zu meinen Ahnen, um mir die Botschaften zu geben, die jetzt gerade für mich wichtig sind und meinen Heilungsweg unterstützen.
Ich bitte um Führung und Inspiration über das Medium der Lenormandkarten, die Brücke zu den Vorfahren und verstorbenen Seelen, die für mein jetziges Leben mir als Seelengefährten dienen, zu ermöglichen. Meine geistigen Helfer stehen an meiner Seite und begleiten diesen Prozess mit Liebe und Achtsamkeit, gemäß ihrem Auftrag, mir Schutz und Unterstützung zu leisten.
Ich bin bereit, die Botschaften mit offenem Herzen zu empfangen und sie in Wissen und Weisheit für mein Leben und meine Heilung zu wandeln.

Spalte 1

Reihe 1 Das momentane Leben Haus 1 Reiter – Die Motivation, Bewegung und Willenskraft, selbstverantwortlich sein Leben lenken
Karte Blumenstrauß
Entfalte deine Kreativität mit Freude und Unbeschwertheit. Nutze deine Phantasie, deine Talente so einzusetzen, dass eine positive Entwicklung möglich ist. Die Schönheit des Lebens, ausgedrückt in Kunst und der Inspiration, erfüllt dich und lässt dich lebendig sein. Strahle diese Lebenslust in dein Umfeld aus und genieße die Heilkraft, die damit einhergeht.

Reihe 2 Die Ahnenlast Haus 10 Sense – Verletzungen und Konsequenzen, die sich daraus ergeben sollten
Karte Sarg
In deinen Ahnenlinien ist es immer wieder zu Situationen gekommen, die alles infrage gestellt haben oder ein Lebensmodell in Schutt und Asche gelegt haben. Das Ende eines sicher geglaubten Lebens und die geglaubten Selbstverständlichkeiten, die plötzlich keine mehr waren. Überprüfe, was in deinem Leben in Schutt und Asche liegt und wage einen Neubeginn, indem du all das loslässt, was sich nicht mehr richtig für dich anfühlt. Auch Krankheit kann eine Möglichkeit sein, deinen Weg zu gehen und dem Leben mehr Wertschätzung zu geben.

Reihe 3 Die Ahnenkraft Haus 19 Turm – Die Individualität und gesunde Grenzen setzen
Karte Vögel
All die Weisheit, die deinen Ahnen zur Verfügung stand, ist auch für dich zugänglich. Nimm Kontakt auf zu deinen Ahnen und stelle ihnen die Fragen, die dir gerade wichtig erscheinen. Die Antwort kann auf verschiedenste Weise zu dir finden, sei es durch ein Lied, eine Passage in einem Buch,

durch etwas, was ein anderer zu dir sagt oder was beim Stellen der Frage intuitiv in dir aufsteigt. Es wird dir dabei helfen, hinter die Kulissen zu schauen und dir eine eigene Meinung zu bilden. Nur so entwickelst du innere Weisheit und eine Unabhängigkeit, die all die Sorgen verblassen lässt, die dich gerade noch umtreiben.

Reihe 4 Die Ahnenheilung Haus 28 Herr – Die Initiative ergreifen, aktiv gestalten und Heilung initiieren
Karte Park

Dein Gegenüber und die Welt da draußen spiegeln dir wider, was du bist und wo du noch heilen darfst. Du bist nicht isoliert, sondern in diesem Gefüge eingebunden. Wie viel Hilfe du annimmst und welche Erfahrungen du machen möchtest, liegt in deiner Hand. Denn du bist niemals wirklich allein und getrennt von Ganzen. Dein Seelengarten ist ein geschützter Raum, in dem man all den Menschen begegnen kann, die einen fordern und die einem zusetzen. Hier kann durch die Ahnen und ihre Weisheit Heilung geschehen, sei es in Beziehung zu einem selbst, anderen Menschen, dem Körper, seinem Geist und der Seele. Deine Außenwelt spiegelt dein Innerstes wider. Besonders wenn du dich emotional tief berührt fühlst, ist dies ein Zeichen dafür, dass etwas in deinem Inneren heilen möchte. Nutze die Kraft der Ahnen und alle himmlischen Mächte, die du dir nur erlauben kannst, zu nutzen, um deine Seelenthemen zu erlösen.

Botschaft der Karte: Es hilft dir nicht, dich hinter einer Maske zu verstecken, denn die Menschen und Lebewesen, die deine Liebe verdient haben, sind es auch wert, dass du dich um sie bemühst. Vielleicht sind es sogar Themen in der Familie oder Freundschaften, die nun anstehen, um geheilt zu werden. Viele Generationen stehen hinter dir und du bist nun bereit, für sie alle in die Heilung zu gehen. Denn deine Seele ist unendlich, die Illusion von deinen Seelengefährten getrennt zu sein, kannst du beenden. Pflanze in deinem Seelengarten Eigenschaften wie Liebesfähigkeit, Mitgefühl und Empathie für dich und alle Lebewesen auf dieser Erde und im Universum, das dich dabei unterstützt, deinen Seelengarten zu nähren.

Spalte 2

Reihe 1 Das momentane Leben Haus 2 Klee – Glück und Synchronizitäten

Karte Schlange

Durch Entwicklung von Erkenntnis kannst du Altes hinter dir lassen. Deine Wandlungsfähigkeit ist gefordert, um den Heilungsprozess zu vollziehen. Du lernst intuitiv zwischen Geist und Seele zu kommunizieren. Jedoch bewerte dich und andere nicht negativ und lasse keine Kritik zu, um die Situation nicht komplizierter erscheinen zu lassen, als sie tatsächlich ist.

Reihe 2 Die Ahnenlast Haus 11 Ruten – Glaubenssätze und innere Konflikte

Karte Anker

Bei deinem Beruf/deiner Berufung kannst du deine Fähigkeiten, die dir in dieser Inkarnation zur Verfügung stehen, in einem Rahmen ausdrücken, der auch deinen Ahnen gefallen hätte. Ist es doch die berufliche Tätigkeit, die schon deinen Vorfahren die entsprechenden Lebensbedingungen vorgegeben haben. Forsche nach, welche Tätigkeiten und Fertigkeiten in deinen Ahnenlinien vorkamen und schaue, ob du sie mit ihnen teilst. Lasse dich nicht auf sinnlose Machtkämpfe ein, die aus Herrschsucht entstehen und eine Überreaktion deines Gegenübers provozieren könnten. Überprüfe alle Details, bevor du dich zum Handeln entscheidest und setze dich dort durch, wo es um das Gelingen deines Selbstausdrucks geht.

Reihe 3 Die Ahnenkraft Haus 20 Park – Wie das Umfeld darauf reagiert, etwas eröffnet sich dir
Karte Klee

Die Freude, die du in deiner Herkunftsfamilie erleben durftest, macht es dir leicht, mit Schwung durchs Leben zu gehen. Ist es doch die Selbstverständlichkeit, Gutes in deinem Leben zu erwarten, die dir von deinen Ahnen mitgegeben wurde und dein Leben beflügelt. Das kleine Glück im Leben zu schätzen und spielerisch auf die Herausforderungen zu reagieren, macht dein Leben leichter. Durch die zarten Bande mit deinen Ahnen findest du in jeder Lektion, die dir zuteil wird, ein unschätzbares Geschenk. Alles ist im Flow und fügt sich, so wie es für dich richtig ist. Sei im Flow, im Augenblick präsent, und erkenne, dass Lebensfreude der Schlüssel zur Erleuchtung ist. Synchronizitäten weisen dir den Weg hin zu Zufriedenheit und den richtigen Menschen um dich herum, die Freude und Humor in dein Leben bringen.

Reihe 4 Die Ahnenheilung Haus 29 Dame – Empfangen, akzeptieren und annehmen der Bedingungen
Karte Sense

Du wächst an deinen Aufgaben und vielleicht bist du besonders, da du so viel Schmerz erleben musstest. Es wird gesagt, dass deine Seele dir nur das zumutet, was du auch schaffen kannst. Es gibt einen Weg und du wirst ihn finden, auch wenn dafür ein harter Schnitt notwendig sein sollte. Der Schmerz und die Trauer sind Energien, die in dir und durch dich durch fließen müssen. Mache dich durchlässig für diese Erfahrung und gebe alles an den Spirit ab, der dies in neutrale Energien umwandeln kann.

Botschaft der Karte: Der Trennungsschmerz scheint unerträglich und doch liegt ihn ihm der Kern der Lösung. Sei es eine Situation oder ein Mensch, von dem man sich trennen muss, um zu erkennen, dass man nicht wirklich voneinander getrennt sein muss. Ist er dir wichtig, kannst du ihn im eigenen Herzen wiederfinden, da, wo all die Menschen und Lebewesen wohnen, die wir lieben. Nichts kann diesen Schmerz lindern, und so nehmen wir wahr, was es bedeutet, getrennt zu sein. Hinter dem Schmerz sind all die glücklichen Momente, die wir miteinander teilen durften, ein tief verborgener Schatz, den es zu entdecken gilt.

Spalte 3

Reihe 1 Das momentane Leben Haus 3 Schiff – Die Seelenreise und die Weiterentwicklung
Karte Kreuz
Das Unausweichliche, dem du dich stellen musst, schenkt dir die Selbsterkenntnis, die du jetzt für dein Leben brauchst. Der Glaube, dass alles in deinem Leben einen Sinn hat, hilft dir dabei, die Herausforderungen des Lebens als Wachstumsmöglichkeiten zu begreifen. Nimmst du deine Lernaufgabe an, wirst du mehr und mehr deine Berufung leben, denn sie dient der Selbstverwirklichung im Leben eines jeden Menschen.

Reihe 2 Die Ahnenlast Haus 12 Vögel – Selbstsabotage und blinder Fleck
Karte Wege
Unser Leben besteht aus Entscheidungen, die vor unserer Geburt in unserer Seelenfamilie getroffen wurden. Dort bestimmten wir, was wir lernen wollten und wer uns dabei in dieser Inkarnation unterstützt. Doch auch die Entscheidungen, die du jeden Tag triffst, beeinflusst von deinen Gedanken, Gefühlen und daraus resultierenden Handlungen, geben deinem Leben entscheidende Impulse und Richtungsentscheidungen. Ist es Liebe oder Angst, was deine

Motivation nährt? Verdränge keine Gefühle, die aus denen Ahnenreihen zu dir fließen. Sie möchten mutig wahrgenommen werden, damit die Destruktivität, die sich ansonsten daraus ergeben würde, kontrolliert und erlöst werden kann.

Reihe 3 Die Ahnenkraft Haus 21 Berg – Ausdauer, Hindernisse überwinden und über sich hinauswachsen
Karte Sterne

Es geht darum, tiefere Einsichten in Zusammenhänge des Lebens auf dieser Erde und der Verbindung zum Kosmos zu erlangen. Dies erweitert deinen Horizont und macht dich bereit, dich nicht nur hier auf der Erde im Kreise deiner Ahnen, sondern auch als Sternensaat zu sehen, die mit dem gesamten Universum verbunden ist. Deine Ahnen möchten dir den Glauben an eine Macht, größer als du selbst, für dieses Leben hier auf diesem Planeten mitgeben: Das Glück zu haben, deinen Idealen zu folgen und dir all das zu erfüllen, was du dir wünscht. Du kommst von den Sternen und hier auf die Erde, um menschliche Erfahrungen zu machen. Welche es sind, bestimmst du durch dein Streben nach Liebe oder Angst.

Reihe 4 Die Ahnenheilung Haus 30 Lilien – In den inneren Frieden finden, Harmonie im Innen und Außen erschaffen
Karte Schiff

Das Leben besteht aus Höhen und Tiefen. Im Wellental wartet die Herausforderung auf dich, damit du dich auf deiner Lebensreise weiterentwickelst. Lässt du dich vom Leben tragen, erreichst du unweigerlich die Wellenkrone, um zu erkennen, dass es immer wieder aufwärts geht. Heilung kann geschehen, wenn du der Sehnsucht nach Weiterentwicklung deiner Seele folgst, und das Auf und Ab des Lebens als Reise zu deinem Ursprung, der göttlichen Quelle, erlebst. Alles, was in diesem Sinne geschieht, ist eine Rückerinnerung an das Göttliche, deinen Heimathafen, der nach jeder noch so langen Reise angelaufen wird und dir sicheren Schutz bietet.

Botschaft der Karte: Deine Lebensreise schenkt dir viele Begegnungen, die dir helfen, alle Facetten auszukosten und der Sehnsucht deines Herzens zu folgen. Jetzt ist es an der Zeit, dem Sehnen nachzugeben. Die momentane Herausforderung ist ein Teil deiner spirituellen Seelenreise, an der du wachsen darfst und durch die du wichtige Eigenschaften wie Weltoffenheit und Toleranz lernen kannst. Erkenne, dass alles einer göttlichen Ordnung gemäß geschieht. Mache dich bereit für neue Abenteuer, Türen die sich dir öffnen, und darauf, dass ein neuer Lebensabschnitt für dich beginnt. Freue dich auf alles, was da kommen mag und lasse dich von den Wellen des Lebens tragen.

Spalte 4

Reihe 1 Das momentane Leben Haus 4 Haus – Das Privatleben und die eigenen Bedürfnisse

Karte Ruten

Schütze dich vor negativen Energien, indem du dich verteidigst und die Angriffe abwehrst. Deine Überzeugungen haben ihre Berechtigung, können aber für Streit und Diskussionen sorgen. Zweifle nicht an dir und deiner Denkweise, sondern erkenne die Gegensätze an. Falls du durch Überprüfung deiner Glaubenssätze Fehler entdeckst, korrigiere sie umgehend und zeige dich flexibel. Ansonsten erarbeite einen gemeinsamen Konsens oder handle Kompromisse mit deinem Gegenüber aus. Du solltest dich jedoch nicht für deine eigene Meinung schuldig fühlen und dich selbst dafür bestrafen, indem du deine Überzeugungen missachtest.

Reihe 2 Die Ahnenlast Haus 13 Kind – Unerfahrenheit und Naivität, das Innere Kind
Karte Lilien
Ruhe und Gelassenheit sind menschliche Qualitäten die ein zufriedenes Dasein garantieren. Deine Ahnen haben alle Voraussetzungen dafür geschaffen, damit du diese Eigenschaften entwickeln und in dein Leben integrieren kannst. Auch die Natur ist eine enorme Regenerationsquelle, die du nutzen kannst, um wieder in dein inneres Gleichgewicht zu finden. Doch so mancher Ahne deiner Ahnenreihen konnte durch Genusssucht, Selbstherrlichkeit und Eitelkeiten ein Übermaß an Extremen erzeugen, die dem inneren Gleichgewicht widerstrebten und nicht zu einem goldenen Mittelweg führten. Erkenne diese Anteile der Zersplitterung in dir und heile sie für alle Vorfahren, die sich in ihren Fängen verirrten.

Reihe 3 Die Ahnenkraft Haus 22 Wege – Kreative Lösungen finden, eine neue Ausrichtung
Karte Fische
Ohne deine Seele wäre es dir nicht möglich, all die Erfahrungen zu sammeln, die dazu führen, deiner Herkunft zu trotzen und deinen eigenen Weg zu finden. Dabei helfen dir die positiven wie die negativen Eigenschaften deiner Ahnen, dich im Labyrinth der Dualität, der Freiheit und der Abhängigkeiten zu erfahren.

Reihe 4 Die Ahnenheilung Haus 31 Sonne – An Ausstrahlung und Lebensfreude gewinnen, die Lichtseite
Karte Sonne (Doppelung)
Die Sonne spendet dir Energie und Lebensfreude, um voller Zuversicht dein Leben zu gestalten. Wenn du deine Schwingung anhebst und dich positiv dir selbst und den anderen

gegenüber zeigst, wird das Leben dich beschenken und dir die Gelegenheit geben, deine Lebensfreude mit anderen zu teilen. So heilst du dich, deine Ahnen und alle Menschen, die dir begegnen. Also bemühe dich täglich, dein Schwingungsniveau hochzuhalten und niedere Gemütszustände durch Freude und Lachen zu heilen.

Botschaft der Karte: Du bist auf der lichten Seite des Lebens und voller Freude und Enthusiasmus blickst du deiner Zukunft entgegen. Genau die Lebenseinstellung, die du brauchst, um ein erfolgreiches und positives Leben führen zu können. Sei dir dieser positiven Kraft bewusst und lasse sie in deinem Leben wirken. Alles wird von der allumfassenden nährenden Energie durchdrungen. Auch wir Menschen sind nicht von ihr getrennt. Sie ist eine liebende, lebensspendende Energie, die in allem ist und alles belebt.

Spalte 5

Reihe 1 Das momentane Leben Haus 5 Baum – Wachstum und Reife entfalten

Karte Ring

Drücke deine Verbundenheit in Auseinandersetzung mit der Welt aus und kultiviere die Fähigkeit, Verbindlichkeiten einzugehen und die Verbundenheit zu anderen Menschen wirklich zu empfinden. Der Ausdruck von Zusammengehörigkeit lässt dich wahrhaftig sein und dir selbst die notwendige Stabilität für deine seelische Gesundheit geben. Gib dir ein heiliges Versprechen, andere genauso wertzuschätzen, wie du auch dich selbst achten und lieben solltest.

Reihe 2 Die Ahnenlast Haus 14 Fuchs – Sich von Täuschung und Fehleinschätzung befreien
Karte Reiter

Die Erfahrung des reisenden Menschen, der wie ein Nomade durch die Lande zieht, ist in dir verwurzelt. Sie macht dich zu jemandem, der sich überall zu Hause fühlen kann. Allein oder in einer Sippe stellt er sicher, dass an jedem Ort ein Überleben gesichert werden kann. Doch achte darauf, dass keine voreiligen Schlüsse gezogen werden und die Situation falsch eingeschätzt wird. Durch Übereifer und blinden Aktionismus könnte man kopflos handeln, sodass dein kreatives Schaffen zum Strohfeuer wird. Auch andere Vorfahren haben sich voller Übermut in Abenteuer gestürzt, die von Kurzsichtigkeit und Sturheit geprägt waren. Stagnation ist nicht deine Art, doch sollte das innere Streben nicht nur durch Naivität geprägt sein.

Reihe 3 Die Ahnenkraft Haus 23 Mäuse – Sich von Ballast befreien
Karte Wolken

Geht die Seele in die Inkarnation, verbirgt sich all das, was die Seele mit ihrer Seelenfamilie an Lernaufgaben verabredet hat, hinter dem Nebel des Vergessens. Um zu seiner eigentlichen Strahlkraft zu gelangen, gilt es, den Schleier des Vergessens zu durchdringen und nicht mehr zu verleugnen, dass man eine strahlende und heile Seele ist. Die Kraft der Ahnen hilft dir, zu deinem Ursprung zurückzufinden, indem sie dir dabei helfen, die Lektionen, die du dir vorgenommen hast, mit ihrem Schutz zu absolvieren. Den Nebel zu lichten, der um deine Existenz schwebt und dir den Weg, den deine Seele gewählt hat, mitunter verhüllt, ist die Kraft, die dir von den Ahnen geschenkt wird.

Reihe 4 Die Ahnenheilung Haus 32 Mond – Seine Gemütslage ausbalancieren, seine Schattenseite integrieren

Karte Mäuse

Befreie dich von den Altlasten, die dir deine Ahnen in diese Inkarnation als Auftrag mitgegeben haben. In diesem Mangelbewusstsein liegt das Geschenk, dich aus eigener Kraft deinen wahren Bedürfnissen von Liebe und Fülle zuzuwenden. Auch deine Ahnen werden davon profitieren und durch deine Heilung ins Licht geführt.

Botschaft der Karte: Das Leben mag dir widrige und karge Umstände bescheren, jedoch schmälert es nicht die Freiheit in deinem Geiste und die Entscheidung, deine Liebesfähigkeit für dich und alles Lebendige zu entfalten, besonders wenn es um die Liebe zu deinen Liebsten geht. Durch diese Magie verschwinden der Kummer und die Sorgen in deinem Leben, weil du lernst, dem Leben zu vertrauen. Fange an, dich zu lieben und entdecke die Schönheit, die sich manchmal in den kleinsten Dingen verbirgt. So schulst du deinen Geist und lenkst deine Gefühle in höhere Schwingungen, der Schlüssel zu innerem Reichtum.

Spalte 6

Reihe 1 Das momentane Leben Haus 6 Wolken – Unsicherheiten und Unklarheiten

Karte Haus

Es geht darum, Stabilität und Ruhe in deinem Leben zu verwirklichen. Ein Nest zu bauen, welches dir Geborgenheit und Sicherheit vermittelt. Wenn du es schaffst, mit deinen elementaren Bedürfnissen in Verbindung zu stehen und deinen Körper als Sitz der Seele zu begreifen, fällt es dir leicht, ihn zu achten und zu pflegen und ihm deine volle Aufmerksamkeit zu schenken. Dieses Körperbewusstsein bietet dir die dauerhafte Basis, dein Innenleben deinem Privatleben anzugleichen und Schutz und Sicherheit zu genießen. Wie innen so außen, findest du den Platz in deinem Leben.

Reihe 2 Die Ahnenlast Haus 15 Bär – Ahnenlast vergangener Generationen, in der Vergangenheit leben
Karte Mond

Erst der Blick in deine Schattenanteile lässt dich erkennen, wer du bist und woher du kommst. Erst wenn du dich von den Konditionierungen und Prägungen deiner Ahnen befreist, offenbart sich dir die Essenz deiner Seele, die allen Schmerz in deinen Ahnenlinien heilen kann. Zu leicht erscheinen einem Realitätsflucht und Träumereien, die unseren Blick für das Wahre vernebeln und unsere Urinstinkte trüben. Es geht darum, die Naivität abzulegen und seelische Verhaftungen der Desillusionierung vorzuziehen. Dabei hilft es, der eigenen Intuition zu vertrauen.

Reihe 3 Die Ahnenkraft Haus 24 Herz – Den Herzensweg gehen und Dankbarkeit zeigen
Karte Kind

Kraft deiner Ahnen und der Unterstützung, die sie dir anbieten möchten, wird es möglich, in deine Selbstliebe zu finden. Dein Inneres Kind wartet auf dich, um all das zu heilen, was in dir verletzt wurde und dein Leben negativ beeinflusst. Öffne dich der Kraft der Liebe und deiner Ahnen und heile dadurch alle Vorfahren gleich mit.

Reihe 4 Die Ahnenheilung Haus 33 Schlüssel – Kompetenz entwickeln, sein Potenzial entfalten und leben
Karte Berg
Auch wenn der Weg länger ist, unsere Fähigkeiten zu entwickeln und sie für unsere Entwicklung einzusetzen, lohnt es sich trotzdem, all diese Hürden zu nehmen und dadurch unsere Heilung voranzubringen. Allen Widerständen zum Trotz gilt es, nach Weiterentwicklung zu streben, allein oder in Gemeinschaft, wie auch immer. Es macht dich stark wie ein Fels in der Brandung, falls du auch mal allein deines Weges gehen musst. Denn geistiger und seelischer Einklang vermittelt dir die Stärke, die du brauchst, um ein Gleichgewicht zwischen bewussten und unbewussten Kräften aus den Ahnenreihen zu heilen.
Botschaft der Karte: Auch wenn der Weg dir so manches Mal lang erscheint: „Der Weg ist das Ziel!" Also genieße jede Anhöhe, jeden Abstieg und arbeite dich hoch zum Gipfel, damit du weißt, was für wunderbare Aussichten vor dir liegen. Es gibt dabei keine Umwege oder Rückschritte, es ist einfach nur dein ganz eigener Weg.

Spalte 7

Reihe 1 Das momentane Leben Haus 7 Schlange – Entwicklung durch Erkenntnis, Altes hinter sich lassen, sodass Heilung geschieht
Karte Turm
Es ist Zeit, dich auf dich selbst zu besinnen. Ziehe dich zurück und sammle dich, um dich zu orientieren, was du wirklich möchtest. Diese erzwungene Einschränkung ist eine Grenzerfahrung, die dir zeigt, welche alten Glaubenssätze du aufgeben musst. Setze gesunde Grenzen und komme wieder in deine selbst gewählte Eigenständigkeit, die dir durch diese Selbstreflexion nur allzu deutlich wird.

Reihe 2 Die Ahnenlast Haus 16 Sterne – Den Horizont erweitern, Eingebungen und Visionen, die Erweiterung des Bewusstseins anstreben
Karte Bär
Den Mitgliedern deiner Ahnenreihen ist es immer wieder gelungen, ihre innere Kraft zu mobilisieren und sich mit neuem Selbstbewusstsein, Geschick und diplomatischem Feingefühl aus schwierigen Situationen heraus zu retten. Nutze diese innere Stärke für dein Wohlbefinden und nimm deinen Geistführer mit ins Boot. Du selbst hast in dir die Fähigkeit, anderen zur Seite zu stehen und als Mentor/-in zu dienen.

Reihe 3 Die Ahnenkraft Haus 25 Ring – Seelenverbindungen, Abschluss eines Zyklus
Karte Herz
All die Liebe, die deine Ahnen für dich empfinden, strömt in dein Leben und verzaubert alles, mit dem sie in Berührung kommt. Ist es doch die Liebe, die alles heilt und die Illusion des „Getrenntseins“ aufhebt. Die Ahnen helfen dir bei der Entfaltung deines göttlichen Wesens, das sich darin ausdrückt, dass du dich von der Liebe der Ahnen getragen und beschützt fühlst. Diese magische Kraft bringt Anmut in dein Leben, die dir das Gefühl gibt, dass du im Fluss des Lebens bist, wenn du die Einheit mit allen anderen empfindest.

Reihe 4 Die Ahnenheilung Haus 34 Fische – Inneren und äußeren Reichtum entwickeln, mit dem Leben fließen
Karte Schlüssel
Um das Richtige zu tun, ist es wichtig, an sich und sein eigens Potenzial zu glauben. Beschäftige dich mit den Fähigkeiten, die dir deine Ahnen mitgegeben haben und dir als Segen dienen. Der Glaube daran wird dir helfen, die Kompetenz zu entwickeln, die dich befähigt, deiner Bestimmung

zu folgen. Die Realität wird oft durch unbewusste Reaktionen erlernter Konditionierungen geformt, daher wähle achtsam, was du denkst und fühlst. Das ist es, was deine Wirklichkeit und Wirkungskraft in positive Bahnen lenkt.
Botschaft der Karte: Um zu wissen, ob man das Richtige tut, ist es entscheidend, zu wissen, woher man kommt und welche Fähigkeiten in einem schlummern. So kannst du vertrauen in dich selbst und gegenüber dem Leben entwickeln und Klärung darüber gewinnen, was deine ganz eigene Bestimmung ist und wie du dorthin gelangen kannst. Die zwischenmenschlichen Beziehungen sind Meilensteine der Liebe auf deinem Weg, die den Unterschied in dieser Welt machen und alles heilen, was noch im Schatten lebt.

Spalte 8

Reihe 1 Das momentane Leben Haus 8 Sarg – Transformation und Loslassen

Karte Fuchs

Diese karmische Prüfung, die dir gestellt wird, kann nur bewältigt werden, wenn du in Verbindung mit dir selbst bist. Setze alles an Klugheit, Raffinesse und Spürsinn ein, um diese Reifeprüfung zu bestehen. Täuschung und Desillusionierung müssen ein Ende finden, damit du authentisch deine eigene Wahrheit lebst. Vertraue auf deine Instinkte und gehe auf deinem ganz individuellen Seelenpfad voran und lasse alle Fehleinschätzungen, die aus Angst entstanden sind, hinter dir.

Reihe 2 Die Ahnenlast Haus 17 Störche – Aufbruch in eine positive Veränderung, Fortschritte machen
Karte Brief
Dein Kontakt zur Anderswelt und deinen Ahnen ist dir gegeben. Nutze sie und stelle eine Verbindung her, die für dich und alle Menschen zu ihrem Wohl in ihrem Leben wirken kann. Heile alle Einflüsse von Begierde, Unbeständigkeit, Oberflächlichkeit, Täuschung und Verfluchung aus den Ahnenreihen, sodass sie dir in deinem jetzigen Leben nicht mehr schaden können. Trenne dich von sämtlichen Gelübden, Schwüren und Eiden, die jemals in deiner Ahnenreihe geleistet wurden und dein Leben negativ beeinflussen.

Reihe 3 Die Ahnenkraft Haus 26 Buch – Der Lernprozess, die innere Wahrheit entdecken
Karte Dame
Die Kraft deiner Ahninnen erreicht dich jetzt, um dich dabei zu unterstützen, dein Leben mit nährender Kraft und Fürsorge zu erfüllen. Alles, was du tust, wird davon durchdrungen, dich und andere dabei zu unterstützen, sich im Leben zu emanzipieren. Dein Wunsch nach Selbstbestimmung und deine hohe Lernbereitschaft bieten die notwendigen Voraussetzungen, die Kraft der Ahnen für dich wirken zu lassen.

Reihe 4 Die Ahnenheilung Haus 35 Anker – Engagement zeigen, etwas verarbeiten, ein selbstbestimmtes Leben führen
Karte Störche
Hinter jedem Wandel, jedem Zufall steckt eine göttliche Absicht, die genau die Lektion in sich birgt, die man braucht, um zu heilen. Ist man achtsam und hält Ausschau nach diesen Gelegenheiten, lehrt das Leben einem, dass Vertrauen

belohnt wird. Eine positive Erwartungshaltung zieht einen positiven Wandel in das Leben. Das ist Magie und ein energetisches Ergebnis dessen, dass das Leben nach einem göttlichen Plan verläuft.

Botschaft der Karte: Um spirituell zu leben ist es wichtig, dich selbst zu lieben und zu achten, eine Grundvoraussetzung dafür, um die Verbundenheit mit anderen zu leben. Lass dich von deinen Vorfahren und den Verstorbenen inspirieren und empfange göttliche Eingebungen. Sei ein Vorbild für andere auf dem Weg hin zu deiner Bestimmung hier auf dieser Erde. Spirituell ist der Mensch, der sich im täglichen Leben auf seiner persönlichen Lebensreise mit dem Ziel Liebe zu empfinden und sie aktiv auszudrücken, mit dem höheren Ideal der göttlichen Kraft verbindet. Auf der höchsten Ebene, der himmlischen Ebene ist die Seele mit dem Leben eins, wie es so Lichtgestalten wie Buddha und Jesus vorgelebt haben.

Spalte 9

Reihe 1 Das momentane Leben Haus 9 Blumenstrauß – Entfaltung und Kreativität

Karte Baum

Starke Wurzeln und Vitalität vermitteln dir die Bodenständigkeit, die du brauchst, um beständig zu wachsen und dich zu entfalten. Innere Reife und Heilung entwickelst du, indem du die Dinge sich entwickeln lässt. Ruhe und Gelassenheit strahlen aus dir heraus und du erkennst Themen, die noch nicht abgeschlossen sind. Deine Glaubenssätze solltest du einer gründlichen Prüfung unterziehen und deren wesentlichen Sinn erkennen. So kann Heilung und Wachstum geschehen und dir kraftvolle Lebensenergie spenden. Meditiere in der Natur und verbinde dich mit den Energien von Mutter Erde. Nutze die Heilkraft von Baum- und Blütenessenzen, um in deine innere Mitte zu kommen.

Reihe 2 Die Ahnenlast Haus 18 Hund – Helfersyndrom, zu vertrauensselig sein
Karte Herr
Die väterlichen Ahnenlinien spenden dir Mitgefühl und Hingabe, damit du deine Selbstbestimmung leben kannst. Es hilft dir, dich zu verwirklichen und deine Interessen in den Vordergrund zu stellen. Die negativen Einflüsse wie Hinterhältigkeit, Egoismus, Herrschsucht und Intoleranz, die in der Ahnenreihe noch unerlöst sind, lassen dein Leben instabil werden. Wenn du versuchst, durch Manipulation und Falschheit an dein Ziel zu gelangen, wird sich das negativ auf das Ergebnis auswirken.

Reihe 3 Die Ahnenkraft Haus 27 Brief – Schwüre, Versprechen und Eide lösen, Botschaften aus dem Jenseits
Karte Hund
Die zwischenmenschlichen Beziehungen in deinem Leben sind ein Spiegelbild dessen, was du wirklich fühlst und welche Werte dir wichtig sind. Es ist die Verlässlichkeit, die du besonders an anderen schätzt und die auch dir in die Wiege gelegt wurde. Treue und Loyalität sind für dich wichtige Voraussetzungen, um Beziehungen welcher Art auch immer, erfolgreich und innig zu führen. Deine Ahnen sind präsent, egal ob du sie spürst oder nicht. Sie helfen dir, dich auf dem Weg hin zur Liebe zu entfalten.

Reihe 4 Die Ahnenheilung Haus 36 Kreuz – Ein positives Karma erschaffen, der göttlichen Führung vertrauen
Karte Buch
Wenn sich dir die Geheimnisse des Lebens zeigen, kannst du sicher sein, dass Heilung möglich ist. Die Geheimnisse deiner Familie können dich belasten, bis du sie für dich

anerkennst und akzeptierst. Kannst du dir und deinen verwandten Seelen vergeben, ist die Heilung bereits vollzogen und öffnet dein Herz für die Liebe, die die Magie des Lebens ausmacht.
Botschaft der Karte: Wende dich den spirituellen Gesetzen und dem Wissen der Menschheit zu, um dein Leben mit Sinnhaftigkeit zu füllen. Viele deiner Vorfahren sind diesen Weg bereits gegangen und haben bewiesen, wie wichtig die Magie der Liebe zu dir selbst und allem anderen Lebendigen ist und was sie ausmacht. Es ist die Essenz und die Magie, die deine Seele in diesem menschlichen Leben erleben möchte. Alle deine Ahnen haben dir den Weg geebnet, du musst ihn nur erkennen, und dein Wissen über das Leben und die Magie die darin steckt, in die Tat umsetzen.

Das große Ahnenfeld Variante 3

In der Variante 3 habe ich die Reihen in jeweils drei zusammenhängende Karten unterteilt. Dabei kann man sich die Deutungen entsprechend der Vorschläge zusammensetzen, so wie ich es am Beispiel meiner eigenen Legung zeige.

Reihe 1 Thema: Das momentane Leben

Für die 1. Reihe nutze ich meine Deutungen des momentanen Lebens und für die Quersummenkarten die Botschaften aus dem Jenseits.

<u>Die aktuelle Inkarnation</u>

Haus 1 Reiter
Die Ziele, die mit Willenskraft erreicht werden

Haus 2 Klee
Das Glück, das einem Dankbarkeit lehrt
Haus 3 Schiff
Die Lebensreise, mit ihren Möglichkeiten der Weiterentwicklung

<u>Das Auf und Ab des Lebens</u>

Haus 4 Haus
Das Zuhause und das familiäre Umfeld

Haus 5 Baum
Das Wachstum und die Reife, die sich einstellt

Haus 6 Wolken
Die Aufgabe, sich Klarheit zu verschaffen

<u>Das Potenzial, die Talente</u>

Haus 7 Schlange
Der Wandel, der Heilung bewirkt

Haus 8
Die Transformation und das Loslassen von Altem

Haus 9 Blumenstrauß
Die Gaben und die Kreativität, die freigesetzt wird

Die Quersumme, gebildet aus der Zahlensumme aller neun Karten der 1. Reihe, zeigt die Essenz – das, was momentan im Leben wichtig ist und im Vordergrund steht.

Ist die Quersummenkarte ermittelt, nutze ich die Botschaften aus dem Jenseits aus dem Deutungsbereich für die Beantwortung, auch der beiden weiteren Fragen, die sich aus der Quersummenkarte ergeben.

Dabei schaue ich mir noch Folgendes an:

Was liegt im Haus der ermittelten Quersummenkarte?

Worauf liegt die ermittelte Quersummenkarte, in welchem Haus?

Reihe 2 Thema: Die Ahnenlast

Für die 2. Reihe nutze ich meine Deutungen der Ahnenlast und für die Quersummenkarten die Botschaften aus dem Jenseits.

Das mentale Erbe

Haus 10 Sense
Die Konsequenzen, die gezogen werden sollten

Haus 11 Ruten
Die Glaubenssätze und Überzeugungen, die überprüft werden müssen

Haus 12 Vögel
Der innere Umbruch, der in einem stattfindet

<u>Das emotionale Erbe</u>

Haus 13 Kind
Das Innere Kind, das heilen möchte

Haus 14 Fuchs
Die Unterscheidung zwischen Wahrheit oder Lüge

Haus 15 Bär
Das Selbstbewusstsein und die Erfahrungen aus der Vergangenheit

<u>Das geistige Erbe</u>

Haus 16 Sterne
Die Sternensaat, kosmisches Erbe und die Anbindung an das Göttliche

Haus 17 Störche
Der Aufbruch und Wandel, die Fortschritte, die möglich sind

Haus 18 Hund
Die Fürsorge und das Mitgefühl als Orientierungshilfe

Die Quersumme, gebildet aus der Zahlensumme aller neun Karten der 2. Reihe, zeigt die Essenz der Ahnenlast – das, was momentan im Leben wichtig ist und geheilt werden möchte.

Ist die Quersummenkarte ermittelt, nutze ich die Botschaft aus dem Jenseits aus dem Deutungsbereich für die Beantwortung, auch der beiden weiteren Fragen, die sich aus der Quersummenkarte ergeben.
Dabei schaue ich mir noch Folgendes an:

Was liegt im Haus der ermittelten Quersummenkarte?

Worauf liegt die ermittelte Quersummenkarte, in welchem Haus?

Reihe 3 Thema: Die Ahnenkraft und wo sie gerade wirkt

Für die 3. Reihe nutze ich meine Deutungen der Ahnenkraft und für die Quersummenkarten die Botschaften aus dem Jenseits.

Die Ahnenkraft

Haus 19 Turm
Ein äußerer Umbruch, der sich abzeichnet, der Fall des Egos

Haus 20 Park
Die Ahnen, die an unserer Seite stehen

Haus 21 Berg
Die Hürden und Herausforderungen, die sich zeigen

Die Entscheidung zwischen Angst oder Liebe

Haus 22 Wege
Der rechte Weg, der sich anbietet

Haus 23 Mäuse
Die Angst, die sich zeigt und Mangel nährt
Haus 24 Herz
Die Liebe, die immer stärker ist als die Angst

Das Wissen und dessen Ausdruck

Haus 25 Ring
Die Beziehungsfähigkeit und Verlässlichkeit im Leben

Haus 26 Buch
Das Wissen der Ahnen, das uns nützlich sein kann

Haus 27 Brief
Der Umgang mit der Kommunikation und dessen Ausdruck

Die Quersumme, gebildet aus der Zahlensumme aller neun Karten der 3. Reihe, zeigt die Essenz der Ahnenkraft, die für uns aus den Ahnenreihen fließt und uns dabei unterstützt, zu heilen.

Ist die Quersummenkarte ermittelt, nutze ich die Botschaften aus dem Jenseits aus dem Deutungsbereich für die Beantwortung, auch der beiden weiteren Fragen, die sich aus der Quersummenkarte ergeben.

Dabei schaue ich mir noch Folgendes an:

Was liegt im Haus der ermittelten Quersummenkarte?

Worauf liegt die ermittelte Quersummenkarte, in welchem Haus?

Reihe 4 Thema: Ahnenheilung

Für die 4. Reihe nutze ich meine Deutungen des momentanen Lebens und für die Quersummenkarten die Botschaften aus dem Jenseits.

In ein Gleichgewicht finden

Haus 28 Herr
Die Yang-Energien, das männliche Prinzip oder der männliche Fragesteller

Haus 29 Dame
Die Yin-Energien, das weibliche Prinzip oder die weibliche Fragestellerin

Haus 30 Lilien
Magie, um in die Balance zu finden und zu heilen

Das Licht und der Schatten in uns

Haus 31 Sonne
Das Licht in uns, die Strahlkraft und Vitalität

Haus 32 Mond
Der Schatten in uns und die Gemütslage

Haus 33 Schlüssel
Die Lösung, die sich anbietet, falls man den Schatten auflösen möchte

<u>Weg in die Erleuchtung, Erfüllung des Seelenplans</u>

Haus 34 Fische
Die Seele, die Erfahrungen sammeln möchte und den eigenen Schatz der Liebe aus den Tiefen des Bewusstseins heben möchte

Haus 35 Anker
Der Seelenauftrag, der gerade ansteht und bearbeitet werden möchte

Haus 36 Kreuz
Das Karma, das initiiert werden sollte

Die Quersumme, gebildet aus der Zahlensumme aller neun Karten der 4. Reihe, zeigt die Essenz der Ahnenheilung, wenn man die Impulse der Vorfahren achtet und in seine Heilung integriert.

Ist die Quersummenkarte ermittelt, nutze ich die Botschaften aus dem Jenseits aus dem Deutungsbereich für die Beantwortung, auch der beiden weiteren Fragen, die sich aus der Quersummenkarte ergeben.

Dabei schaue ich mir noch Folgendes an:

Was liegt im Haus der ermittelten Quersummenkarte?

Worauf liegt die ermittelte Quersummenkarte, in welchem Haus?

Meine Legung

Vor jeder Legung stimme ich mich mit folgender Einstimmung ein, öffne einen heiligen Raum und lasse mir Antwort geben auf die Fragen, deren Antworten gerade hilfreich für mich sind.

Einstimmung
Indem ich zur Ruhe komme und mich tief über die Füße mit der Erdenergie verbinde, nehme ich die Lenormandkarten in meine Hände und lasse meine persönliche Energieschwingung einfließen. Ich erschaffe meinen heiligen Raum, indem meine innere Wahrheit über das Kronenchakra mit dem kosmischen Wissen verbunden wird und bitte um die Verbindung zu meinen Ahnen, um mir die Botschaften zu geben, die jetzt gerade für mich wichtig sind und meinen Heilungsweg unterstützen.
Ich bitte um Führung und Inspiration, über das Medium der Lenormandkarten die Brücke zu den Vorfahren und verstorbenen Seelen, die für mein jetziges Leben mir als Seelengefährten dienen, zu ermöglichen. Meine geistigen Helfer stehen an meiner Seite und begleiten diesen Prozess mit Liebe und Achtsamkeit, gemäß ihrem Auftrag, mir Schutz und Unterstützung zu leisten.
Ich bin bereit, die Botschaften mit offenem Herzen zu empfangen und sie in Wissen und Weisheit für mein Leben und meine Heilung zu wandeln.

Reihe 1 Thema: Das momentane Leben

Die aktuelle Inkarnation

Haus 1 Reiter

Die Ziele, die mit Willenskraft erreicht werden

Karte 24 Herz

Positive Schwingungen bewirken eine Herzöffnung – man aktiviert sein Herzfeld und sorgt dafür, dass das Herzchakra sich öffnet, um die göttliche Liebe spüren zu können. Dies bewirkt eine magische Anziehungskraft. Man kann mit dem Herzen sehen (Der kleine Prinz) und sich um Herzensangelegenheiten bemühen. Sich im All-Eins-Sein und den Seelenverbindungen auf dieser Erde beweisen und durch Aktivierung seiner Herzensenergie einen spirituellen Weg gehen. So lebt man seine Spiritualität wirklich, das heißt, zu sich selbst zu finden und durch Selbstliebe Frieden in sich zu erschaffen, und sein Leben aus dem Herzen heraus zu leben.

Aktiviere dein Herzfeld, indem du positive Schwingungen aus deinem Herzchakra heraus strahlen lässt. So aktivierst du deine Herzensenergie, die dir auf spiritueller Ebene dabei hilft, dich selbst zu finden und durch die Liebe zu dir selbst den Frieden in dir zu schaffen, um dein Leben aus dem Herzen heraus zu leben und mit dem Herzen zu sehen. Dadurch erzeugst du eine magische Anziehungskraft, die dein Herz für alle Menschen und Wesen sowie die Schöpfung öffnet, sodass du aus deinem Herzen heraus mit Mitgefühl handeln kannst.

Haus 2 Klee
Das Glück, das einem Dankbarkeit lehrt
Karte 20 Park
Es gilt, Masken abzulegen und authentisch zu werden in allem, was du tust. Finde deine Aufgabe und deinen Platz im Leben. Nur wenn du zu dir selbst stehst, kannst du herausfinden, was deine ganz eigene Wahrheit ist. Verbinde dich mit der Natur und lerne von ihren Gesetzen, einerseits selbstverantwortlich und andererseits Teil eines Netzwerkes zu sein. Werde unabhängig von der Meinung anderer und gebe die Kontrolle darüber auf, andere beeinflussen zu müssen.

Haus 3 Schiff
Die Lebensreise, mit seinen Möglichkeiten der Weiterentwicklung
Karte 10 Sense
Ziehe Konsequenzen aus einem schmerzvollen Einschnitt, der dir widerfahren ist. Finde die Ursache heraus, die dazu geführt hat, dass du dich verletzt und tief getroffen fühlst. Diese karmische Lektion bedarf einer Lebenskorrektur, um destruktive Kräfte in deinem Leben zu eliminieren. Vielleicht ist auch eine Abkehr von alten Überzeugungen notwendig, um diesen wunden Punkt endlich zu überwinden.

Das Auf und Ab des Lebens

Haus 4 Haus
Das Zuhause und das familiäre Umfeld
Karte 4 Haus (Doppelung)
Es geht darum, Stabilität und Ruhe in deinem Leben zu verwirklichen. Ein Nest zu bauen, was dir Geborgenheit und Sicherheit vermittelt. Wenn du es schaffst, mit deinen elementaren Bedürfnissen in Verbindung zu stehen und deinen

Körper als Sitz der Seele zu begreifen, fällt es dir leicht, ihn zu achten und zu pflegen und ihm deine volle Aufmerksamkeit zu schenken. Dieses Körperbewusstsein bietet dir die dauerhafte Basis, dein Innenleben deinem Privatleben anzugleichen und Schutz und Sicherheit zu genießen. Wie innen so außen, findest du den Platz in deinem Leben.

Haus 5 Baum
Der Wachstum und die Reife, die sich einstellt
Karte 6 Wolken

Um die Realität richtig einschätzen zu können, sollte der Energiefluss erhöht werden. Alte Glaubenssätze und falsche Informationen hindern dein Potenzial daran, dich zu entfalten. Baue keine Luftschlösser, sondern erkenne wichtige Wahrheiten. Fülle das Vakuum mit Information aus der feinstofflichen Welt und verbinde dich mit deiner Intuition, die dir wichtige Botschaften deiner Seele offenbart. Tritt aus der Opferrolle und dem Schwarz-Weiß-Denken heraus und Sorgen können sich auflösen wie der Nebel am Morgen.

Haus 6 Wolken
Die Aufgabe, sich Klarheit zu verschaffen
Karte 12 Vögel

Durch klare Imagination und Gedankenkraft bringst du den Mut auf, etwas zu ändern. Dabei nimmst du eine eindeutige Haltung ein, die dir neue spirituelle Entwicklungsmöglichkeiten bietet. Stelle deine Gewohnheiten infrage und lebe deine wahren Überzeugungen. Nur so kannst du deine ganz eigene Magie in deinem Leben entfalten. Deine ausgeprägte Intuition und deine magischen Fähigkeiten werden dich dabei unterstützen.

Das Potenzial, die Talente

Haus 7 Schlange
Der Wandel, der Heilung bewirkt
Karte 17 Störche

Beende die Unbeständigkeit und passe dich der gegebenen Situation an. Entwickle ein Gefühl der Verbundenheit mit deinem Umfeld und leite einen Wandel ein, der einen Aufbruch in eine neue Lebensphase bedeutet. Dies führt zu einer positiven Weiterentwicklung, die Impulse für Neues bietet, wenn du dich flexibel und beweglich zeigst. So wird ein soziales Miteinander möglich und beschert dir Abwechslung und Vielfalt.

Haus 8
Die Transformation und das Loslassen von Altem
Karte 36 Kreuz

Das Unausweichliche, dem du dich stellen musst, schenkt dir die Selbsterkenntnis, die du jetzt für dein Leben brauchst. Der Glaube, dass alles in deinem Leben einen Sinn hat, hilft dir dabei, die Herausforderungen des Lebens als Wachstumsmöglichkeiten zu begreifen. Nimmst du deine Lernaufgabe an, wirst du mehr und mehr deine Berufung leben, denn sie dient der Selbstverwirklichung im Leben eines jeden Menschen.

Haus 9 Blumenstrauß
Die Gaben und die Kreativität, die freigesetzt wird
Karte 21 Berg

Die Baustellen des Lebens fordern dich heraus, deinen inneren Schweinehund zu überwinden. Gib nicht auf und zeige Rückgrat. Überwinde diese Frustphase und stehe dir nicht selbst im Weg. Verschaffe dir einen Überblick und wachse über dich selbst hinaus. Nur so bewältigst du diese unsichtbaren Widerstände, indem du Durchhaltevermögen beweist und keine Scheu vor Anstrengung zeigst. Mit dem nötigen Biss wirst du diese Herausforderung meistern und viel daraus lernen.

Die Quersumme, gebildet aus der Zahlensumme aller neun Karten der 1. Reihe, zeigt die Essenz – das, was momentan im Leben wichtig ist und im Vordergrund steht.

24+20+10+4+6+12+17+36+21 = 150 = Karte 6 Wolken
All die Gefühle, die nun in dir sind, haben ihre Berechtigung und möchten wahrgenommen und angenommen werden. Die Phasen der Trauer sind wertvoll und können nicht beschleunigt werden. Du hast nur die Chance, deinen Gefühlen den Raum zu geben, den sie nun brauchen, um richtig verarbeitet zu werden. So kann wirklich Heilung auf allen Ebenen geschehen. Verzeihe dir diese Schwäche, ist es doch eine Illusion, dass das Leben dir nichts mehr zu bieten hätte. Hat der Nebel sich gelichtet, tauchst du daraus hervor in der Gewissheit, dass die Anbindung an das Göttliche dir geholfen hat, dein inneres Licht zu finden. Du hast viel Neues vor dir in deiner Zukunft.

Was liegt im Haus der Wolken? Karte 12 Vögel
Erkenne, was dir Stress und Sorge bereitet und versuche es aus deinem Leben zu eliminieren. Sorgen sind keine guten Voraussetzungen, um ein schönes Leben zu führen. Die Schwingung, in die dich Sorgen und Ängste bringen, ist nicht dazu da, um Lösungen zu finden. Also bringe dich in die Lage, deine Situation angstfrei und ohne negative Gefühle zu einem guten Ergebnis für dich und alle Beteiligten zu führen.

Worauf liegt die Karte Wolken? Haus 5 Baum
Die Natur hilft dir, Frieden in dir zu finden. Übergib deine Sorgen und Trauer der Erde, dem Wasser oder dem Wind. Spüre die Kraft der Natur und versorge dich mit all der Energie, die sie dir zur Verfügung stellt. Empfinde dich als Teil der wunderbaren Schöpfung, die dich umgibt, und dich mit allem versorgt, was du zum Leben brauchst. Indem du die Fülle und Lebendigkeit um dich herum wahrnimmst, kannst du bis auf die Zellebene an Harmonie, Vitalität und Gesundheit gewinnen. Sei dabei tief in deinem Urvertrauen zum Leben verwurzelt. Mutter Erde sorgt für dich.

Reihe 2 Thema: Die Ahnenlast

Das mentale Erbe

Haus 10 Sense
Die Konsequenzen, die gezogen werden sollten
Karte 2 Klee
Auch hier gibt es den Schatten, der sich durch Voreiligkeit, Selbstherrlichkeit und Eitelkeit auszudrücken vermag. Kann man die Fülle um sich herum nicht mehr zu schätzen wissen, vielleicht, weil man verwöhnt ist und nur dem Glück vertraut, kehrt sich das Glück gegen einen. Genusssucht und Unbeständigkeit sind wie Gift und auch so mancher Vorfahre ist darüber gestrauchelt und womöglich auch gefallen. Hüte dich vor solcher Oberflächlichkeit, denn das Glück und die glücklichen Fügungen sind auch von dir und deinem Dazutun abhängig.

Haus 11 Ruten
Die Glaubenssätze und Überzeugungen, die überprüft werden müssen
Karte 7 Schlange
Durch unsere Ahnen sind uns viele Verletzungen vererbt, die von Kritikunfähigkeit, Kritiksucht, Argwohn, Taktik und Berechnung und dem Zwang nach Kontrolle gekennzeichnet sein können. Ein schweres Erbe, das durch die Erkenntnisse der Erfahrungen von Missgunst und Scheitern korrigiert werden sollte. Der analytische Verstand wird dabei helfen, zu erkennen, dass man sich keine Feinde machen und anderen Menschen gegenüber mehr Vertrauen zeigen sollte.

Haus 12 Vögel
Der innere Umbruch, der in einem stattfindet
Karte 34 Fische
Deine Seele ist das Intimste, was du hast, um dich in dieser Inkarnation zu erfahren. Sind es die menschlichen Erfahrungen, die dich dazu gebracht haben, genau in diese deine momentane Existenz zu inkarnieren, mit all ihren Lernaufgaben und Tiefen, die du als spirituelles Wesen hier auf dieser Erde erleben kannst. Wir sind ewige Seelen ohne Anfang und Ende und haben dies nur in dieser momentanen Inkarnation vergessen. Wir sind wie Schüler in diesem Leben, die durch Erfahrungen sich wieder daran erinnern können, was sie eigentlich ausmacht: eine spirituelle Seele die eine menschliche Erfahrung macht. So mancher Vorfahre ist durch Träumerei und Sucht in Verwirrung versunken. Trügerische Hoffnungen und falsche Versprechen haben Illusionen erzeugt, die sich als Schein herausgestellt haben. Lebe deine Träume, doch sei dir gewiss, dass der Einsatz für die Verwirklichung groß sein muss.

Das emotionale Erbe

Haus 13 Kind
Das Innere Kind, das heilen möchte
Karte 15 Bär

Den Mitgliedern deiner Ahnenreihen ist es immer wieder gelungen, ihre innere Kraft zu mobilisieren und sich mit neuem Selbstbewusstsein aus schwierigen Situationen mit Geschick und diplomatischem Feingefühl zu retten. Nutze diese innere Stärke für dein Wohlbefinden und nimm deinen Geistführer mit ins Boot. Du selbst hast in dir die Fähigkeit, anderen zur Seite zu stehen und als Mentor/-in zu dienen.

Haus 14 Fuchs
Die Unterscheidung zwischen Wahrheit oder Lüge
Karte 9 Blumenstrauß

Jede Seele strebt nach Selbstverwirklichung und nicht jedem Vorfahren war es vergönnt, sich auszuleben. Deine kreative Ader ist ein Erbe deiner Vorfahren, die schon immer wussten, ihrer Freude am Erschaffen freien Lauf zu lassen. Lasse auch du deinen Fähigkeiten Raum, sich zu entfalten, und folge der Freude dabei. So wirst du die rechten Ausdrucksweisen deiner Wurzeln finden.

Haus 15 Bär
Das Selbstbewusstsein und die Erfahrungen aus der Vergangenheit
Karte 28 Herr

Die väterlichen Ahnenlinien spenden dir Mitgefühl und Hingabe, damit du deine Selbstbestimmung leben kannst. Es hilft dir, dich zu verwirklichen und deine Interessen in den Vordergrund zu stellen. Die negativen Einflüsse wie Hinterhältigkeit, Egoismus, Herrschsucht und Intoleranz, die in der Ahnenreihe noch unerlöst sind, lassen dein Leben instabil werden. Wenn du versuchst, durch Manipulation und

Falschheit an dein Ziel zu gelangen, wird sich das negativ auf das Ergebnis auswirken.

Das geistige Erbe

Haus 16 Sterne
Die Sternensaat, kosmisches Erbe und die Anbindung an das Göttliche
27 Brief, die Begegnung mit meinem Geistführer
Dein Kontakt zur Anderswelt und deinen Ahnen ist dir gegeben. Nutze sie und stelle eine Verbindung her, die für dich und alle Menschen zu ihrem Wohl in ihrem Leben wirken kann. Heile alle Einflüsse von Begierde, Unbeständigkeit, Oberflächlichkeit, Täuschung und Verfluchung aus den Ahnenreihen, sodass sie dir in deinem jetzigen Leben nicht mehr schaden können. Trenne dich von sämtlichen Gelübden, Schwüren und Eiden, die jemals in deiner Ahnenreihe geleistet wurden und dein Leben negativ beeinflussen.

Haus 17 Störche
Der Aufbruch und Wandel, die Fortschritte, die möglich sind
Karte 25 Ring
Alles, was die Ahnen dir als Erbe mitgeben, was in Verbindung mit Manipulation, Falschheit, Desillusionierung, Trennung und innerer Leere einhergeht, sollte nun von dir aufgelöst und geheilt werden. Es geht um die Fähigkeit, Bindungen einzugehen und sich verlässlich zu zeigen. Etwas, was das soziale Umfeld, das Netz der sozialen Kontakte sichert und einen in eine Gemeinschaft einbindet, die einem Schutz und Sicherheit bietet.

Haus 18 Hund
Die Fürsorge und das Mitgefühl als Orientierungshilfe
Karte 8 Sarg
In deinen Ahnenlinien ist es immer wieder zu Situationen gekommen, die alles infrage gestellt haben oder ein Lebensmodell in Schutt und Asche gelegt haben. Das Ende eines sicher geglaubten Lebens und die geglaubten Selbstverständlichkeiten, die plötzlich keine mehr waren. Überprüfe, was in deinem Leben in Schutt und Asche liegt und wage einen Neubeginn, indem du all das loslässt, was sich nicht mehr richtig für dich anfühlt.
Die Quersumme, gebildet aus der Zahlensumme aller neun Karten der 2. Reihe, zeigt die Essenz der Ahnenlast – das, was momentan im Leben wichtig ist und geheilt werden möchte.

2+7+34+15+9+28+27+25+8 = 155 = Karte 11 Ruten
So viele Worte wurden gesprochen und drücken trotzdem nicht das aus, was wirklich empfunden wird. Ist es doch das Verstehen ohne Worte, was einen miteinander verbindet. Die leisen Andeutungen, die kleinen Gesten, die so viel mehr als Worte auszudrücken vermögen, wie nahe man sich kommen kann. Diese Nähe ist immer noch da, tief im Herzen, wo Worte nicht mehr notwendig sind.

Was liegt im Haus der Ruten? Karte 7 Schlange
Das Leben ist im steten Wandel und auch du, liebe Seele, bist diesem Wandel unterlegen. Je zukunftsorientierter du dich neu erfinden kannst, desto leichter wird es dir fallen, einzwängende Überzeugungen und daraus resultierende Probleme immer mehr aus deinem Leben zu eliminieren. Gib die Kontrolle auf, denn es ist eine Illusion, das Handeln anderer lenken oder etwas erzwingen zu können. Nur was dir freiwillig geschenkt wird, bleibt dir erhalten. Alles andere zerrinnt dir zwischen den Fingern.

Worauf liegt die Karte Ruten? Karte 21 Berg
Auch wenn der Weg dir so manches Mal lang erscheint: „Der Weg ist das Ziel!“ Also genieße jede Anhöhe, jeden Abstieg und arbeite dich hoch zum Gipfel, damit du weißt, was für wunderbare Aussichten vor dir liegen. Es gibt dabei keine Umwege oder Rückschritte, es ist einfach nur dein ganz eigener Weg.

Reihe 3 Thema: Die Ahnenkraft und wo und wie sie gerade wirkt

Die Ahnenkraft

Haus 19 Turm
Ein äußerer Umbruch, der sich abzeichnet, der Fall des Egos
Karte 26 Buch
Die spirituellen hermetischen Gesetze geben dir Orientierung, um dein Leben so zu führen, wie es deinem Lebensplan entspricht. Nutze all die Erfahrungen der Ahnen, um das Wissen, was im Verborgenen liegt, zu offenbaren. Es zeigt dir die Geheimnisse des Lebens und wie alles miteinander verbunden ist, besonders mit dir und deinen Ahnen, die dich an ihrem Wissen teilhaben lassen möchten. Du suchst nach der Wahrheit und findest auf dem Weg zu dir selbst. Das ist es, was dich den wahren Sinn des Lebens erfahren lässt.

Haus 20 Park
Die Ahnen, die an unserer Seite stehen
Karte 23 Mäuse
Lasse all die Liebe und Fülle, die auch in deiner Ahnenreihe existiert, dir den Rücken stärken und dir und deinen Vorfahren beweisen, dass du selbst es bist, die darüber bestimmt, wie du die Welt und dein Leben empfindest. Du hast die

Macht, dich aus der Opferhaltung zu befreien. Löse dich von schmerzvollen Erinnerungen und Beziehungen und dem Misserfolg durch Pessimismus. Die Ahnen geben dir die Vision eines besseren Lebens, ohne Beklemmung und Verluste.

Haus 21 Berg
Die Hürden und Herausforderungen, die sich zeigen
Karte 11 Ruten

Der Glaube an etwas kann Berge versetzen, wie du weißt. Glaubst du daran, dass deine Ahnen dich in deiner Inkarnation unterstützen, wirst du diese positive Kraft auch spüren. So manche Überzeugung deiner Ahnen sind aus ihren Lebensumständen entstanden und sollten überprüft und deinem Leben angepasst werden. Denn so wie die Lebensumstände deiner Ahnen, hast auch du dich verändert. Packe die Probleme beim Schopf, leiste keinen Widerstand gegenüber dem, was dir auf deinem Weg als Herausforderung begegnet, so kannst du jedes Selbstsabotage-Programm aus deinem Leben entfernen.

Die Entscheidung zwischen Angst oder Liebe

Haus 22 Wege
Der rechte Weg, der sich anbietet
Karte 29 Dame

Die Kraft deiner Ahninnen erreicht dich jetzt, um dich dabei zu unterstützen, dein Leben mit nährender Kraft und Fürsorge zu erfüllen. Alles, was du tust, wird davon durchdrungen, dich und andere dabei zu unterstützen, sich im Leben zu emanzipieren. Dein Wunsch nach Selbstbestimmung und deine hohe Lernbereitschaft bieten die notwendigen Voraussetzungen, die Kraft der Ahnen für dich wirken zu lassen.

Haus 23 Mäuse
Die Angst, die sich zeigt und Mangel nährt
Karte 1 Reiter
In Bewegung zu sein, in Bewegung zu bleiben, dem Fortschritt zu dienen, ist das, was deine Ahnen dir als Kraft schenken. Nie zu verweilen, sondern mit einem klaren Ziel vor Augen, innerlich und äußerlich strebend, dem Abenteuer entgegen. Der Erlebnishunger treibt dich an und lässt so manchen Ahnen vermuten, der ein Pionier und Wegbereiter für neues kreatives Denken und inspirative Energie war. Bleibe auf deinem Weg und setze dir Zwischenziele, denn wenn du weißt, wohin du willst, kommst du da an, wohin deine Seele dich führen möchte.

Haus 24 Herz
Die Liebe, die immer stärker ist als die Angst
Karte 16 Sterne
Es geht darum, tiefere Einsichten in Zusammenhänge des Lebens auf dieser Erde und der Verbindung zum Kosmos zu erlangen. Dies erweitert deinen Horizont und macht dich bereit, dich nicht nur hier auf der Erde im Kreise deiner Ahnen, sondern auch als Sternensaat zu sehen, die mit dem gesamten Universum verbunden ist. Deine Ahnen möchten dir den Glauben an eine Macht, größer als du selbst, für dieses Leben hier auf diesem Planeten mitgeben. Das Glück zu haben, deinen Idealen zu folgen und dir all das zu erfüllen, was du dir wünscht. Du kommst von den Sternen und hier auf die Erde, um menschliche Erfahrungen zu machen. Welche es sind, bestimmst du durch dein Streben nach Liebe oder Angst.

Das Wissen und dessen Ausdruck

Haus 25 Ring
Die Beziehungsfähigkeit und Verlässlichkeit im Leben
Karte 30 Lilien

In der Ruhe liegt die Kraft. Wie wahr das doch ist. Bist du in deinem inneren Gleichgewicht, wirst du souverän alles meistern, was das Leben für dich an Erfahrungen bereithält. Deine Ahnen unterstützen dich dabei, Harmonie in deinem Leben zu initiieren. Sie wollen dich als einen glücklichen und zufriedenen Menschen sehen, der die Gelassenheit weitergeben kann, die auch deinen Ahnen innewohnt. Dafür solltest du deine eigenen natürlichen Rhythmen von Anspannung und Entspannung wahren, damit Regeneration für dich möglich wird.

Haus 26 Buch
Das Wissen der Ahnen, das uns nützlich sein kann
Karte 3 Schiff

All die Erinnerungen, die in deinem Ahnenfeld weilen, werden von dieser Sehnsucht der Verwirklichung der Träume genährt. Du bist getragen von der Kraft deiner Vorfahren, gebettet in den Wunsch, dich in dieser Inkarnation zu verwirklichen und deine Ahnen zu heilen. Was träumt in dir und wird durch deine Sehnsucht in dir erweckt? Deine Ahnen gaben dir diesen Wunsch mit auf deinen Weg, damit du ihn für dich und deine Vorfahren auf deiner Lebensreise erfüllen kannst. Das Erbe deiner Ahnen träumt in dir und bereitet dir den Weg in die Erfüllung, auch wenn du ihn vergessen hast.

Haus 27 Brief
Der Umgang mit der Kommunikation und dessen Ausdruck
Karte 33 Schlüssel
In der Gewissheit, auf dem richtigen Weg zu sein, klärt sich vieles, womit du zurzeit konfrontiert bist. Durch Schlüsselerlebnisse wird dir klar, wie sehr deine Ahnen dich dabei unterstützen möchten, die wichtige Bestätigung zu bekommen, dass du kompetent und auch fähig bist, alles zu erreichen, was du dir vorgenommen hast. Erkenne, dass die Realität deine individuelle Sicht auf die Dinge ist und durch die Heilung der Ahnen deine Lebenseinstellung positiv beeinflusst wird. Realität wird durch unsere Reaktionen auf das Leben geformt, die durch alte Glaubenssätze, Trauma und Überzeugungen aus deinen Ahnenlinien geprägt sein können. Richtest du dich positiv aus, gibst du dir und deinen Vorfahren die Chance, etwas Gutes für dich und andere zu bewirken.

Die Quersumme, gebildet aus der Zahlensumme aller neun Karten der 3. Reihe, zeigt die Essenz der Ahnenkraft, die für uns aus den Ahnenreihen fließt und uns dabei unterstützt, zu heilen.

26+23+11+29+1+16+30+3+33 = 172 = Karte 10 Sense
Der Schmerz scheint unerträglich und doch liegt ihn ihm der Kern der Lösung. Zu erkennen, nicht wirklich voneinander getrennt zu sein, sondern sich im eigenen Herzen wiederzufinden, da, wo all die Menschen und Lebewesen wohnen, die einem wichtig sind und die wir lieben. Nichts kann diesen Schmerz lindern, und so nehmen wir wahr, was es bedeutet, getrennt zu sein. Hinter dem Schmerz sind all die glücklichen Momente, die wir miteinander teilen durften, ein tief verborgener Schatz, den es zu entdecken gilt.

Was liegt im Haus der Sense? Karte 2 Klee
Blicke mit Dankbarkeit und Wertschätzung auf die gemeinsam verbrachte Zeit, die glückliche Erinnerungen in dir wach hält. Dies ist der Reichtum, der in deinem Herzen wohnt und es nährt und für das Glück öffnet. Dein Leben darf leicht sein, also lasse los, was dich noch belastet. Es liegt in der Vergangenheit und ist für das Hier und Jetzt nicht mehr wichtig. Denn du kannst dich jeden Augenblick in deinem Leben neu entscheiden, wie du dich fühlst. Schätzt du den Augenblick, sammele weitere Erinnerungen, die dich in schweren Zeiten durch die Dunkelheit tragen. An jedem neuen Tag kannst du dich für Dankbarkeit, Lachen und einen optimistischen Neubeginn entscheiden. Wende dich bewusst der leichten Seite des Lebens zu und nimm dir Zeit, das Leben zu genießen. Entspanne dich und gehe mit Humor durchs Leben.

Worauf liegt die Karte Sense? Haus 3 Schiff
Deine Lebensreise schenkt dir viele Begegnungen, die dir helfen, alle Facetten auszukosten und der Sehnsucht deines Herzens zu folgen. Jetzt ist es an der Zeit, dem Sehnen nachzugeben. Erkenne, dass alles einer göttlichen Ordnung gemäß geschieht. Mache dich bereit für neue Abenteuer, Türen die sich dir öffnen, und dafür, dass ein neuer Lebensabschnitt für dich beginnt. Freue dich auf alles, was da kommen mag und lasse dich von den Wellen des Lebens tragen.

Reihe 4 Thema: Ahnenheilung

In ein Gleichgewicht finden

Haus 28 Herr
Die Yang-Energien, das männliche Prinzip oder der männliche Fragesteller Karte 22 Wege
Um die richtige Entscheidung über den Weg im Leben, und wer uns dabei begleiten soll, zu fällen, sollte man tief in sein Herz blicken und immer aus dem Herzen heraus eine Wahl treffen. So kann man sicher sein, die richtige Wahl getroffen zu haben und alle Angst besetzten Egovorstellungen hinter sich zu lassen. Denn du bist ein energetisches Wesen, das eine besondere Atmosphäre erschafft, die sich direkt auf dein Umfeld und die Ahnen auswirkt.

Haus 29 Dame
Die Yin-Energien, das weibliche Prinzip oder die weibliche Fragestellerin
Karte 5 Baum
Deine Seele und die deiner Ahnen können heilen, wenn die Harmonie zwischen dir und der Natur gegeben ist. Heilt die Natur und ist sie in ihrer ursprünglichen Kraft, gelingt es auch dir, dich zu nähren und zu erfrischen, damit du durch die Erfahrung der Verbindung zur Natur hin zu der göttlichen Quelle, aus der sie entspringt, wieder findest, falls du dich von ihr entfernt haben solltest. Falls Krankheit dich begleitet, erkenne sie als Weg, in die Einheit, die Ganzheit allen Seins, zurückzufinden.

Haus 30 Lilien
Magie, um in die Balance zu finden und zu heilen
Karte 13 Kind
Durch deine eigene Liebe, die du dir selbst entgegenbringst, kannst du all das heilen, was durch Unachtsamkeit und Lieblosigkeit anderer Menschen verursacht wurde. Diese neue Perspektive macht es dir möglich, etwas Neues in dein Leben zu bringen und dich geliebt und lebendig zu fühlen. Auch deine Vorfahren werden durch diese Selbstliebe in ihren Wunden und Verletzungen rückverbindend geheilt, denn es gibt in dieser Verbindung keinen Raum und keine Zeit, die dich in deiner Heilarbeit begrenzen könnte.

Das Licht und der Schatten in uns

Haus 31 Sonne
Das Licht in uns, die Strahlkraft und Vitalität
Karte 14 Fuchs
Die Wahrheit ist immer stärker als die Lüge, die sich irgendwann entlarvt. Es ist wie mit der Liebe, die auch stärker als die Angst ist. Bist du aufrichtig und zeigst dich so, wie du wirklich bist, kannst du sicher sein, dass das Universum dich unterstützen wird. Zudem lebt es sich ohne Lügen leichter und du weißt genau, wer du bist und was dir wirklich wichtig ist, dein Seelenheil. Denn wenn wir den aufrichtigen Wunsch hegen, uns selbst zu erkennen, beenden wir die Selbstlügen und die damit einhergehende Selbstsabotage.

Haus 32 Mond
Der Schatten in uns und die Gemütslage
Karte 32 Mond (Doppelung)
Seinen eigenen Schatten zu begegnen, ist nicht immer leicht. Doch ist es der Schlüssel dazu, wieder in sich in Harmonie zu finden. Alles, was dich ausmacht, darf sein und

anerkannt werden. So nimmt man ihm den Schrecken und die Macht, dich und dein Leben zu beherrschen. Die Illusion des Getrenntseins kann sich auflösen, wenn die Schatten ans Licht gebracht und erlöst werden.

Haus 33 Schlüssel
Die Lösung, die sich anbietet, falls man den Schatten auflösen möchte
Karte 31 Sonne
Die Sonne spendet dir Energie und Lebensfreude, um voller Zuversicht dein Leben zu gestalten. Wenn du deine Schwingung anhebst und dich positiv dir selbst und den anderen gegenüber zeigst, wird das Leben dich beschenken und dir die Gelegenheit geben, deine Lebensfreude mit anderen zu teilen. So heilst du dich, deine Ahnen und alle Menschen, die dir begegnen. Also bemühe dich, täglich dein Schwingungsniveau hochzuhalten und niedere Gemütszustände durch Freude und Lachen zu heilen.

Weg in die Erleuchtung, Erfüllung des Seelenplans

Haus 34 Fische
Die Seele, die Erfahrungen sammeln möchte und den eigenen Schatz der Liebe aus den Tiefen des Bewusstseins heben möchte
Karte 18 Hund
Bist du verraten worden oder haben dich dir nahestehende Menschen verlassen, so lasse dich nicht von deinen Werten der Treue und Loyalität abbringen. Es kann sein, dass man nicht auf der gleichen Entwicklungsebene ist, und der Preis wäre zu hoch, seine eigene Schwingung mit Schmerz und Zweifeln zu vergiften. Bleibe dir treu und vergebe, sobald es dir möglich ist. Das macht dich wieder frei für Menschen, die es gut mit dir meinen. Bitte um Menschen, die deine Seelengefährten sind und genau wissen, was du brauchst, um heil und liebend zu leben.

Haus 35 Anker
Der Seelenauftrag, der gerade ansteht und bearbeitet werden möchte
Karte 19 Turm
Sein inneres Licht zu finden und in der Abgeschiedenheit sich selbst zu begegnen, ist das, was wir für unsere Heilung brauchen. Entdecken wir unsere uns innewohnende Kraft, kommen wir wie verwandelt wieder in das Leben mit all seinen Herausforderungen zurück und fühlen uns gewappnet, alles zu schaffen, was uns wirklich wichtig ist. Einsamkeit ist eine Illusion, denn du kannst dich jederzeit den Menschen wieder zuwenden. So wie du einatmest und ausatmest, gilt es auch den Rückzug und die darauf folgende Öffnung für neue Begegnungen als Lebensbedingungen zu erkennen, die dich ganz und heil werden lassen.

Haus 36 Kreuz
Das Karma, das initiiert werden sollte
Karte 35 Anker
Oft arbeiten wir hart an einer Aufgabe, ohne zu wissen, ob es wirklich das ist, was in uns träumt. Wir klammern uns an den ursprünglichen Plan und sind nicht flexibel genug, umzudenken und einen anderen Kurs zu setzen. Sind es nicht unsere eigenen Träume, die verwirklicht werden möchten, machen sie uns nicht glücklich. Nimm dir Zeit und schaue dir an, wo du dich noch an alten Strukturen klammerst, die für dich eigentlich keine Gültigkeit mehr haben. Setze gegebenenfalls neue Prioritäten, die deiner Selbstverwirklichung zugute kommen. Die Hauptsache ist, dich in deiner Arbeit und deinen kreativen Tätigkeiten ausdrücken zu können, daran zu wachsen und zu zeigen, was in dir steckt. Etabliere dafür Gewohnheiten, die deine Träume und Ziele unterstützen.

Die Quersumme, gebildet aus der Zahlensumme aller neun Karten der 4. Reihe, zeigt die Essenz der Ahnenheilung, wenn man die Impulse der Vorfahren achtet und in seine Heilung integriert.

22+5+13+14+32+31+18+19+35 = 189 = Karte 18 Hund

Wenn man auf sein Leben zurück blickt, erkennt man, dass es die Beziehungen und Freundschaften sind, die wirklich wichtig im Leben sind. Es ist die Möglichkeit, sein Bestes zu geben, sich fürsorglich und mitfühlend zu zeigen und im Umkehrschluss auch sich selbst darin treu zu sein, all die Werte wie Treue und Loyalität in seinem Leben zu verwirklichen. Lasse dich dabei nicht von anderen irritieren, die noch nicht so weit sind, ihre Empathie dafür zu nutzen, um ihr Herz für andere Menschen zu öffnen.

Was liegt im Haus des Hundes? Karte 8 Sarg

Immer wieder stehen wir vor einem Abschluss einer Lebensphase, dem Ende von Freundschaften und Beziehungen und dem Beginn eines neuen Lebens, das wir noch nicht einschätzen können. Das kann uns Angst machen, doch gebe dich diesem Prozess hin, es dient deiner Weiterentwicklung und du wirst bald verstehen, warum es so und nicht anders kommen musste.

Worauf liegt die Karte Hund? Haus 34 Fische

Da du ein Teil deiner Ahnenlinie bist, kommt dir all das zugute, was sie an Liebe und Weisheit durchlebt haben und was zu dir strömt. Ist es doch die Verbindung zu der Seelenquelle, in die du, nach deinen im Leben gemachten Erfahrungen von Freiheit und auch Abhängigkeit und Unfreiheit, wieder zurückkehren kannst. Erkenne die Zusammenhänge im Universum und du erkennst deine Seele. Lasse dich von deiner Seele und den Seelengefährten durch all die Tiefen der initiierten Heilung führen, denn du hast sie dir selbst als Erfahrung auferlegt.

Auch hier wird die Kernaussage der Ahnentafel Variante 2 bestätigt. Es wird ein spannendes, ereignisreiches Jahr mit vielen neuen Begegnungen, die meinen Schwingungen entsprechen und gegenseitige Inspiration ermöglichen. Ich freue mich darauf, auch weil mein Zwiegespräch mit meinem Geistführer und den Engeln intensiver wird und die Drachenkraft, untermalt von Dragon Soul Reiki, mich durch die Ereignisse tragen wird.

Es liegt etwas in der Luft, etwas, das bedeutet, eine höhere Bewusstseinsebene zu erreichen. Es ist keine Bewertung von höher, schneller, weiter. Es zeigt nur an, dass die Empfindsamkeit und Empathie für mich und alles Leben, was mich umgibt, sensibler wird und mich lebendiger werden lässt. Darauf freue ich mich, und sicher, es macht mich verletzlich, doch es ist auch der Weg, das Herz zu öffnen und den Seelenplan zu erfüllen.

Große Tafel Jenseitskontakte

9x4 Legung mit der Absicht, Kontakt zu einer verstorbenen Person aufzunehmen.
Die Karten werden gemischt mit der Intention, etwas über sich selbst und die Beziehung zu der verstorbenen Person zu erfahren. Dabei können wir jetzt womöglich wichtige Botschaften durch die Karten bekommen. Diese Tafel macht es leichter, mit einer bestimmten Person aus der Vergangenheit zu kommunizieren. Wir konzentrieren uns auf diesen Menschen und legen die Lenormandkarten in 9x4 aus.

Dabei werden sie folgendermaßen interpretiert:

Schritt 1
Die Karten auf den Häusern 31 Sonne – 32 – Mond – 33 Schlüssel
Was sie oder er einem bedeutet hat
Haus 31 Sonne Die Lichtebene
Haus 32 Mond Reich der Schatten
Haus 33 Schlüssel In der Wirklichkeit sichtbar geworden

Schritt 2
Die Karten auf den Häusern 5 Baum – 14 Fuchs – 23 Mäuse
Welchen Kummer der Tod einem bereitet
Haus 5 Baum Seiner Vitalität beraubt
Haus 14 Fuchs Um zu lernen, besser damit umzugehen
Haus 23 Mäuse Kummer, Trauer und Verlust

Schritt 3
Die Karten in den Häusern 4 Haus – 13 Kind – 22 Wege
Wie man den Kummer und die Trauer überwinden kann

Haus 4 Haus	Sich selbst wiederfinden
Haus 13 Kind	Eine neue Perspektive einnehmen
Haus 22 Wege	Entscheidungen, die man bereut hat oder die sich als richtig erweisen

Schritt 4
Die Karten in den Häusern 6 Wolken – 15 Bär – 24 Herz
Von der Ohnmacht in die Selbstverantwortung

Haus 6 Wolken	Wie man wieder ins Leben findet
Haus 15 Bär	Den Mut zu fassen, das Selbstbewusstsein finden, die Ahnenkraft die einen unterstützt
Haus 24 Herz	Die Herzenswahrheit

Schritt 5
Die Karten in den Häusern 10 Sense – 11 Ruten – 12 Vögel
Deine Botschaft an die verstorbene Person

Haus 10 Sense	Was die Trennung mit einem macht
Haus 11 Ruten	Welche Gedanken einen nicht loslassen
Haus 12 Vögel	Der Stress, den einem dies bereitet

Die Karten in den Häusern 16 Sterne – 17 Störche – 18 Hund

Wo man sich noch schwertut, mit der Situation umzugehen

Haus 16 Sterne — Die Verbindung zu spüren

Haus 17 Störche — Den Veränderungen keinen Widerstand mehr zu leisten

Haus 18 Hund — Fürsorge und Mitgefühl für sich selbst und die Situation empfinden

Schritt 6

Die Karten in den Häusern 19 Turm – 20 Park – 21 Berg

Die Botschaft der verstorbenen Person

Haus 19 Turm — Die Einsamkeit überwinden

Haus 20 Park — Das Quantenfeld, die himmlische Begleitung oder die Ahnenlinie, die einen unterstützt

Haus 21 Berg — Herausforderungen, die man miteinander gemeistert hat

Die Karten in den Häusern 25 Ring – 26 Buch – 27 Brief

Zeigen die übergeordneten Zusammenhänge

Haus 25 Ring — Versprechen, Gelübde, Verpflichtungen, die nun gelöst werden

Haus 26 Buch — Blick in die Akasha-Chronik

Haus 27 Brief — Die Botschaft, die jetzt wichtig ist

Schritt 7
Die Karten in den Häusern 1 Reiter – 2 Klee – 3 Schiff
Einen Vorsatz fassen
Haus 1 Reiter Die Motivation und den Antrieb finden
Haus 2 Klee Glückliche gemeinsame Zeiten zu schätzen wissen
Haus 3 Schiff Die Lebensreise fortsetzen

Schritt 8
Karten in den Häusern 28 Herr – 29 Dame – 30 Lilien
Wieder in die Balance, ins Gleichgewicht finden
Haus 28 Herr Die männlichen Energien, Yang-Energien
Haus 29 Dame Die weiblichen Energien, Yin-Energien
Haus 30 Lilien Harmonie, Frieden finden

Schritt 9
Karten in den Häusern 7 Schlange – 8 Sarg – 9 Blumenstrauß
Die Heilung initiieren
Haus 7 Schlange Erkenntnis gewinnen, sich wandlungsfähig zeigen
Haus 8 Sarg Eine Transformation vollziehen
Haus 9 Blumenstrauß Um wieder in die Freude zu finden

Schritt 10
Karten in den Häusern 34 Fische – 35 Anker – 36 Kreuz
Zeigt die Seelenverbindung und die gemeinsame Lektion
Haus 34 Fische — Die Seele der fragenden Person
Haus 35 Anker — Woran miteinander gearbeitet wurde, die gemeinsame Lektion
Haus 36 Kreuz — Die Seelenverbindung, die ihr miteinander hattet

Meine Legung im Zwiegespräch mit meinem verstorbenen Bruder

Schritt 1
Die Karten auf den Häusern 31 Sonne – 32 – Mond – 33 Schlüssel
Was sie oder er einem bedeutet hat
Haus 31 Sonne — Die Lichtebene
Karte Schiff — Der Bruder hat mich positiv auf meiner Lebensreise begleitet, Orientierung geschenkt und mir Kraft gegeben in dunklen Zeiten.

Als Person: Die Träumer, Abenteurer, Forscher und Freigeister dieser Welt. Diese Menschen sind voller Idealismus und streben nach Weiterentwicklung. Man begibt sich in Abenteuer, liebt es zu reisen und ist ein Freigeist. Durch das Vertreten eigener Werte und gleichzeitiger Toleranz anderen gegenüber zeichnen sie sich durch eine besondere Weltoffenheit aus. Die Wünsche und Sehnsüchte, die diese Menschen haben, sind ein großer Antrieb, denn sie möchten die Träume verwirklichen, die in ihnen schlummern.

Haus 32 Mond — Reich der Schatten

Karte Störche

Er hat mir dabei geholfen, meine Schatten zu wandeln, eine depressive Zeit in meinem Leben zu überstehen und mir dafür Schutz geboten.

Als Person: Das Chamäleon, anpassungsfähig und sprunghaft. Diese Menschen unterliegen weitreichenden Veränderungen, die viel Flexibilität und Anpassungsfähigkeit erfordern. Immer wieder muss man zu neuen Ufern in eine neue Lebensphase und neue Lebensbedingungen aufbrechen. Der Wandel dient der positiven Weiterentwicklung. Umzüge und Ortswechsel sind möglich, die neue Begebenheiten gestalten. Auch etwas aus einer anderen Perspektive zu betrachten, kann den Horizont erweitern.

Haus 33 Schlüssel — In der Wirklichkeit sichtbar geworden

Karte Kind

Besonders in der Kindheit und Jugend war er für mich da, ein Vorbild, dem ich nacheifern konnte und mein Verbündeter in der Kindheit und Jugend.

Als Person: Die Erben, das Innere Kind in uns. Diese Menschen zeigen sich neugierig, spontan und oft auch naiv. Es gibt immer wieder Neuanfänge im Leben, die durch Gutgläubigkeit nicht vereitelt werden sollten. Mit Lebendigkeit und Leichtigkeit kann man dabei Entwicklungsprozesse vollziehen und Schritt für Schritt vorangehen. In der Kindheit ist jeder dieser Menschen sehr talentiert, jedoch macht sie ihre Unerfahrenheit oft mutlos. Mit einem Gefühl der Unschuld sollten sie sich erlauben, Fehler zu machen und all das zu korrigieren, was ihnen und ihrem Inneren Kind in der Kindheit angetan wurde.

Schritt 2
Die Karten auf den Häusern 5 Baum – 14 Fuchs – 23 Mäuse
Welchen Kummer der Tod einem bereitet

Haus 5 Baum — Seiner Vitalität beraubt

Karte Schlüssel — Zuletzt wurde er seiner Vitalität beraubt, die ihn immer so ausgezeichnet hatte, weil er sein Potenzial gelebt hat.

Botschaft der Karte: Um zu wissen, ob man das Richtige tut, ist es entscheidend, zu wissen, woher man kommt und welche Fähigkeiten in einem schlummern. So kannst du Vertrauen in dich selbst und gegenüber dem Leben entwickeln und Klärung darüber gewinnen, was deine ganz eigene Bestimmung ist und wie du dorthin gelangen kannst. Die zwischenmenschlichen Beziehungen sind Meilensteine der Liebe auf deinem Weg, die den Unterschied in dieser Welt machen und alles heilen, was noch im Schatten lebt.

Haus 14 Fuchs — Um zu lernen, besser damit umzugehen

Karte Klee — Das kleine Glück zu erkennen

Botschaft der Karte: Blicke mit Dankbarkeit und Wertschätzung auf die gemeinsam verbrachte Zeit mit den Menschen, die glückliche Erinnerungen in dir wach halten. Dies ist der Reichtum, der in deinem Herzen wohnt und es nährt und für das Glück öffnet. Dein Leben darf leicht sein, also lasse los, was dich noch belastet. Es liegt in der Vergangenheit und ist für das Hier und Jetzt nicht mehr wichtig. Denn du kannst dich jeden Augenblick in deinem Leben neu entscheiden, wie du dich fühlst. Schätzt du den Augenblick, sammele weitere Erinnerungen, die dich in schweren Zeiten durch die Dunkelheit tragen. An jedem neuen Tag kannst du dich für Dankbarkeit, Lachen und einen optimistischen Neubeginn entscheiden. Wende dich bewusst der leichten Seite des Lebens zu und nimm dir Zeit, das Leben zu genießen. Entspanne dich und gehe mit Humor durchs Leben.

Haus 23 Mäuse — Kummer, Trauer und Verlust
Karte Ring — Weil er die einzige intakte Verbindung zu meiner Ursprungsfamilie war

Ahnenlast: Alles, was die Ahnen dir als Erbe mitgeben, was in Verbindung mit Manipulation, Falschheit, Desillusionierung, Trennung und innerer Leere einhergeht, sollte nun von dir aufgelöst und geheilt werden. Es geht um die Fähigkeit, Bindungen einzugehen und sich verlässlich zu zeigen. Etwas, was das soziale Umfeld, das Netz der sozialen Kontakte sichert und einen in eine Gemeinschaft einbindet, die einem Schutz und Sicherheit bietet.

Schritt 3

Die Karten in den Häusern 4 Haus – 13 Kind – 22 Wege

Wie man den Kummer und die Trauer überwinden kann

Haus 4 Haus — Sich selbst wiederfinden
Karte Fische — Mein eigenes Seelenpotenzial finden

Botschaft der Karte: Deine Seele birgt alle Erfahrungen deiner vergangenen Inkarnationen. Doch inkarnieren wir, legt sich ein Schleier des Vergessens um uns und wir sind erneut dazu aufgerufen, den Weg zu wahrem Menschsein zu finden. Freundschaft und innige Verbindungen pflegen bedeutet, mit Liebe und Mitgefühl auf dieser Erde zu wandeln und Spuren in den Herzen der anderen Menschen zu hinterlassen.

Haus 13 Kind — Eine neue Perspektive einnehmen
Karte Blumenstrauß — Und die Kreativität entwickeln, die ich an ihm immer so bewundert habe

Botschaft der Karte: Du hattest schon immer eine unverwechselbare Art, deiner Freude und Schaffenskraft

Ausdruck zu verleihen. Lasse nicht nach darin und schenke der Welt etwas, wofür es sich zu leben lohnt. Du bist genau hier, um dies der Welt und allen Menschen und deinen Ahnen zu schenken. Du bist es den Menschen, die vor dir gegangen sind, schuldig, dich zu entfalten und sie in deinem Herzen weiterleben zu lassen. Auf diesem Weg werden dir verbundene Seelen begegnen, die dich mit Freude und Schönheit bereichern.

Haus 22 Wege	Entscheidungen, die man bereut hat oder die sich als richtig erweisen
Karte Wege	Es tut mir leid, dass sich in den letzten Jahren unsere Wege getrennt haben.

Botschaft der Karte: Du erkennst deinen Weg, wenn du dein Herz als Ratgeber nutzt. Nur so kannst du sicher sein, ein Leben in Liebe zu führen – das, wozu deine Seele wirklich hier auf Erden ist. Erkenne, dass es mindestens zwei Perspektiven gibt, die anerkannt werden möchten. Lasse bei allem, was du tust, Mitgefühl und Liebe mitschwingen. Der Segen der Ahnen und der geliebten Verstorbenen ist dir dabei gewiss.

Schritt 4

Die Karten in den Häusern 6 Wolken – 15 Bär – 24 Herz

Von der Ohnmacht in die Selbstverantwortung

Haus 6 Wolken	Wie man wieder ins Leben findet
Karte Bär	Selbstbewusst die Verantwortung für mein Leben übernehmen und meinen Bruder als Vorbild ansehen.

Botschaft der Karte: Jetzt ist es an der Zeit, all deinen Mut in die Waagschale zu legen und dich auf die innere Stärke, die du besitzt, zu fokussieren. Es sind die Schwingungen von Toleranz und Diplomatie, die dir jetzt weiterhelfen werden, um unbeschadet deine Führungsqualitäten zu zeigen und deinen Auftrag als Mentor/-in wahrzunehmen. Die geistige Welt wird dich dabei unterstützen und dir die notwendige Sicherheit geben, auf dem richtigen Weg zu sein.

Haus 15 Bär — Den Mut zu fassen, das Selbstbewusstsein zu finden – die Ahnenkraft, die einen unterstützt

Karte Park — Die Ahnen spüren und sich im Außen bewähren

Botschaft der Karte: Es hilft dir nicht, dich hinter einer Maske zu verstecken, denn die Menschen und Lebewesen, die deine Liebe verdient haben, sind es auch wert, dass du dich um sie bemühst. Vielleicht sind es sogar Themen in der Familie oder Freundschaften, die nun anstehen, um geheilt zu werden. Viele Generationen stehen hinter dir und du bist nun bereit, für sie alle in die Heilung zu gehen. Denn deine Seele ist unendlich – die Illusion, von deinen Seelengefährten getrennt zu sein, kannst du beenden. Pflanze in deinem Seelengarten Eigenschaften wie Liebesfähigkeit, Mitgefühl und Empathie für dich und alle Lebewesen auf dieser Erde und im Universum, das dich dabei unterstützt, deinen Seelengarten zu nähren.

Haus 24 Herz — Die Herzenswahrheit

Karte Herz — Denn die Liebe zu ihm und seine Liebe und die meiner Ahnen trägt mich

Botschaft der Karte: Liebe ist die Magie, die alles verändert. Sie durchleuchtet deine innere Atmosphäre, macht dich bereit für die Geschenke des Lebens und zieht hoch schwingende Energien in dein Leben, die dich glücklich machen. Sie hat die Strahlkraft, dein Umfeld zu beflügeln und alles in ein lebensspendendes Licht zu tauchen. Liebe ist alles, was du brauchst, und was die Seele in diesem Leben entwickeln und ausdrücken möchte.

Schritt 5
Die Karten in den Häusern 10 Sense – 11 Ruten – 12 Vögel
Deine Botschaft an die verstorbene Person

Haus 10 Sense — Was die Trennung mit einem macht

Karte Berg — Es schmerzt, dass man nun getrennt voneinander ist, man dachte, dass man noch so viel Zeit hätte.

Botschaft der Karte: Auch wenn der Weg dir so manches Mal lang erscheint: „Der Weg ist das Ziel." Also genieße jede Anhöhe, jeden Anstieg und arbeite dich hoch zum Gipfel, damit du weißt, was an wunderbaren Aussichten vor dir liegt. Es gibt dabei keine Umwege oder Rückschritte, es ist einfach nur dein ganz eigener Weg.

Haus 11 Ruten — Welche Gedanken einen nicht loslassen

Karte Dame — Denn ich hätte ihm gerne gezeigt, was aus mir als Persönlichkeit geworden ist.

Botschaft der Karte: Das weibliche Prinzip, das in uns und all unseren Ahninnen lebt, führt dazu, dass Fürsorge, Wachstum und Mitgefühl die Welt erfüllt. Gib diesen Kräften so viel Ausdruck wie du nur kannst, damit es viele Menschen gibt, die sich beschützt und geliebt fühlen können.

Haus 12 Vögel — Der Stress, den einem dies bereitet

Karte Mäuse — Das ist jetzt nicht mehr möglich und bereitet mir Kummer und Trauer.

Botschaft der Karte: Das Leben mag dir widrige und karge Umstände bescheren, jedoch schmälert dies nicht die Freiheit in deinem Geiste und die Entscheidung, deine Liebesfähigkeit für dich und alles Lebendige zu entfalten, besonders wenn es um die Liebe zu deinen Liebsten geht. Durch diese Magie verschwinden der Kummer und die Sorgen in deinem Leben, weil du lernst, dem Leben zu vertrauen. Fange an, dich zu lieben und entdecke die Schönheit, die sich manchmal in den kleinsten Dingen verbirgt. So schulst du deinen Geist und lenkst deine Gefühle in höhere Schwingungen – der Schlüssel zu innerem Reichtum.

Die Karten in den Häusern 16 Sterne – 17 Störche – 18 Hund

Wo man sich noch schwertut, mit der Situation umzugehen

Haus 16 Sterne Die Verbindung zu spüren

Karte Fuchs Es fällt mir schwer, eine Verbindung zu spüren.

Botschaft der Karte: Deine Verbindung zu den Ahnen und verstorbenen Seelengefährten hilft dir, auf deinem Seelenpfad zu wandeln. Alles, was Illusion oder Täuschung beinhaltet, kann sich einfach vor dir auflösen, sobald du erkennst, wer du wirklich bist. Ein spirituelles Wesen mit einer Seele, die auf dieser Erde eine menschliche Erfahrung machen möchte. Lasse alles hinter dir, was dich bisher davon abgehalten hat, in Fülle zu leben und ganz authentisch zu sein.

Haus 17 Störche Den Veränderungen keinen Widerstand mehr zu leisten

Karte Baum Doch das Leben geht für mich weiter und ich sollte gut auf meine Gesundheit achten. Zudem muss ich akzeptieren, dass er seine Krankheit für sich behalten hat.

Botschaft der Karte: Die Natur hilft dir, Frieden in dir zu finden. Übergib deine Sorgen und Trauer der Erde, dem Wasser oder dem Wind. Spüre die Kraft der Natur und versorge dich mit all der Energie, die sie dir zur Verfügung stellt. Empfinde dich als Teil der wunderbaren Schöpfung, die dich umgibt, und dich mit allem versorgt, was du zum Leben brauchst. Indem du die Fülle und Lebendigkeit um dich herum wahrnimmst, kannst du bis auf die Zellebene an Harmonie, Vitalität und Gesundheit gewinnen. Sei dabei tief in deinem Urvertrauen zum Leben verwurzelt. Mutter Erde sorgt für dich.

Haus 18 Hund	Fürsorge und Mitgefühl für sich selbst und die Situation empfinden
Karte Brief	Ich sollte ihm schreiben und mit ihm und mit mir in eine liebevolle Kommunikation finden.

Botschaft der Karte: Die Seelenkommunikation bedeutet die Kommunikation mit Seelen, die nicht mehr inkarniert sind. Denn man kommuniziert mit der Seele des Verstorbenen, nicht mit dessen Geist. Deine Fähigkeit, dich mit dir und deiner Umwelt auseinanderzusetzen, gibt dir die Gelegenheit, dich zu zeigen und andere besser kennenzulernen. Kommunikation, ob nun verbal oder auch nonverbal, ist die Verbindung, die dich nährt, unterstützt und dir Schutz bietet. Du stellst fest, auf wen du dich wirklich verlassen kannst und wer ehrlich zu dir ist. Das ist es, was wirklich im Leben zählt.

Schritt 6
Die Karten in den Häusern 19 Turm – 20 Park – 21 Berg
Die Botschaft der verstorbenen Person

Haus 19 Turm — Die Einsamkeit überwinden

Karte Sterne — Er ist mit mir auf einer höheren Ebene verbunden.

Botschaft der Karte: Um spirituell zu leben, ist es wichtig, dich selbst zu lieben und zu achten, eine Grundvoraussetzung dafür, um die Verbundenheit mit anderen zu leben. Lasse dich von deinen Vorfahren und den Verstorbenen inspirieren und empfange göttliche Eingebungen. Sei ein Vorbild für andere auf dem Weg hin zu deiner Bestimmung hier auf dieser Erde. Spirituell ist der Mensch, der sich im täglichen Leben auf seiner persönlichen Lebensreise befindet, mit dem Ziel, Liebe zu empfinden und sie aktiv auszudrücken, und sich mit dem höheren Ideal der göttlichen Kraft verbindet. Auf der höchsten Ebene, der himmlischen Ebene, ist die Seele mit dem Leben eins, wie es so Lichtgestalten wie Buddha und Jesus vorgelebt haben.

Haus 20 Park — Das Quantenfeld, die himmlische Begleitung oder die Ahnenlinie die einen unterstützt

Karte Turm — Die Ahnenkraft hilft, die Einsamkeit zu überwinden.

Botschaft der Karte: Lasse alle Begrenzungen, die dir dein Ego vorschreibt, los und setze neue Maßstäbe. Du bist hier, um dein inneres Licht zu entdecken, was dir immer zeigt, wohin dein Weg dich führen möchte. Falls du Einsamkeit empfindest, verbinde dich mit deinen Ahnen oder den verstorbenen Seelen, die wichtig für dich waren. Sie wissen genau, was es bedeutet, einerseits gesunde Grenzen zu setzen und andererseits Teil einer Gemeinschaft zu sein. Lasse sie für dich ein Beispiel sein, wie es geht, ein Gleichgewicht zwischen Alleinsein und Einssein zu leben.

Haus 21 Berg Herausforderungen, die man miteinander gemeistert hat

Karte Sense Verletzungen aus der Kindheit wurden bearbeitet, jeder auf seine Art und Weise, was ein langer Weg war.

Botschaft der Karte: Der Trennungsschmerz scheint unerträglich und doch liegt ihn ihm der Kern der Lösung. Sei es eine Situation oder ein Mensch, von dem man sich trennen muss, um zu erkennen, dass man nicht wirklich voneinander getrennt sein muss. Ist er dir wichtig, kannst du ihn im eigenen Herzen wiederfinden, da, wo all die Menschen und Lebewesen wohnen, die wir lieben. Nichts kann diesen Schmerz lindern, und so nehmen wir wahr, was es bedeutet, getrennt zu sein. Hinter dem Schmerz sind all die glücklichen Momente, die wir miteinander teilen durften, ein tief verborgener Schatz, den es zu entdecken gilt.

Die Karten in den Häusern 25 Ring – 26 Buch – 27 Brief

Zeigen die übergeordneten Zusammenhänge

Haus 25 Ring Versprechen, Gelübde, Verpflichtungen, die nun gelöst werden

Karte Haus Nun werden alle Versprechen, die man sich gegenseitig gegeben hat, gelöst und unsere Ursprungsfamilie betreffen.

Botschaft der Karte: Sorge für eine gute Basis in deinem Leben. Liebe dich und fühle dich wohl in deiner Haut. Denn in dir ist deine Kraft, die alles heilen kann. Fühle dich in dir selbst zu Hause, denn, wenn du dich so annimmst, wie du bist, bist du für dich da und schaffst in dir die Sicherheit, die du für dein weiteres Leben brauchst. Du bist dort zu Hause, wo dein Herz ist. Sei es ein Ort, seien es Menschen oder die Natur und ihre Lebewesen, die dich einbetten in das, was dein Zuhause auf dieser Erde ausmacht.

Haus 26 Buch Blick in die Akasha-Chronik
Karte Lilien Denn den Frieden finde ich in meinem Innersten.
Botschaft der Karte: Finde Ruhe in dir und die Gelassenheit dem Außen gegenüber wird folgen. So kannst du ohne Aufregung alle Prüfungen meistern, die dazu da sind, um zu erkennen, wie wundervoll und einzigartig du bist. Finde die Gelassenheit in dir, indem du deine Verantwortung für dein Wohlergehen übernimmst und anderen den Respekt erweist, für sich selbst zu sorgen.

Haus 27 Brief Die Botschaft, die jetzt wichtig ist
Karte Wolken So kann ich immer mehr Klarheit gewinnen durch die Anbindung an das Göttliche.
Botschaft der Karte: All die Gefühle, die nun in dir sind, haben ihre Berechtigung und möchten wahrgenommen und angenommen werden. Die Phasen der Unsicherheit und Irritationen sind wertvoll und können nicht beschleunigt werden. Du hast nur die Chance, deinen Gefühlen den Raum zu geben, den sie nun brauchen, damit sie richtig verarbeitet werden können. So kann wirklich Heilung auf allen Ebenen geschehen. Verzeihe dir diese Schwäche, ist es doch eine Illusion, dass das Leben dir nichts mehr zu bieten hätte. Hat der Nebel sich gelichtet, tauchst du daraus hervor in der Gewissheit, dass die Anbindung an das Göttliche dir geholfen hat, dein inneres Licht zu finden. Dadurch hast du viel Neues vor dir in deiner Zukunft.

Schritt 7
Die Karten in den Häusern 1 Reiter – 2 Klee – 3 Schiff
Einen Vorsatz fassen
Haus 1 Reiter Die Motivation und den Antrieb finden
Karte Schlange Durch Erkenntnis zu heilen

Botschaft der Karte: Das Leben ist im steten Wandel und auch du, liebe Seele, bist diesem Wandel unterlegen. Je zukunftsorientierter du dich neu erfinden kannst, desto leichter wird es dir fallen, einzwängende Überzeugungen und daraus resultierende Probleme immer mehr aus deinem Leben zu eliminieren. Gib die Kontrolle auf, denn es ist eine Illusion, das Handeln anderer lenken oder etwas erzwingen zu können. Nur was dir freiwillig geschenkt wird, bleibt dir erhalten. Alles andere zerrinnt dir zwischen den Fingern.

Haus 2 Klee

Karte Sarg

Glückliche gemeinsame Zeiten zu schätzen wissen

Und für alles dankbar zu sein, was man miteinander bis zum Tod miteinander erlebt hat.

Botschaft der Karte: Immer wieder stehen wir vor einem Abschluss einer Lebensphase, dem Ende von Freundschaften und Beziehungen und dem Beginn eines neuen Lebens, das wir noch nicht einschätzen können. Das kann uns Angst machen, doch gib dich diesem Prozess hin, er dient deiner Weiterentwicklung und du wirst bald verstehen, warum es so und nicht anders kommen musste. Das Ende einer Phase birgt die Möglichkeit, die Lebensumstände zu ändern, die dir nicht mehr guttun und dich von dem zu lösen, was schon länger nicht mehr funktioniert.

Haus 3 Schiff

Karte Sonne

Die Lebensreise fortsetzen

Um nun die Energie aufzubringen, weiterzuleben und für ihn mitzustrahlen, etwas zu bewirken, bevor man sich wiedersieht.

Botschaft der Karte: Du bist auf der lichten Seite des Lebens und voller Freude und Enthusiasmus blickst du deiner Zukunft entgegen. Genau die Lebenseinstellung, die du brauchst, um ein erfolgreiches und positives Leben führen zu können. Sei dir dieser positiven Kraft bewusst und lasse sie in deinem Leben wirken. Alles wird von der allumfassenden nährenden Energie durchdrungen. Auch wir Menschen sind nicht von ihr getrennt. Sie ist eine liebende, lebensspendende Energie, die in allem ist und alles belebt.

Schritt 8

Karten in den Häusern 28 Herr – 29 Dame – 30 Lilien

Wieder in die Balance, ins Gleichgewicht finden

Haus 28 Herr — Die männlichen Energien, Yang-Energien

Karte Mond — Ich sollte aktiv meine Schatten bearbeiten und mich so annehmen, wie ich bin.

Botschaft der Karte: Nun wird es Zeit, deine Schattenanteile zu erkennen und sie als Teil von dir zu akzeptieren. Gehst du mit dir dabei in Liebe und Fürsorge um, kannst du viele dieser negativen Seinszustände transformieren und heil werden. Liebe ist immer stärker als der Schatten, der sich auf deine Seele gelegt hat. Gehe in dich und bringe Licht und Liebe in diese versteckten Areale deiner Existenz.

Haus 29 Dame — Die weiblichen Energien, Yin-Energien

Karte Herr — Denn jeder trifft seine Entscheidungen, er auch, und dies gilt es zu akzeptieren.

Botschaft der Karte: Nun wird es Zeit, deine Schattenanteile zu erkennen und sie als Teil von dir zu akzeptieren. Gehst du mit dir dabei in Liebe und Fürsorge um, kannst du viele dieser negativen Seinszustände transformieren und heil werden. Liebe ist immer stärker als der Schatten, der sich auf deine Seele gelegt hat. Gehe in dich und bringe Licht und Liebe in diese versteckten Areale deiner Existenz.

Haus 30 Lilien — Harmonie, Frieden finden

Karte Vögel Ich sollte die Weisheit entwickeln, in Frieden damit zu gehen, wie viel an Zeit wir nicht miteinander verbracht haben und er den Kampf mit der Krankheit allein ausfechten wollte.

Botschaft der Karte: Erkenne, was dir Stress und Sorge bereitet und versuche, es aus deinem Leben zu eliminieren. Sorgen sind keine guten Voraussetzungen, um ein schönes Leben zu führen. Die Schwingung, in die dich Sorgen und Ängste bringen, ist nicht dazu da, um Lösungen zu finden. Also bringe dich in die Lage, deine Situation angstfrei und ohne negative Gefühle zu einem guten Ergebnis für dich und alle Beteiligten zu führen.

Schritt 9

Karten in den Häusern 7 Schlange – 8 Sarg – 9 Blumenstrauß

Die Heilung initiieren

Haus 7 Schlange Erkenntnis gewinnen, sich wandlungsfähig zeigen

Karte Ruten Nicht Quantität, sondern Qualität zählen. In den entscheidenden Momenten meines Lebens, als ich ihn wirklich gebraucht habe, war er für mich da.

Botschaft der Karte: So viele Worte wurden gesprochen und drücken trotzdem nicht das aus, was wirklich empfunden wird. Ist es doch das Verstehen ohne Worte, was einen miteinander verbindet. Die leisen Andeutungen, die kleinen Gesten, die so viel mehr als Worte auszudrücken vermögen, wie nahe man sich kommen kann. Diese Nähe ist immer noch da, tief im Herzen, wo Worte nicht mehr notwendig sind. Eine innere Neuausrichtung heilt die innere Zerrissenheit und Konflikte, die wie Schattenboxen im Außen geführt werden. Das Leben besteht aus Kompromissen, die man mit sich selbst und anderen eingehen sollte, um eine Lösung für alle Beteiligten zu finden.

Haus 8 Sarg — Eine Transformation vollziehen

Karte Buch — Ich werde all mein Wissen nutzen und auch das Wissen über das Leben, um mit ihm in Kontakt zu bleiben.

Botschaft der Karte: Wende dich den spirituellen Gesetzen und dem Wissen der Menschheit zu, um dein Leben mit Sinnhaftigkeit zu füllen. Viele deiner Vorfahren sind diesen Weg bereits gegangen und haben bewiesen, wie wichtig die Magie der Liebe zu dir selbst und allem anderen Lebendigen gegenüber ist und was sie ausmacht. Es ist die Essenz und die Magie, die deine Seele in diesem menschlichen Leben erleben möchte. Alle deine Ahnen haben dir den Weg geebnet, du musst ihn nur erkennen, und dein Wissen über das Leben und die Magie die darin steckt, in die Tat umsetzen.

Haus 9 Blumenstrauß — Um wieder in die Freude zu finden

Karte Anker — Daran arbeiten, den Verlust zu verarbeiten und die gemeinsame Lektion zu ehren, die wir miteinander gemeistert haben.

Botschaft der Karte: Die Berufung und alles, was dir in diesem Leben wirklich wichtig ist, bleibt eine wichtige Entscheidung, da sie viel Zeit in deinem Leben einnehmen wird. Prüfe für dich, ob du die richtige Wahl getroffen hast, oder ob es Zeit wird, neue Wege zu gehen. Folge dabei der Sehnsucht deines Herzens, das trotz widriger Umstände einen Weg finden wird, diesen Traum in dir zu verwirklichen. Die Kreativität und Freude, die dadurch in deiner Seele entfacht wird, ist der Lohn für all deine Mühen.

Schritt 10
Karten in den Häusern 34 Fische – 35 Anker – 36 Kreuz
Zeigt die Seelenverbindung und die gemeinsame Lektion

Haus 34 Fische — Die Seele der fragenden Person
Karte Reiter — Meine Seele, die ruhelos, mich immer weiter treibt und nach Unabhängigkeit strebt.

Als Person: Der Reisende/die Reisende, Pionier, Aktivist und Wegbereiter. Jemand, der ein Leben auf der Überholspur geführt hat, immer in Bewegung und ein Ziel klar vor Augen. Allein, nur mit seinem Krafttier unterwegs auf seiner Lebensreise, unabhängig und freiheitsliebend. Ein Pioniergeist, immer neue Horizonte erschließend. Ein Bote zwischen den Welten, voller Spontanität und Dynamik. Der Nachrichten vermittelt und dem es nicht schwerfällt, ins Handeln zu kommen. Man ist sehr aktiv und hat die Fähigkeit, das, was man sich vorgenommen hat, auch in die Tat umzusetzen. Der Initiative, die seinen inneren Überzeugungen entspricht, bleibt man treu und so nimmt man selbstverantwortlich sein Leben in die eigenen Hände, um seine Lebensaufgabe zu erfüllen. Man kommt viel herum in der Welt, ist überall und nirgendwo zu Hause.

Haus 35 Anker — Woran miteinander gearbeitet wurde, die gemeinsame Lektion
Karte Kreuz — Die Bürde der Geburt, der Ursprungsfamilie haben wir geteilt und das Karma der Ahnenfamilie

Ahnenheilung: Der Glaube an eine Macht, höher als man selbst, die einen beschützt und nur die Lernaufgaben zumutet, die man auch bewältigen kann, bildet die Grundlage dafür, sein Schicksal anzunehmen. Im Laufe des Lebens ist es wichtig, zu lernen, auf die richtige Art und Weise mit den Problemen umzugehen. In der Gewissheit, dass das Leben einem wohlgesonnen ist, kann das Universum auch dementsprechend auf unsere innere Haltung dem Schicksal gegenüber antworten. Jede Entscheidung, die du triffst, formt dein Schicksal. Dazu gilt es zu erkennen, dass du dein Leben maßgeblich beeinflussen kannst und selbst die Rolle wählst, sei es ein Opfer, Täter oder Friedensstifter. Denn es ist deine innere Welt, die deine äußere Welt erschafft.

Haus 36 Kreuz — Die Seelenverbindung, die ihr miteinander hattet

Karte Hund — Er war mein engster Vertrauter, kannte meinen tiefen Schmerz, den er genauso empfunden hat.

Botschaft der Karte: Wenn man auf sein Leben zurückblickt, erkennt man, dass es die Beziehungen und Freundschaften sind, die wirklich wichtig im Leben sind. Es ist die Möglichkeit, sein Bestes zu geben, sich fürsorglich und mitfühlend zu zeigen und im Umkehrschluss auch sich selbst darin treu zu sein, all die Werte wie Treue und Loyalität in seinem Leben zu verwirklichen. Lasse dich dabei nicht von anderen irritieren, die noch nicht so weit sind, ihre Empathie dafür zu nutzen, um ihr Herz für andere Menschen zu öffnen.

Zu guter Letzt

Legung „Kosmische Spiele“

	6	
5		7
	1	
3		4
	2	

1 Ausgangslage, das Thema, das nun ansteht

2 Unterbewusste Prozesse

3 Die Herangehensweise

4 Im Feld zugänglich

5 Was sich dir öffnet

6 Was korrigiert werden sollte

7 Was es Neues ermöglicht

Quersumme, die Magie die darin steckt

Meine Legung

Vor jeder Legung stimme ich mich mit folgender Einstimmung ein, öffne einen heiligen Raum und lasse mir Antwort geben auf die Fragen, deren Antworten gerade hilfreich für mich sind.

Einstimmung
Indem ich zur Ruhe komme und mich tief über die Füße mit der Erdenergie verbinde, nehme ich die Lenormandkarten in meine Hände und lasse meine persönliche Energieschwingung einfließen. Ich erschaffe meinen heiligen Raum, indem meine innere Wahrheit über das Kronenchakra mit dem kosmischen Wissen verbunden wird und bitte um die Verbindung zu meinen Ahnen, um mir die Botschaften zu geben, die jetzt gerade für mich wichtig sind und meinen Heilungsweg unterstützen.
Ich bitte um Führung und Inspiration, über das Medium der Lenormandkarten die Brücke zu den Vorfahren und verstorbenen Seelen, die für mein jetziges Leben mir als Seelengefährten dienen, zu ermöglichen. Meine geistigen Helfer stehen an meiner Seite und begleiten diesen Prozess mit Liebe und Achtsamkeit, gemäß ihrem Auftrag, mir Schutz und Unterstützung zu leisten.
Ich bin bereit, die Botschaften mit offenem Herzen zu empfangen und sie in Wissen und Weisheit für mein Leben und meine Heilung zu wandeln.

1 Ausgangslage, das Thema, das nun ansteht
Karte 39 Fabrik
Ahnenkraft: Mit der Kraft der Ahnen kannst du Großes bewirken und dir und deinen Vorfahren ein Denkmal setzen. Alles dient der Entwicklung neuer Ideen und der Evolution

des Menschengeschlechts, die es dir und deinen Verwandten ermöglicht, ein wichtiger Teil vom Ganzen zu sein und das Überleben auf diesem Planeten für alle Lebewesen zu sichern.

Ahnenheilung: Heilung geschieht von selbst, falls man sein gesamtes Tun dem Leben auf diesem Planeten widmet. Sei es, indem man sich für Menschen einsetzt, denen es nicht gut geht, oder für die Pflanzen- oder Tierwelt, deren Sicherung ihres Lebensraums unser eigenes Überleben sichert. Sich einer solchen Aufgabe vollständig in den Dienst zu stellen, ist die Garantie dafür, die eigene Erfüllung zu erlangen. Der Dienst am anderen erfüllt das Herz – und die Seele erfüllt ihren Seelenplan auf wunderbare Weise.

Botschaft der Karte: Denke groß und mache dich frei von engen Vorstellungen und eigens gewählten Begrenzungen. Du bist der Mensch, der den Unterschied macht und hier inkarniert ist, um ein Vorbild für andere zu sein. Du zeigst, was alles möglich ist, wenn man selbst den Anfang macht und alles für machbar und möglich hält. Du wartest nicht auf andere, sondern nimmst die Dinge selbst in die Hand. Das ist es, was der Planet Erde in der Zukunft mit am dringendsten braucht. Pioniere und Wegbereiter, die den Mut haben, voranzugehen und mit all ihrer Kraft und Engagement dem Wohle aller zu dienen.

2 Unterbewusste Prozesse
Karte 21 Berg
Ahnenlast: Es sind die Herausforderungen, an denen man wächst. So wird es gesagt, und so ist auch die Erfahrung von uns Menschen. Besonders die leidvollen Hindernisse, die uns einen schlechten Start ins Leben bieten, fordern uns, stärker zu sein und das Hindernis zu überwinden.

Unsere Ahnen haben es uns vorgemacht, und wir sollten ihrem Beispiel folgen. Denn auch sie erlebten Konflikte und Frustrationen, die sie dazu herausforderten, zu widerstehen und sich anzustrengen, die Durststrecke zu überwinden.

Ahnenkraft: Die Herausforderungen, die sich einem stellen, wecken genau die Talente in uns, um daran zu wachsen. Unsere Ahnen lebten ein Leben mit vielen widrigen Umständen, was sie nicht davon abgehalten hat, ein wertvolles Leben zu führen. Es ist der Kampf ohne Gewalt, ohne anderen zu schaden, der eine erstrebenswerte Schlichtung in dir und in Bezug zu anderen verlangt. Die Vorfahren helfen dir, deine Kräfte bewusst zu zentrieren und eine absichtliche positive Veränderung herbeizuführen.

Ahnenheilung: Auch wenn der Weg länger ist, unsere Fähigkeiten zu entwickeln und sie für unsere Entwicklung einzusetzen, lohnt es sich trotzdem, all diese Hürden zu nehmen und dadurch unsere Heilung voranzubringen. Allen Widerständen zum Trotz gilt es, nach Weiterentwicklung zu streben, allein oder in Gemeinschaft, wie auch immer. Es macht dich stark wie ein Fels in der Brandung, falls du auch mal allein deines Weges gehen musst. Denn geistiger und seelischer Einklang vermittelt dir die Stärke, die du brauchst, um ein Gleichgewicht zwischen bewussten und unbewussten Kräften aus den Ahnenreihen zu heilen.

Botschaft der Karte: Auch wenn der Weg dir so manches Mal lang erscheint: „Der Weg ist das Ziel!“ Also genieße jede Anhöhe, jeden Abstieg und arbeite dich hoch zum Gipfel, damit du weißt, was für wunderbare Aussichten vor dir liegen. Es gibt dabei keine Umwege oder Rückschritte, es ist einfach nur dein ganz eigener Weg.

3 Die Herangehensweise
Karte 29 Dame

Ahnenlast: Die mütterlichen Ahnenlinien spenden dir Mitgefühl und Hingabe, damit du deine Selbstbestimmung leben kannst. Es hilft dir, dich zu verwirklichen und deine Interessen in den Vordergrund zu stellen. Durch das negative Ausleben der Schöpferkraft sind unter den Ahninnen auch fehlgeleitete Frauen, die durch Eifersucht, Herrschsucht und Berechnung versuchten, sich das Glück zu erschleichen. Dies hat sie gelehrt, wie unberechenbar das Leben sein kann. Erlöse alle Anteile, die in dir davon noch vorhanden sind und gebe auch Intoleranz keine Chance.

Ahnenkraft: Die Kraft deiner Ahninnen erreicht dich jetzt, um dich dabei zu unterstützen, dein Leben mit nährender Kraft und Fürsorge zu erfüllen. Alles, was du tust, wird davon durchdrungen, dich und andere dabei zu unterstützen, sich im Leben zu emanzipieren. Dein Wunsch nach Selbstbestimmung und deine hohe Lernbereitschaft bieten die notwendigen Voraussetzungen, die Kraft der Ahnen für dich wirken zu lassen.

Ahnenheilung: Sind deine weiblichen Ahninnen hinter dir, ist es dir möglich, alles zu verwirklichen, was deinem Wachstum und der Liebe untereinander förderlich ist. Dies heilt alle Beteiligten auf allen Ebenen des menschlichen Seins und macht deine Bemühungen und Handlungen fruchtbar und lebensspendend. Die Entscheidung, dir selbst zu vertrauen, öffnet die Tür für das, was sich in deinem Leben wandelt und deine Zukunft neu ausrichtet.

Botschaft der Karte: Das weibliche Prinzip, das in uns und all unseren Ahninnen lebt, führt dazu, dass Fürsorge, Wachstum und Mitgefühl die Welt erfüllt. Gebe diesen

Kräften so viel Ausdruck wie du nur kannst, damit es viele Menschen gibt, die sich beschützt und geliebt fühlen können.

4 Im Feld zugänglich
Karte 31 Sonne
Ahnenkraft: Deine Ahnen sind so voller Energie und Enthusiasmus – etwas, das dir für deine Lebenserfüllung nützlich ist. Deine Ausstrahlung und Lebensfreude sind ansteckend und machen auch deine Welt so viel heller und leuchtender. Das Licht deiner Seele ist in deinem Herzen präsent. Du bist Licht, du bist Liebe. Die Kraft der Ahnen unterstützt dich dabei, diese Wahrheit zu leben und in die Welt zu strahlen.

Ahnenheilung: Die Sonne spendet dir Energie und Lebensfreude, um voller Zuversicht dein Leben zu gestalten. Wenn du deine Schwingung anhebst und dich positiv dir selbst und anderen gegenüber zeigst, wird das Leben dich beschenken und dir die Gelegenheit geben, deine Lebensfreude mit anderen zu teilen. So heilst du dich, deine Ahnen und alle Menschen, die dir begegnen. Also bemühe dich täglich, dein Schwingungsniveau hochzuhalten und niedere Gemütszustände durch Freude und Lachen zu heilen.

Botschaft der Karte: Du bist auf der lichten Seite des Lebens und voller Freude und Enthusiasmus blickst du deiner Zukunft entgegen. Genau die Lebenseinstellung, die du brauchst, um ein erfolgreiches und positives Leben führen zu können. Sei dir dieser positiven Kraft bewusst und lasse sie in deinem Leben wirken. Alles wird von der allumfassenden nährenden Energie durchdrungen. Auch wir Menschen sind nicht von ihr getrennt. Sie ist eine liebende, lebensspendende Energie, die in allem ist und alles belebt.

5 Was sich dir öffnet
Karte 35 Anker
Ahnenkraft: Oft sind es vererbte Talente und Neigungen, die uns mit unseren Vorfahren verbinden. Oder Familienbetriebe werden von Generation zu Generation weiter vererbt und es steht bereits bei der Geburt fest, welcher Werdegang einem bevorsteht. Prüfe für dich, ob es wirklich das ist, was du in deinem Leben verwirklichen möchtest, oder ob deine Sehnsüchte in eine ganz andere Richtung gehen. Gegebenenfalls musst du deine Pläne ändern, um dein ganzes dir gegebenes Potenzial auszuleben.

Ahnenheilung: Oft arbeiten wir hart an einer Aufgabe, ohne zu wissen, ob es wirklich das ist, was in uns träumt. Wir klammern uns an den ursprünglichen Plan und sind nicht flexibel genug, umzudenken und einen anderen Kurs zu setzen. Sind es nicht unsere eigenen Träume, die verwirklicht werden möchten, machen sie uns nicht glücklich. Nimm dir Zeit und schaue dir an, wo du dich noch an alten Strukturen klammerst, die für dich eigentlich keine Gültigkeit mehr haben. Setze gegebenenfalls neue Prioritäten, die deiner Selbstverwirklichung zugute kommen. Die Hauptsache ist, dich in deiner Arbeit und deinen kreativen Tätigkeiten ausdrücken zu können, daran zu wachsen und zu zeigen, was in dir steckt. Etabliere dafür Gewohnheiten, die deine Träume und Ziele unterstützen.

Botschaft der Karte: Die Berufung und alles, was dir in diesem Leben wirklich wichtig ist, bleibt eine wichtige Entscheidung, da sie viel Zeit in deinem Leben einnehmen wird. Prüfe für dich, ob du die richtige Wahl getroffen hast, oder ob es Zeit wird, neue Wege zu gehen. Folge dabei der Sehnsucht deines Herzens, das trotz widriger Umstände einen Weg finden wird, diesen Traum in dir zu verwirklichen.

Die Kreativität und Freude, die dadurch in deiner Seele entfacht wird, ist der Lohn für all deine Mühen.

6 Was korrigiert werden sollte
Karte 24 Herz

Das momentane Leben: Aktiviere dein Herzfeld, indem du positive Schwingungen aus deinem Herzchakra heraus strahlen lässt. So aktivierst du deine Herzensenergie, die dir auf spiritueller Ebene dabei hilft, dich selbst zu finden und durch die Liebe zu dir selbst den Frieden in dir zu schaffen, um dein Leben aus dem Herzen heraus zu leben und mit dem Herzen zu sehen. Dadurch erzeugst du eine magische Anziehungskraft, die dein Herz für alle Menschen und Wesen sowie die Schöpfung öffnet, sodass du aus deinem Herzen heraus mit Mitgefühl handeln kannst.

Ahnenlast: Viel Liebe wurde dir zuteil und hat dir gezeigt, was sich in deinem Leben an Fähigkeiten entfalten kann, wenn du deinen Ahnen folgst. Der Auftrag, der deine Wurzeln stärkt, ist die Botschaft der Liebe in die Welt zu tragen und ein Licht für andere Menschen zu sein, so, wie auch deine Ahnen einen Samen der Liebe und des Mitgefühls in dein Herzen gelegt haben. Gibt es einen Mangel an Liebe bei deinen Vorfahren, ist es deine Aufgabe, diesen Mangel an Liebe auszugleichen und den Ahnenreihen Heilung durch dein Wirken zu schenken. Lasse dich nicht von sentimentalen Gefühlen verwirren oder Selbstsucht und Täuschung dein Begleiter sein. Mache dich bereit, für dich und deine Ahnen entschlossen eine Entscheidung für die Liebe zu fällen, damit der Same des Mitgefühls wachsen kann.

Ahnenkraft: All die Liebe, die deine Ahnen für dich empfinden, strömt in dein Leben und verzaubert alles, mit dem sie in Berührung kommt. Ist es doch die Liebe, die alles heilt und die Illusion des „Getrenntseins“ aufhebt. Die Ahnen helfen dir bei der Entfaltung deines göttlichen Wesens, das sich darin ausdrückt, dass du dich von der Liebe der Ahnen getragen und beschützt fühlst. Diese magische Kraft bringt Anmut in dein Leben, die dir das Gefühl gibt, dass du im Fluss des Lebens bist, wenn du die Einheit mit allen anderen empfindest.

Ahnenheilung: Der Heilige Gral ist die Magie, die sich in deinem Herzen bildet und jede Dunkelheit durchbricht. Ihn in dir zu entdecken und dein Licht leuchten zu lassen, durchdringt alles, was in deinem Leben der Heilung bedarf. All die Liebe, die in deiner Ahnenreihe existiert, unterstützt deine Liebesfähigkeit. Du wirst die Wahrheit dieser Magie der Liebe entdecken, wenn du erwachst und beginnst, deinen Fokus auf Liebe, Vertrauen, Freude und Mitgefühl zu richten. Auf deinem Weg ist es wichtig, deine Schwingung so hoch wie möglich zu halten. Lässt du zudem eine kosmische Perspektive von der Existenz bedingungsloser Liebe in dein Leben einfließen, wird deine Schwingung auf immer höhere Bewusstseinsebenen angehoben.

Botschaft der Karte: Liebe ist die Magie, die alles verändert. Sie durchleuchtet deine innere Atmosphäre, macht dich bereit für die Geschenke des Lebens und zieht hoch schwingende Energien in dein Leben, die dich glücklich machen. Sie hat die Strahlkraft, dein Umfeld zu beflügeln und alles in ein lebensspendendes Licht zu tauchen. Liebe ist alles, was du brauchst, und was die Seele in diesem Leben entwickeln und ausdrücken möchte.

7 Was es Neues ermöglicht
Karte 34 Fische
Ahnenkraft: Ohne deine Seele wäre es dir nicht möglich, all die Erfahrungen zu sammeln, die dich dazu führen, deiner Herkunft zu trotzen und deinen eigenen Weg zu finden. Dabei helfen dir die positiven wie die negativen Eigenschaften deiner Ahnen, dich im Labyrinth der Dualität, der Freiheit und der Abhängigkeiten zu erfahren.

Ahnenheilung: Da du ein Teil deiner Ahnenlinie bist, kommt dir all das zugute, was sie an Liebe und Weisheit durchlebt haben und was zu dir strömt. Ist es doch die Verbindung zu der Seelenquelle, in die du nach deinen im Leben gemachten Erfahrungen von Freiheit, und auch Abhängigkeit und Unfreiheit, wieder zurückkehren kannst. Erkenne die Zusammenhänge im Universum und du erkennst deine Seele. Lasse dich von deiner Seele und den Seelengefährten durch all die Tiefen der initiierten Heilung führen, denn du hast sie dir selbst als Erfahrung auferlegt.

Botschaft der Karte: Deine Seele birgt alle Erfahrungen deiner vergangenen Inkarnationen. Doch inkarnieren wir, legt sich ein Schleier des Vergessens um uns und wir sind erneut dazu aufgerufen, den Weg zu wahrem Menschsein zu finden. Freundschaft und innige Verbindungen pflegen bedeutet, mit Liebe und Mitgefühl auf dieser Erde zu wandeln und Spuren in den Herzen der anderen Menschen zu hinterlassen.

Quersumme, die Magie die darin steckt 219 = 6 Wolken
Ahnenkraft: Geht die Seele in die Inkarnation, verbirgt sich all das, was die Seele mit ihrer Seelenfamilie an Lernaufgaben verabredet hat, hinter dem Nebel des Vergessens. Um zu seiner eigentlichen Strahlkraft zu gelangen, gilt es, den Schleier des Vergessens zu durchdringen und nicht mehr

zu verleugnen, dass man eine strahlende und heile Seele ist. Die Kraft der Ahnen hilft dir, zu deinem Ursprung zurückzufinden, indem sie dir dabei helfen, die Lektionen, die du dir vorgenommen hast, mit ihrem Schutz zu absolvieren. Den Nebel zu lichten, der um deine Existenz schwebt und dir den Weg, den deine Seele gewählt hat, mitunter verhüllt, ist die Kraft, die dir von den Ahnen geschenkt wird.

Ahnenheilung: Dies Vergessen stimuliert dich, die Unwissenheit in dir zu klären und alle Unsicherheiten zu durchlaufen, damit du durch die Erfahrung der Angst in deine Kraft und Schönheit findest, die eigentlich deine Seele ausmacht. Von der Angst in die Liebe, vom Unwissen in die Gewissheit deiner Seele, immer darin gebettet, immer in der Einheit deiner kollektiven Seelenfamilie zu sein und in Anbindung an das Göttliche. Denn dein höheres Selbst möchte dir sagen, dass sich alles wieder entspannt, sobald du zu deiner Leichtigkeit zurückfindest und befreiter und unbelasteter deinen Weg gehen kannst. Dann tut sich etwas Neues auf und fühlt sich genau richtig an. Der Schleier hebt sich und wir erinnern uns an unsere spirituelle Herkunft.

Botschaft der Karte: All die Gefühle, die nun in dir sind, haben ihre Berechtigung und möchten wahrgenommen und angenommen werden. Die Phasen der Unsicherheit und Irritationen sind wertvoll und können nicht beschleunigt werden. Du hast nur die Chance, deinen Gefühlen den Raum zu geben, den sie nun brauchen, damit sie richtig verarbeitet werden können. So kann wirklich Heilung auf allen Ebenen geschehen. Verzeihe dir diese Schwäche, ist es doch eine Illusion, dass das Leben dir nichts mehr zu bieten hätte. Hat der Nebel sich gelichtet, tauchst du daraus hervor in der Gewissheit, dass die Anbindung an das Göttliche dir geholfen hat, dein inneres Licht zu finden. Dadurch hast du viel Neues vor dir in deiner Zukunft.

Legung „Lebenskompass“

Denken	Fühlen	Handeln	Sein
1	3	5	7
	Wie es sich zeigt		
2	4	6	8
	Wie es sein könnte		

1 Denken
Wie es sich zeigt
Karte 1

Wie es sein könnte
Karte 2

2 Fühlen
Wie es sich zeigt
Karte 3

Wie es sein könnte
Karte 4

3 Handeln
Wie es sich zeigt
Karte 5

Wie es sein könnte
Karte 6

4 Sein
Wie es sich zeigt
Karte 7

Wie es sein könnte
Karte 8

Meine Legung

Vor jeder Legung stimme ich mich mit folgender Einstimmung ein, öffne einen heiligen Raum und lasse mir Antwort geben auf die Fragen, deren Antworten gerade hilfreich für mich sind.

Einstimmung
Indem ich zur Ruhe komme und mich tief über die Füße mit der Erdenergie verbinde, nehme ich die Lenormandkarten in meine Hände und lasse meine persönliche Energieschwingung einfließen. Ich erschaffe meinen heiligen Raum, indem meine innere Wahrheit über das Kronenchakra mit dem kosmischen Wissen verbunden wird und bitte um die Verbindung zu meinen Ahnen, um mir die Botschaften zu geben, die jetzt gerade für mich wichtig sind und meinen Heilungsweg unterstützen.
Ich bitte um Führung und Inspiration über das Medium der Lenormandkarten, die Brücke zu den Vorfahren und verstorbenen Seelen, die für mein jetziges Leben mir als Seelengefährten dienen, zu ermöglichen. Meine geistigen Helfer stehen an meiner Seite und begleiten diesen Prozess mit Liebe und Achtsamkeit, gemäß ihrem Auftrag, mir Schutz und Unterstützung zu leisten.
Ich bin bereit, die Botschaften mit offenem Herzen zu empfangen und sie in Wissen und Weisheit für mein Leben und meine Heilung zu wandeln.

1 Denken
Wie es sich zeigt
Karte 1 = 12 Vögel
Das momentane Leben: Durch klare Imagination und Gedankenkraft bringst du den Mut auf, etwas zu ändern. Dabei nimmst du eine eindeutige Haltung ein, die dir neue spirituelle Entwicklungsmöglichkeiten bietet. Stelle deine Gewohnheiten infrage und lebe deine wahren Überzeugungen. Nur so kannst du deine ganz eigene Magie in deinem Leben entfalten. Deine ausgeprägte Intuition und deine magischen Fähigkeiten werden dich dabei unterstützen.

Ahnenlast: Viele Sorgen spielten in den Leben deiner Ahnen eine Rolle. Alles hat sich für sie so oder so geklärt. Entweder haben sie sie bewältigt, oder die Situation als gegeben akzeptiert. Nimm sie zum Vorbild, um unnötige Sorgen zu vermeiden und nicht alles so schwer zu nehmen. Du kannst dich durch deine Sichtweise entscheiden, ob du etwas als Problem oder Herausforderung zum Wachsen ansiehst. Stress wird erzeugt, wenn du die Realität nicht akzeptieren kannst. Das, was dich daran hindert, glücklich zu sein, ist der blinde Fleck, dem du auf die Schliche kommen solltest. Stelle Gewohntes infrage, zeige dich unabhängig von den Meinungen anderer und gehe deinen ganz eigenen individuellen Weg.

Ahnenkraft: All die Weisheit, die deinen Ahnen zur Verfügung stand, ist auch für dich zugänglich. Nimm Kontakt auf zu deinen Ahnen und stellen ihnen die Fragen, die dir gerade wichtig erscheinen. Die Antwort kann auf verschiedenste Weise zu dir finden, sei es ein Lied, eine Passage in einem Buch, etwas, was ein anderer zu dir sagt, oder was beim Stellen der Frage intuitiv in dir aufsteigt. Es wird dir dabei helfen, hinter die Kulissen zu schauen und dir eine eigene Meinung zu bilden. Nur so entwickelst du innere

Weisheit und eine Unabhängigkeit, die all die Sorgen verblassen lässt, die dich gerade noch umtreiben.

Ahnenheilung: All deine Überzeugungen gestalten dein Leben. In Zeiten innerer Umbrüche legst du alte Vorstellungen vom Leben ab und erlaubst dir, deine Welt mit neuen Ideen zu bereichern. Das fördert die Magie in deinem Leben und bringt dich der Weisheit ein Stückchen näher. Du löst alte Traumata auf, indem du innere Weisheit entwickelst und den Mut beweist, etwas zu verändern, was dir Sorge bereitet. Dafür ist es erforderlich, eine eindeutige Haltung einzunehmen, die deiner Selbstbestimmung dient.

Botschaft der Karte: Erkenne, was dir Stress und Sorge bereitet und versuche, es aus deinem Leben zu eliminieren. Sorgen sind keine guten Voraussetzungen, um ein schönes Leben zu führen. Die Schwingung, in die dich Sorgen und Ängste bringen, ist nicht dazu da, um Lösungen zu finden. Also bringe dich in die Lage, deine Situation angstfrei und ohne negative Gefühle zu einem guten Ergebnis für dich und alle Beteiligten zu führen.

Wie es sein könnte
Karte 2 = 4 Haus
Ahnenkraft: Geborgenheit und Schutz wurde dir durch deine Vorfahren gegeben, sodass du dich frei entfalten kannst. Ein Gefühl von Heimat und Zugehörigkeit schenkt dir das Vertrauen, allem zu trotzen und deine Heldenreise als Krieger bzw. Kriegerin des Lichts zu bestehen. Es ist das Privileg eines glücklichen Zuhauses, das dich in die Welt ziehen lässt. Kommst du mit dir selbst ins Reine, schenkt es dir Geborgenheit und Selbstvertrauen. Erst dieser innige Zufluchtsort macht dich bereit, voller innerer Sicherheit das

Leben da draußen zu entdecken. In dem Wissen, immer zurückfinden zu können und den Schutz deiner Ahnen zu genießen, erinnert es dich daran, dass du in dir zu Hause bist.

Ahnenheilung: Ist es zunächst der Ort deiner Herkunftsfamilie, die dir innere Sicherheit schenkt, so ist es das Bestehen in der weiten Welt, was deinen Vorfahren und dir die wichtige Lektion von „Wie innen, so außen“ schenkt und alles heilt, was dich einengen und begrenzen könnte. Diese Freiheit schenkst du auch den Menschen, die vor dir da waren und diesen Grundstein gelegt haben. Verlust und Trauer eines geliebten Menschen reißt einen aus jedweder Sicherheit und Geborgenheit. Doch ist dies so wichtig für jeden von uns, diesen Ort, wo man sich wohlfühlen kann, nicht zu verlieren. Es ist der Ort in dir, in deinem Herzen, wo du weißt, wer du bist und dein Geist und deine Seele Nahrung in dem göttlichen Prinzip der Liebe finden.

Botschaft der Karte: Sorge für eine gute Basis in deinem Leben. Liebe dich und fühle dich wohl in deiner Haut. Denn in dir ist deine Kraft, die alles heilen kann. Fühle dich in dir selbst zu Hause, denn wenn du dich so annimmst, wie du bist, bist du für dich da und schaffst in dir die Sicherheit, die du für dein weiteres Leben brauchst. Du bist dort zu Hause, wo dein Herz ist. Sei es ein Ort, seien es Menschen oder die Natur und ihre Lebewesen, die dich einbetten in das, was dein Zuhause auf dieser Erde ausmacht.

2 Fühlen
Wie es sich zeigt
Karte 3 = 19 Turm
Die energetische und spirituelle Ausrichtung: Man zeichnet sich durch Introvertiertheit aus, die sich dadurch ausdrückt, dass man niemanden an sich heran lässt. Diese

Unnahbarkeit ist eigentlich Hilflosigkeit und wirkt für andere wie eine Abweisung. Durch eine Krise oder erzwungene Einschränkungen findet eine Rückbesinnung auf sich selbst statt. Eine Zwangspause für die innere Sammlung und Neuorientierung kann dabei zur Grenzerfahrung werden. Man stößt an seine eigenen Grenzen und kann sie überwinden, indem alte Glaubenssätze aufgegeben werden.

Das momentane Leben: Es ist Zeit, dich auf dich selbst zu besinnen. Ziehe dich zurück und sammle dich, um dich zu orientieren, was du wirklich möchtest. Diese erzwungene Einschränkung ist eine Grenzerfahrung, die dir zeigt, welche alten Glaubenssätze du aufgeben musst. Setze gesunde Grenzen und komme wieder in deine selbst gewählte Eigenständigkeit, die dir durch diese Selbstreflexion nur allzu deutlich wird.

Ahnenlast: In der Ursprungsfamilie ist es wichtig für uns, ein Ego zu entwickeln, das uns von den anderen Menschen unterscheidet. Jedoch ist es wichtig, dem Ego nicht zu viel Bedeutung beizumessen und nicht zu vergessen, das wir eigentlich allumfassendes Bewusstsein sind. Ansonsten wird das Leben uns Lebensumstände geben, die uns dazu auffordern, all das niederzureißen, was nur dem Ego entspricht und nicht deine wahre Essenz beseelt.

Ahnenkraft: Die Individualität eines Menschen ist wichtig, jedoch sollte sie nicht unsichtbare Grenzen setzen, die nicht überwunden werden können. Weitblick und der Zusammenhang des großen Ganzen setzen Kräfte frei, die einen befähigen, alles zu überwinden, was einen von der Einheit trennt und nur dazu führt, unser Ego zu pflegen. Falls du Umbrüche in deinem Leben bewältigen musst, findest du immer Sicherheit in deinem eigenen Herzen. Sie zerstören alte

Strukturen, das, was nicht mehr wirklich gut für dich funktioniert, damit etwas Neues entstehen kann.

Ahnenheilung: Sein inneres Licht zu finden und in der Abgeschiedenheit sich selbst zu begegnen, ist das, was wir für unsere Heilung brauchen. Entdecken wir unsere uns innewohnende Kraft, kommen wir wie verwandelt wieder in das Leben, mit all seinen Herausforderungen zurück und fühlen uns gewappnet, alles zu schaffen, was uns wirklich wichtig ist. Einsamkeit ist eine Illusion, denn du kannst dich jederzeit den Menschen wieder zuwenden. So wie du einatmest und ausatmest, gilt es auch den Rückzug und die darauf folgende Öffnung für neue Begegnungen als Lebensbedingungen zu erkennen, die dich ganz und heil werden lassen.

Botschaft der Karte: Lasse alle Begrenzungen, die dir dein Ego vorschreibt, los und setze neue Maßstäbe. Du bist hier, um dein inneres Licht zu entdecken, was dir immer zeigt, wohin dein Weg dich führen möchte. Falls du Einsamkeit empfindest, verbinde dich mit deinen Ahnen oder den verstorbenen Seelen, die wichtig für dich waren. Sie wissen genau, was es bedeutet, einerseits gesunde Grenzen zu setzen und andererseits Teil einer Gemeinschaft zu sein. Lasse sie für dich ein Beispiel sein, wie es geht, ein Gleichgewicht zwischen Alleinsein und Einssein zu leben.

Wie es sein könnte
Karte 4 = 14 Fuchs
Ahnenkraft: Deine Ahnenlinien haben sich schon immer durch besondere Bauernschläue ausgezeichnet. Sich durchs Leben zu schlagen oder widrigen Umständen auszuweichen, gehörte zum Überlebensinstinkt dazu. Doch gilt es zu unterscheiden, ob es immer gerechtfertigt war, die Wahrheit zu verdrehen oder etwas auf einer Lüge

aufzubauen. Jeder deiner Vorfahren hat die Erfahrung gemacht, dabei auf Sand zu bauen. Also nimm dir das zu Herzen und bleibe ehrlich und authentisch bei allem, was du tust.

Ahnenheilung: Die Wahrheit ist immer stärker als die Lüge, die sich irgendwann entlarvt. Es ist wie mit der Liebe, die auch stärker als die Angst ist. Bist du aufrichtig und zeigst dich so, wie du wirklich bist, kannst du sicher sein, dass das Universum dich unterstützen wird. Zudem lebt es sich ohne Lügen leichter und du weißt genau, wer du bist und was dir wirklich wichtig ist, dein Seelenheil. Denn wenn wir den aufrichtigen Wunsch hegen, uns selbst zu erkennen, beenden wir die Selbstlügen und die damit einhergehende Selbstsabotage.

Botschaft der Karte: Deine Verbindung zu den Ahnen und verstorbenen Seelengefährten hilft dir, auf deinem Seelenpfad zu wandeln. Alles, was Illusion oder Täuschung beinhaltet, kann sich einfach vor dir auflösen, sobald du erkennst, wer du wirklich bist. Ein spirituelles Wesen mit einer Seele, die auf dieser Erde eine menschliche Erfahrung machen möchte. Lasse alles hinter dir, was dich bisher davon abgehalten hat, in Fülle zu leben und ganz authentisch zu sein.

3 Handeln
Wie es sich zeigt
Karte 5 = 35 Anker

Ahnenkraft: Oft sind es vererbte Talente und Neigungen, die uns mit unseren Vorfahren verbinden. Oder Familienbetriebe werden von Generation zu Generation weiter vererbt und es steht bereits bei der Geburt fest, welcher Werdegang einem bevorsteht. Prüfe für dich, ob es wirklich das ist, was du in deinem Leben verwirklichen möchtest, oder ob deine Sehnsüchte in eine ganz andere Richtung gehen. Gegebenenfalls musst du deine Pläne ändern, um dein ganzes dir gegebenes Potenzial auszuleben.

Ahnenheilung: Oft arbeiten wir hart an einer Aufgabe, ohne zu wissen, ob es wirklich das ist, was in uns träumt. Wir klammern uns an den ursprünglichen Plan und sind nicht flexibel genug, umzudenken und einen anderen Kurs zu setzen. Sind es nicht unsere eigenen Träume, die verwirklicht werden möchten, machen sie uns nicht glücklich. Nimm dir Zeit und schaue dir an, wo du dich noch an alte Strukturen klammerst, die für dich eigentlich keine Gültigkeit mehr haben. Setze gegebenenfalls neue Prioritäten, die deiner Selbstverwirklichung zugute kommen. Die Hauptsache ist, dich in deiner Arbeit und deinen kreativen Tätigkeiten ausdrücken zu können, daran zu wachsen und zu zeigen, was in dir steckt. Etabliere dafür Gewohnheiten, die deine Träume und Ziele unterstützen.

Botschaft der Karte: Die Berufung und alles, was dir in diesem Leben wirklich wichtig ist, bleibt eine wichtige Entscheidung, da sie viel Zeit in deinem Leben einnehmen wird. Prüfe für dich, ob du die richtige Wahl getroffen hast, oder ob es Zeit wird, neue Wege zu gehen. Folge dabei der Sehnsucht deines Herzens, das trotz widriger Umstände einen Weg finden wird, diesen Traum in dir zu verwirklichen. Die Kreativität und Freude, die dadurch in deiner Seele entfacht werden, sind der Lohn für all deine Mühen.

Wie es sein könnte
Karte 6 = 17 Störche
Ahnenkraft: Nutzt man die Chancen, die sich einem bieten, öffnet man sich für die Synchronizitäten, die nur das Leben selbst bieten kann. Es macht einen Unterschied, nicht nur aus eigener Kraft sich Verbesserungen zu erarbeiten, sondern auch aufmerksam für die Türen zu sein, die das Leben uns „zufällig“ öffnet. Der Treibstoff ist das Vertrauen ins Leben, das bereits die Vorfahren hatten.

Ahnenheilung: Hinter jedem Wandel, jedem Zufall steckt eine göttliche Absicht, die genau die Lektion in sich birgt, die man braucht, um zu heilen. Ist man achtsam und hält Ausschau nach diesen Gelegenheiten, lehrt das Leben einem, dass Vertrauen belohnt wird. Eine positive Erwartungshaltung zieht einen positiven Wandel in das Leben. Das ist Magie und ein energetisches Ergebnis dessen, dass das Leben nach einem göttlichen Plan verläuft.

Botschaft der Karte: Das Leben steckt voller Überraschungen und so manche Veränderung kannst du nicht sofort einordnen. Erst im Nachhinein stellst du fest, dass alles, was sich beim Wandel gezeigt hat, deinem Lebensweg dient. Vertraue darauf, dass es eine positive Alternative bietet, um neue Chancen zu nutzen und daran zu wachsen.

4 Sein
Wie es sich zeigt
Karte 7 = 28 Herr
Das momentane Leben: Nutze alle deine Eigenschaften, die dich produktiv und willensstark sein lassen. So verschaffst du dir die Stabilität, die du brauchst, um die volle Verantwortung für dich zu übernehmen. Klare Strukturen

und das Streben nach Unabhängigkeit lassen dich mutig voranschreiten auf dem Weg in dein selbstbestimmtes Leben.

Ahnenlast: Die väterlichen Ahnenlinien spenden dir Mitgefühl und Hingabe, damit du deine Selbstbestimmung leben kannst. Es hilft dir, dich zu verwirklichen und deine Interessen in den Vordergrund zu stellen. Die negativen Einflüsse wie Hinterhältigkeit, Egoismus, Herrschsucht und Intoleranz, die in der Ahnenreihe noch unerlöst sind, lassen dein Leben instabil werden. Wenn du versuchst, durch Manipulation und Falschheit an dein Ziel zu gelangen, wird sich das negativ auf das Ergebnis auswirken.

Ahnenkraft: Die Kraft deiner männlichen Ahnen erreicht dich jetzt, um dich dabei zu unterstützen, dein Leben mit nährendem Willen und Tatkraft zu erfüllen. Alles, was du tust, wird davon durchdrungen, dich und andere dabei zu unterstützen, dich im Leben zu behaupten und deinen ganz eigenen Weg selbst zu bestimmen. Mit Willen und fokussierter Energie ist der Erfolg gesichert, vorausgesetzt, er wird von geistiger Aktivität, strategischem Denken und emotionaler Hingabe beseelt.

Ahnenheilung: Sind deine männlichen Ahnen hinter dir, ist es dir möglich, alles zu verwirklichen, was deinem Wachstum und der Liebe untereinander förderlich ist. Dies heilt alle Beteiligten auf allen Ebenen des menschlichen Seins und macht deine Bemühungen und Handlungen fruchtbar und lebensspendend. Die Entscheidung, dir selbst zu vertrauen, öffnet die Tür für das, was sich in deinem Leben wandelt und deine Zukunft neu ausrichtet.

Botschaft der Karte: Das männliche Prinzip, das in uns und all unseren Ahnen lebt, führt dazu, dass Struktur, Stabilität und Verantwortung für die Menschen und ihren Lebensraum die Welt erfüllt. Gebe diesen Werten so viel Ausdruck wie du nur kannst, damit es viele Menschen gibt, die sich beschützt und geliebt fühlen können.

Wie es sein könnte
Karte 8 = 34 Fische
Ahnenkraft: Ohne deine Seele wäre es dir nicht möglich, all die Erfahrungen zu sammeln, die dich dazu führen, deiner Herkunft zu trotzen und deinen eigenen Weg zu finden. Dabei helfen dir die positiven wie die negativen Eigenschaften deiner Ahnen, dich im Labyrinth der Dualität, der Freiheit und der Abhängigkeiten zu erfahren.

Ahnenheilung: Da du ein Teil deiner Ahnenlinie bist, kommt dir all das zugute, was sie an Liebe und Weisheit durchlebt haben und was zu dir strömt. Ist es doch die Verbindung zu der Seelenquelle, in die du nach deinen im Leben gemachten Erfahrungen von Freiheit, und auch Abhängigkeit und Unfreiheit, wieder zurückkehren kannst. Erkenne die Zusammenhänge im Universum und du erkennst deine Seele. Lasse dich von deiner Seele und den Seelengefährten durch all die Tiefen der initiierten Heilung führen, denn du hast sie dir selbst als Erfahrung auferlegt.

Botschaft der Karte: Deine Seele birgt alle Erfahrungen deiner vergangenen Inkarnationen. Doch inkarnieren wir, legt sich ein Schleier des Vergessens um uns und wir sind erneut dazu aufgerufen, den Weg zu wahrem Menschsein zu finden. Freundschaft und innige Verbindungen pflegen bedeutet, mit Liebe und Mitgefühl auf dieser Erde zu wandeln und Spuren in den Herzen der anderen Menschen zu hinterlassen.

Zum Abschluss:
Wir haben eine Wahl, entweder in den Prägungen zu verweilen oder sie einer erneuten Prüfung zu unterziehen und dann neu zu entscheiden, ob es uns glücklich macht oder nicht. Denn all die Muster, die uns einschränken, können wir ablegen, sobald wir um sie wissen. Gegenzusteuern und uns von den Überzeugungen zu trennen, die uns vorgelebt wurden, ist eine Möglichkeit, die ich mit den Lenormandkarten verdeutlichen möchte. Sie machen uns unsere Vorurteile, Beurteilungen und einschränkenden Sichtweisen auf das Leben bewusst und bieten uns eine Wahlmöglichkeit, durch Bewusstwerdung der Kraft, die uns durch die Ahnen gegeben ist, und durch die Entscheidung dafür umzulernen und unsere Lebensweise und Lebensgewohnheiten durch neue Perspektiven zu verändern.

So können wir durch die Lenormandkarten und ihre in diesem Buch angebotenen Deutungen, Wünsche und das Erbe der Generationen vor uns für uns sichtbar werden lassen. Weißt du, wo du stehst und welche Einflüsse auf dich wirken, kannst du die Orientierung finden und den nächsten Schritt hin zu Liebe und Heilung planen.

Dafür wünsche ich dir Erkenntnis, Heilung und dass du deinen ganz eigenen Weg findest, wobei dich die Lenormandkarten begleiten können und dir deine ganze Schönheit offenbaren.

Bist du bereit?

Deutungen der Personen und Ahnenkraft in den 40 Lenormandkarten

Karte 1 Reiter

Haus: Motivation, Bewegung und Willenskraft, selbstverantwortlich sein Leben lenken

Als Person: Der Reisende/die Reisende, Pionier, Aktivist und Wegbereiter. Jemand, der ein Leben auf der Überholspur geführt hat, immer in Bewegung und ein Ziel klar vor Augen. Allein, nur mit seinem Krafttier unterwegs auf seiner Lebensreise, unabhängig und freiheitsliebend. Ein Pioniergeist, immer neue Horizonte erschließend. Ein Bote zwischen den Welten, voller Spontanität und Dynamik. Der Nachrichten vermittelt und dem es nicht schwer fällt, ins Handeln zu kommen. Man ist sehr aktiv und hat die Fähigkeit, das, was man sich vorgenommen hat, auch in die Tat umzusetzen. Der Initiative, die seinen inneren Überzeugungen entspricht, bleibt man treu und so nimmt man selbstverantwortlich sein Leben in die eigenen Hände, um seine Lebensaufgabe zu erfüllen. Man kommt viel herum in der Welt, ist überall und nirgendwo zu Hause.

Die energetische und spirituelle Ausrichtung: Eine starke Antriebskraft und Gedankenkraft, die mit Willen und Entschlossenheit Ziele verfolgt. Diese starke Dynamik lässt einen eventuell durch Übereifer auch über das Ziel hinausschießen. Man ist sich seiner Chancen bewusst und kann sie für sich nutzen. Durch kurz entschlossenes Handeln gelingt es, selbstbewusst auf etwas hinzuarbeiten. Dabei finden eigens initiierte innere und dadurch bedingte äußere Prozesse statt.

Das momentane Leben: Du solltest mit Willen und Entschlossenheit deine Ziele verfolgen. Sei dir deiner Chancen und Möglichkeiten bewusst und nutze sie so gut du kannst. Vielleicht ist sogar ein kurz entschlossenes Handeln notwendig, um eine Situation in positive Bahnen zu lenken. Durch deine eigens initiierten inneren Prozesse gibst du wichtige Impulse für das Erfüllen deiner Lebensaufgabe. Selbstverantwortlich nimmst du dein Leben in deine Hände und handelst nach deinen inneren Überzeugungen. Dadurch entsteht eine starke Dynamik, doch Vorsicht, schieße nicht über das Ziel hinaus. Setze nicht nur durch deine Gedankenkraft, sondern auch durch deine Initiative deine Vorhaben in die Tat um.

Ahnenlast: Die Erfahrung des reisenden Menschen, der wie ein Nomade durch die Lande zieht, ist in dir verwurzelt. Es macht dich zu jemandem, der sich überall zu Hause fühlen kann. Allein oder in einer Sippe, stellt er sicher, dass an jedem Ort ein Überleben gesichert werden kann. Doch achte darauf, dass keine voreiligen Schlüsse gezogen werden und die Situation falsch eingeschätzt wird. Durch Übereifer und blinden Aktionismus könnte man kopflos handeln und dann kann es sein, dass dein kreatives Schaffen zum Strohfeuer wird. Auch andere Vorfahren haben sich voller Übermut in Abenteuer gestürzt, die von Kurzsichtigkeit und Sturheit geprägt waren. Stagnation ist nicht deine Art, doch sollte das innere Streben nicht nur durch Naivität geprägt sein.

Ahnenkraft: In Bewegung zu sein, in Bewegung zu bleiben, dem Fortschritt zu dienen, ist das, was deine Ahnen dir als Kraft schenken. Nie zu verweilen, sondern mit einem klaren Ziel vor Augen, innerlich und äußerlich strebend, dem Abenteuer entgegenzustreben. Der Erlebnishunger treibt dich an und lässt so manchen Ahnen vermuten, der ein Pionier und

Wegbereiter für neues kreatives Denken und inspirative Energie war. Bleibe auf deinem Weg, sei inspiriert und setze deine Ideen mit Begeisterung um. Dafür setze dir realistische Zwischenziele, denn wenn du weißt, wohin du willst und dass du deine Chancen nutzen möchtest, kommst du da an, wohin deine Seele dich führen möchte.

Ahnenheilung: In der Welt der Dualität ist es wichtig, neben dem Streben auch das Verweilen zu etablieren. Zu gehen und auszuruhen, entdecken und das Entdeckte zu verinnerlichen. Dem ständigen Drang nach Abenteuer auch mal zu widerstehen und sich klarzumachen, dass man dort, wo man gerade ist, genau richtig ist. Ein Gleichgewicht zu finden zwischen Stagnation und Bewegung lässt einen das Prinzip der Willenskraft richtig einsetzen. Dadurch werden eigens initiierte Prozesse sichtbar, die im Außen ihre Auswirkungen finden.

Botschaft der Karte: Du bist ein Mittler zwischen den Welten und du weißt, dass jetzt deine Zeit zum Handeln ist. Zeige dich flexibel und die geistige Welt wird dir helfen, all das in deinem Leben zu manifestieren, was deine Seelenessenz hervorbringen möchte. Sei ein Vorbild für andere und gehe mit gutem Beispiel voran, denn jeder Tag und jede Tat zählt. Lasse deine Sorgen los, erforsche das Leben und brenne für deine Ziele, die du dir gesteckt hast. Gib auch deiner inneren Freiheit den Raum, den sie braucht, um sich in dir zu entfalten. Denn dein Ziel ist es, von der Angst vor dem Tod in ein bewusstes und authentisches Leben zu finden.

Karte 2 Klee

Haus: Glück und Synchronizitäten

Als Person: Viel Lebensfreude empfinden diese Menschen – sie sind ein Glückspilz. Durch glückliche Fügungen erleben sie günstige Gelegenheiten, die sie zu nutzen wissen. Sie können das kurze Glück genießen und damit in all ihren Angelegenheiten ein gutes Ergebnis erzielen. Sie glauben an den guten Ausgang, voller Optimismus, Hoffnung und einer guten Portion Humor. Durch die Zufriedenheit, die sich dadurch einstellt, empfinden sie das Leben als etwas Kostbares und finden den Schlüssel zur Erleuchtung.

Die energetische und spirituelle Ausrichtung: Positive Energien unterstützen die Vitalität und lassen einen erblühen und Lebensfreude empfinden. Eine Welle der Hochstimmung, die einen trägt, aber sehr sensibel ist und schnell wieder einbrechen kann. Eine Phase des Gelingens und des Optimismus, dass alles gut ist. Es ist die Suche nach dem Licht in deinem Herzen. Freundlichkeit im Denken, Handeln und Reden ist oberste Priorität.

Das momentane Leben: Dir scheint alles zu gelingen. Dein Optimismus, dass alles gut wird, ist nicht zu bremsen. Deine Vitalität ist getragen von Lebensfreude und eine Welle der Hochstimmung trägt dich durch das Leben. Glückliche Fügungen und günstige Gelegenheiten versprechen ein gutes Ergebnis und lassen Hoffnungen in dir erwecken. Doch es kann sich um ein kurzes Glück handeln, darum erkenne, wie kostbar dieser Augenblick ist. Mit Humor und Zuversicht gestaltest du diese besondere Zeit der Glückseligkeit.

Ahnenlast: Auch hier gibt es den Schatten, der sich durch Voreiligkeit, Selbstherrlichkeit und Eitelkeit auszudrücken vermag. Kann man die Fülle um sich herum nicht mehr zu schätzen wissen, vielleicht, weil man verwöhnt ist und nur dem Glück vertraut, kehrt sich das Glück gegen einen. Genusssucht und Unbeständigkeit sind wie Gift und auch so mancher Vorfahre ist darüber gestrauchelt und womöglich auch gefallen. Hüte dich vor solcher Oberflächlichkeit, denn das Glück und die glücklichen Fügungen sind auch von dir und deinem Dazutun abhängig. Versuche, das Ganze zu erkennen und sei nicht zu selbstzufrieden, denn das Glück ist kurz und flüchtig, wenn du im Außen danach suchst.

Ahnenkraft: Die Freude, die du in deiner Herkunftsfamilie erleben durftest, macht es dir leicht, mit Schwung durchs Leben zu gehen. Ist es doch die Selbstverständlichkeit, Gutes in deinem Leben zu erwarten, das dir von deinen Ahnen mitgegeben wurde und dein Leben beflügelt. Das kleine Glück im Leben zu schätzen und spielerisch auf die Herausforderungen zu reagieren, macht dein Leben leichter. Durch die zarten Bande mit deinen Ahnen findest du in jeder Lektion, die dir zuteil wird, ein unschätzbares Geschenk. Alles ist im Flow und fügt sich, so wie es für dich richtig ist. Sei im Flow, im Augenblick präsent, und erkenne, dass Lebensfreude der Schlüssel zur Erleuchtung ist. Synchronizitäten weisen dir den Weg hin zu Zufriedenheit und den richtigen Menschen um dich herum, die Freude und Humor in dein Leben bringen.

Ahnenheilung: Durch die Energie der Leichtigkeit und Freude ebnest du dir den Weg durch deine Lebensaufgaben. All das Gute, was dabei deinen Weg kreuzt, ist eine weitere Bestätigung deiner Einzigartigkeit und der Wertschätzung dem Leben gegenüber. Ist es doch dieses Lebensgefühl, das von dir aus zu deinen Ahnen zurückfließt und alles erlöst, was noch in den Schatten deiner Ahnenlinien liegt. Denn Lachen und Freude ist die beste Medizin. Mache Dankbarkeit zu deiner Grundhaltung und lebe das kleine Glück, denn wenn du glücklich bist, bist du auf dem richtigen Weg. Optimismus lässt dich Gutes erwarten und Freude macht dich fröhlich und unbeschwert und alles erscheint in einem helleren Licht. Denn Freude entspringt dem Gefühl der Verbundenheit, mit dem Göttlichen, der Gnade zu leben und es als kostbar zu empfinden.

Botschaft der Karte: Blicke mit Dankbarkeit und Wertschätzung auf die gemeinsam verbrachte Zeit mit den Menschen, die glückliche Erinnerungen in dir wach halten. Dies ist der Reichtum, der in deinem Herzen wohnt und es nährt und für das Glück öffnet. Dein Leben darf leicht sein, also lasse los, was dich noch belastet. Es liegt in der Vergangenheit und ist für das Hier und Jetzt nicht mehr wichtig. Denn du kannst dich jeden Augenblick in deinem Leben neu entscheiden, wie du dich fühlst. Schätzt du den Augenblick, sammele weitere Erinnerungen, die dich in schweren Zeiten durch die Dunkelheit tragen. An jedem neuen Tag kannst du dich für Dankbarkeit, Lachen und einen optimistischen Neubeginn entscheiden. Wende dich bewusst der leichten Seite des Lebens zu und nimm dir Zeit, das Leben zu genießen. Entspanne dich und gehe mit Humor durchs Leben.

Karte 3 Schiff

Haus: Die Seelenreise und die Weiterentwicklung

Als Person: Die Träumer, Abenteurer, Forscher und Freigeister dieser Welt. Diese Menschen sind voller Idealismus und streben nach Weiterentwicklung. Man begibt sich in Abenteuer, liebt es zu reisen und ist ein Freigeist. Durch das Vertreten eigener Werte und gleichzeitiger Toleranz anderen gegenüber zeichnen sie sich durch eine besondere Weltoffenheit aus. Die Wünsche und Sehnsüchte, die diese Menschen haben, sind ein großer Antrieb, denn sie möchten die Träume verwirklichen, die in ihnen schlummern.

Die energetische und spirituelle Ausrichtung: Die Sehnsucht, die einem neue Abenteuer verspricht, die Reise der Seele. Man vermag die Schaffenskraft und die Energien richtig einzusetzen, um eine innere Stärke zu entwickeln. Dabei spielt die Geduld, die man darin aufbringt, etwas auf sich zukommen zu lassen, eine wichtige Rolle. So manches Mal geht es darum, sich die Dinge entwickeln zu lassen, sich treiben zu lassen und das Unbekannte zu erforschen. Dabei hilft es, beständig sein Ziel zu verfolgen: Es geht um die Suche nach dem Sinn des Lebens, eine neue Bewusstseinsebene zu erreichen und tiefere Zusammenhänge zu erkennen. Viel Wissen anzureichern und das Leben als Lebensreise zu begreifen.

Das momentane Leben: Du hast gelernt, deine Schaffenskraft richtig einzusetzen, um beständig an deinem Ziel zu arbeiten. Deine entwickelte innere Stärke gibt dir zudem die Geduld, auch mal etwas auf dich zukommen zu lassen. So können sich die Dinge auf deiner Lebensreise so entwickeln wie es deinem Lebensplan entspricht. Du erreichst eine neue Ebene auf der Suche nach dem Sinn deines Lebens und erkennst Zusammenhänge, die dein Wissen anreichern.

Ahnenlast: So mancher Vorfahre ist durch Selbsttäuschung gescheitert. Es ist eine Kunst, seine Fähigkeiten zu entdecken und richtig einzusetzen. Ansonsten bleiben es nur Träume, die niemals verwirklicht werden können, da man ein ewig Suchender ist. Gibt man zu schnell auf, scheitert man an aufkommenden Hindernissen, oder lässt man die negativen Erfahrungen der Ahnen hinter sich und öffnet sich für die Dinge, zu denen die Sehnsucht einen führt? Am Lebensende schmerzen einen die Dinge, die man nicht gewagt hat aus Angst vor dem Scheitern am eigenen Anspruch, seine Träume umzusetzen. Keine Orientierung und ein fehlender Weitblick führen dazu, den Sinn des Lebens nicht zu entdecken.

Ahnenkraft: All die Erinnerungen, die in deinem Ahnenfeld weilen, werden von dieser Sehnsucht der Verwirklichung der Träume genährt. Du bist getragen von der Kraft deiner Vorfahren, gebettet in den Wunsch, dich in dieser Inkarnation zu verwirklichen und deine Ahnen zu heilen. Was träumt in dir und wird durch deine Sehnsucht in dir erweckt? Deine Ahnen gaben dir diesen Wunsch mit auf deinen Weg, damit du ihn für dich und deine Vorfahren auf deiner Lebensreise erfüllen kannst. Das Erbe deiner Ahnen träumt in dir und bereitet dir den Weg in die Erfüllung, auch wenn du es vergessen hast. Denn woran du wachsen darfst, ist deine ganz individuelle Seelenreise, die du mit Geduld und Toleranz bewerkstelligen solltest. Du kannst dich entwickeln, wenn du bereit dafür bist, Neues zu lernen und dich zu verändern.

Ahnenheilung: Das Leben besteht aus Höhen und Tiefen. Im Wellental wartet die Herausforderung auf dich, damit du dich auf deiner Lebensreise weiterentwickelst. Lässt du dich vom Leben tragen, erreichst du unweigerlich die Wellenkrone, um zu erkennen, dass es immer wieder aufwärts geht. Heilung kann geschehen, wenn du der Sehnsucht nach Weiterentwicklung deiner Seele folgst und das Auf und Ab des Lebens als Reise zu deinem Ursprung, der göttlichen Quelle, erlebst. Alles, was in diesem Sinne geschieht, ist eine Rückerinnerung an das Göttliche, deinen Heimathafen, der nach jeder noch so langen Reise angelaufen wird und dir sicheren Schutz bietet.

Botschaft der Karte: Deine Lebensreise schenkt dir viele Begegnungen, die dir helfen, alle Facetten auszukosten und der Sehnsucht deines Herzens zu folgen. Jetzt ist es an der Zeit, dem Sehnen nachzugeben. Die momentane Herausforderung ist ein Teil deiner spirituellen Seelenreise, woran du wachsen darfst und wichtige Eigenschaften wie Weltoffenheit und Toleranz lernen kannst. Erkenne, dass alles einer göttlichen Ordnung gemäß geschieht. Mache dich bereit für neue Abenteuer, Türen die sich dir öffnen, und einen neuen Lebensabschnitt für dich beginnt. Freue dich auf alles, was da kommen mag und lasse dich von den Wellen des Lebens tragen.

Karte 4 Haus

Haus: Das Privatleben und die eigenen Bedürfnisse

Als Person: Man schützt sein Privatleben und braucht seine (Wahl)Familie, um sich sicher und geborgen zu fühlen. Dabei ist man sich seiner eigenen Existenz bewusst und strebt nach einem Heim, das Sicherheit und Schutz vermittelt. Die Pflege des eigenen Körpers und ein Körperbewusstsein, das ein Wohlbefinden beinhaltet, das innere Stabilität gibt. Man erschafft eine dauerhafte Basis, im Innen wie im Außen und ist bodenständig. Zuweilen kann man sich auch gelangweilt fühlen und sich selbst durch seinen Starrsinn im Wege stehen.

Die energetische und spirituelle Ausrichtung: Für diese Menschen ist es wichtig, in ihrem Leben Stabilität und Ruhe zu verwirklichen. Ein Nest zu bauen, das ihnen Geborgenheit spendet und Sicherheit vermittelt. Durch den menschlichen Körper, als Sitz der Seele, ein gutes Körperbewusstsein zu haben und mit sich und seinen elementaren Bedürfnissen in Verbindung zu stehen.

Das momentane Leben: Es geht darum, Stabilität und Ruhe in deinem Leben zu verwirklichen. Ein Nest zu bauen, was dir Geborgenheit und Sicherheit vermittelt. Wenn du es schaffst, mit deinen elementaren Bedürfnissen in Verbindung zu stehen und deinen Körper als Sitz der Seele zu begreifen, fällt es dir leicht, ihn zu achten und zu pflegen und ihm deine volle Aufmerksamkeit zu schenken. Dieses Körperbewusstsein bietet dir die dauerhafte Basis, dein Innenleben deinem Privatleben anzugleichen und Schutz und Sicherheit zu genießen. Wie innen, so außen, findest du den Platz in deinem Leben.

Ahnenlast: Deine Ahnen wurden durch Krieg und Vertreibung von ihrer Heimat entwurzelt. Umso wichtiger ist es für dich, wieder Wurzeln zu schlagen und all denen Heimat zu schenken, die vor dir aus deinen Ahnenreihen ihre Identität in Verbindung mit der heimischen Umgebung verloren haben und ihre Heimat verlassen mussten. Die Auseinandersetzung mit dem Tod der Menschen, die wir in dieser Inkarnation als Wahlfamilie gewählt haben, lässt uns den Augenblick des Beisammenseins zu schätzen lernen. Denn man bedauert, dass man keinen so wirklich an sich herangelassen hat, nicht über den Tellerrand geschaut, vieles zu persönlich genommen und sich dadurch nicht wohl in seiner eigenen Haut gefühlt hat. Vielleicht wird es Zeit, wieder mehr Vertrauen zu schöpfen und die Wunden der Ahnen und deren Auswirkungen auf das eigene Leben zu heilen.

Ahnenkraft: Geborgenheit und Schutz wurde dir durch deine Vorfahren gegeben, sodass du dich frei entfalten kannst. Ein Gefühl von Heimat und Zugehörigkeit schenkt dir das Vertrauen, allem zu trotzen und deine Heldenreise als Krieger bzw. Kriegerin des Lichts zu bestehen. Es ist das Privileg eines glücklichen Zuhauses, das dich in die Welt ziehen lässt. Kommst du mit dir selbst ins Reine, schenkt es dir Geborgenheit und Selbstvertrauen. Erst dieser innige Zufluchtsort macht dich bereit, voller innerer Sicherheit das Leben da draußen zu entdecken. In dem Wissen, immer zurückfinden zu können, und den Schutz deiner Ahnen zu genießen, wirst du daran erinnert, dass du in dir Zuhause bist.

Ahnenheilung: Ist es zunächst der Ort deiner Herkunftsfamilie, der dir innere Sicherheit schenkt, so ist es das Bestehen in der weiten Welt, was deinen Vorfahren und dir die wichtige Lektion von „wie innen, so außen" schenkt und alles heilt, was dich einengen und begrenzen könnte. Diese Freiheit schenkst du auch den Menschen, die vor dir da waren und diesen Grundstein gelegt haben. Verlust und Trauer eines geliebten Menschen reißt einen aus jedweder Sicherheit und Geborgenheit. Doch ist dies so wichtig für jeden von uns, diesen Ort, an dem man sich wohl fühlen kann, nicht zu verlieren. Es ist der Ort in dir, in deinem Herzen, wo du weißt, wer du bist und dein Geist und deine Seele Nahrung in dem göttlichen Prinzip der Liebe finden.

Botschaft der Karte: Sorge für eine gute Basis in deinem Leben. Liebe dich und fühle dich wohl in deiner Haut. Denn in dir ist deine Kraft, die alles heilen kann. Fühle dich in dir selbst zu Hause, denn, wenn du dich so annimmst, wie du bist, bist du für dich da und schaffst in dir die Sicherheit, die du für dein weiteres Leben brauchst. Du bist dort zu Hause, wo dein Herz ist. Sei es ein Ort, seien es Menschen oder die Natur und ihre Lebewesen, die dich einbetten in das, was dein Zuhause auf dieser Erde ausmacht.

Karte 5 Baum

Haus: Wachstum und Reife entfalten

Als Person: Schamane/-in, Medizinmann und Medizinfrau, Heiler/-in und Mutter Erde. Diese Menschen stellen ihre Gesundheit und Lebenskraft in den Mittelpunkt. Man braucht Bodenständigkeit, um Vitalität und Ruhe im Gleichgewicht zu halten. Beständigkeit ist ihnen wichtig, da sich ansonsten alles im steten Wachstum befindet. Man findet Heilung in der Natur und erlangt im Laufe des Lebens Reife und Geduld.

Die energetische und spirituelle Ausrichtung: Man ist um ein beständiges Wachstum bemüht, hat kraftvolle Lebensenergie und starke Wurzeln. Das befähigt einen, anderen Kraft zu spenden. Dabei gelingt es, die Dinge sich mit Geduld entwickeln zu lassen. Im Laufe des Lebens entwickelt sich eine Reife, die Heilung unterstützt. Beim Fördern der Lebensenergie nutzt man die Verbindung zwischen Himmel und Erde – dem Weltlichen und dem irdischen Dasein. Dabei überprüft man seine Grund- und Glaubensmuster, bearbeitet Themen, die noch nicht abgeschlossen sind und erkennt den wesentlichen Sinn des Lebens.

Das momentane Leben: Starke Wurzeln und Vitalität vermitteln dir die Bodenständigkeit, die du brauchst, um beständig zu wachsen und dich zu entfalten. Innere Reife und Heilung entwickelst du, indem du die Dinge sich entwickeln lässt. Ruhe und Gelassenheit strahlen aus dir heraus und du erkennst Themen, die noch nicht abgeschlossen sind. Deine Glaubenssätze solltest du einer gründlichen Prüfung unterziehen und deren wesentlichen Sinn erkennen. So kann Heilung und Wachstum geschehen und dir kraftvolle Lebensenergie spenden. Meditiere in der Natur und verbinde dich mit den Energien von Mutter Erde. Nutze die Heilkraft von Baum- und Blütenessenzen, um in deine innere Mitte zu kommen.

Ahnenlast: Werde dir bewusst, was dich auffängt, wenn du mit der Vergänglichkeit des Lebens konfrontiert bist. Was gibt dir den notwendigen Halt, um wie der Baum mit beiden Beinen fest im Boden verwurzelt und in Anbindung an das Göttliche zu sein? Durch die Verbindung zur Natur baust du eine Brücke des Verstehens, wie sehr man Teil des Ganzen und in den ewigen Kreislauf von Werden und Vergehen eingebunden ist. Krankheit, auch in der Familie vererbt, macht einem bewusst, wie wertvoll das Leben ist.

Ahnenkraft: Die Natur, in die du hineingeboren wurdest, schenkt dir Geborgenheit. Wie der Lebensbaum, der einerseits verwurzelt in der Erde genährt wird und dessen Äste in den Himmel zur göttlichen Verbindung streben, hast auch du ein Erbe in dir, was dich immer mit der Natur verbindet, und starke Wurzeln bildet. Erinnere dich an deine Wurzeln, wenn du dich schwach fühlst. Natur und seine Erscheinungsformen werden dir immer wieder neue Inspiration und Kraft schenken. Durch die Vielfalt der Geheimnisse, die sich in der Natur offenbaren, wirst du allen Kummer vergessen, wenn du dich in der Natur aufhältst und ihre Kraft in dich aufnimmst. Wie die Ahnen, schenkt sie dir Energie, die von der Göttlichkeit durchdrungen ist.

Ahnenheilung: Deine Seele und die deiner Ahnen können heilen, wenn die Harmonie zwischen dir und der Natur gegeben ist. Heilt die Natur und ist sie in ihrer ursprünglichen Kraft, gelingt es auch dir, dich zu nähren und zu erfrischen, damit du durch die Erfahrung der Verbindung zur Natur hin zu der göttlichen Quelle, aus der sie entspringt, wieder findest, falls du dich von ihr entfernt haben solltest. Falls Krankheit dich begleitet, erkenne sie als Weg, in die Einheit, die Ganzheit allen Seins, zurückzufinden.

Botschaft der Karte: Die Natur hilft dir, Frieden in dir zu finden. Übergib deine Sorgen und Trauer der Erde, dem Wasser oder dem Wind. Spüre die Kraft der Natur und versorge dich mit all der Energie, die sie dir zur Verfügung stellt. Empfinde dich als Teil der wunderbaren Schöpfung, die dich umgibt, und dich mit allem versorgt, was du zum Leben brauchst. Indem du die Fülle und Lebendigkeit um dich herum wahrnimmst, kannst du bis auf die Zellebene an Harmonie, Vitalität und Gesundheit gewinnen. Sei dabei tief in deinem Urvertrauen zum Leben verwurzelt. Mutter Erde sorgt für dich.

Karte 6 Wolken

Haus: Unsicherheiten und Unklarheiten

Als Person: Selbst gewählte Opfer, Feiglinge und solche, die sich im Nebel verstecken. Diese Menschen werden oft durch eigene Projektionen und Unklarheiten verunsichert. Man zeigt sich phasenweise desorientiert, ergreift die Flucht, wenn es schwierig wird, und lebt in Abhängigkeiten. Dabei unterliegt man der Selbsttäuschung, dass die Welt und andere Menschen so sind wie man es sich denkt und hat ein Schwarz-Weiß-Denken. Dadurch mangelt es an Durchblick, man durchleidet Wechselhaftigkeit und zeigt im Notfall Feigheit, die der Opferrolle entspricht, die man selbst gewählt hat. Man konzentriert sich auf Probleme und Sorgen und tappt im Nebel.

Die energetische und spirituelle Ausrichtung: Man unterliegt oftmals schlechtem Einfluss, fühlt sich wie in einem Vakuum. Sorgen und Ängste verunsichern einen und man hat dabei einen Tunnelblick. Viele leiden unter tiefer Verunsicherung, bis sie wagen, andere Wege zu gehen. Man kann nicht klar sehen und die Realität nicht richtig einschätzen. Entweder hat man falsche Informationen oder unterliegt alten Glaubenssätzen, die das eigene Potenzial daran hindern, sich zu entfalten. Dadurch wird man verführt, Luftschlösser zu bauen und wichtige Wahrheiten nicht zu sehen.

Das momentane Leben: Um die Realität richtig einschätzen zu können, sollte der Energiefluss erhöht werden. Alte Glaubenssätze und falsche Informationen hindern dein Potenzial daran, sich zu entfalten. Baue keine Luftschlösser, sondern erkenne wichtige Wahrheiten. Fülle das Vakuum mit Information aus der feinstofflichen Welt und verbinde dich mit deiner Intuition, die dir wichtige Botschaften deiner Seele offenbart. Tritt aus der Opferrolle und dem Schwarz-Weiß-Denken heraus und Sorgen können sich auflösen wie der Nebel am Morgen.

Ahnenlast: In deinen Ahnenreihen findest du alle Facetten des Menschseins, auch die Feigheit und Unentschlossenheit, die durch Unsicherheit ausgelöst wird. Diese Phase gehört genauso wie alle besseren Zeiten zu dir und deinem Leben. Unsicherheiten aus vergangenen Leben können in deinen Erinnerungen ihr Unwesen treiben, dich verwirren und Ungemach vermuten, wo nichts zu befürchten ist. Machen dir Ungewissheit und Orientierungslosigkeit zu schaffen, fällt es schwer, das Licht am Ende des Tunnels zu sehen. Denn eine getrübte Sicht auf die Dinge birgt unklare Verhältnisse, die unrealistisch sind. Wenn du dich nicht festlegen kannst und deine Unsicherheit die Oberhand gewinnt, fehlt der Durchblick für das, was sich wirklich in deinem Leben zeigt.

Ahnenkraft: Geht die Seele in die Inkarnation, verbirgt sich all das, was die Seele mit ihrer Seelenfamilie an Lernaufgaben verabredet hat, hinter dem Nebel des Vergessens. Um zu seiner eigentlichen Strahlkraft zu gelangen, gilt es, den Schleier des Vergessens zu durchdringen und nicht mehr zu verleugnen, dass man eine strahlende und heile Seele ist. Die Kraft der Ahnen hilft dir, zu deinem Ursprung zurückzufinden, indem sie dir dabei helfen, die Lektionen, die du dir vorgenommen hast, mit ihrem Schutz zu absolvieren. Den Nebel zu lichten, der um deine Existenz schwebt und dir den Weg, den deine Seele gewählt hat, mitunter verhüllt, ist die Kraft, die dir von den Ahnen geschenkt wird.

Ahnenheilung: Dies Vergessen stimuliert dich, die Unwissenheit in dir zu klären und alle Unsicherheiten zu durchlaufen, damit du durch die Erfahrung der Angst in deine Kraft und Schönheit findest, die eigentlich deine Seele ausmacht. Von der Angst in die Liebe, dem Unwissen in die Gewissheit deiner Seele, immer gebettet, immer in der Einheit deiner kollektiven Seelenfamilie zu sein in Anbindung an das Göttliche. Denn dein Höheres Selbst möchte dir sagen, dass sich alles wieder entspannt, sobald du zu deiner Leichtigkeit zurückfindest und befreiter und unbelasteter deinen Weg gehen kannst. Dann tut sich etwas Neues auf und fühlt sich genau richtig an. Der Schleier hebt sich und wir erinnern uns unserer spirituellen Herkunft.

Botschaft der Karte: All die Gefühle, die nun in dir sind, haben ihre Berechtigung und möchten wahrgenommen und angenommen werden. Die Phasen der Unsicherheit und Irritationen sind wertvoll und können nicht beschleunigt werden. Du hast nur die Chance, deinen Gefühlen den Raum zu geben, den sie nun brauchen, damit sie richtig verarbeitet werden können. So kann wirklich Heilung auf allen Ebenen geschehen. Verzeihe dir diese Schwäche, ist es doch eine Illusion, dass das Leben dir nichts mehr zu bieten hätte. Hat der Nebel sich gelichtet, tauchst du daraus hervor in der Gewissheit, dass die Anbindung an das Göttliche dir geholfen hat, dein inneres Licht zu finden. Dadurch hast du viel Neues vor dir in deiner Zukunft.

Karte 7 Schlange

Haus: Entwicklung durch Erkenntnis, Altes hinter sich lassen, sodass Heilung geschieht

Als Person: Hexe, die Weise, eine schwierige Person. Diese Menschen erschaffen sich selbst Schwierigkeiten und Komplikationen. Man geht Umwege, bringt sich in Schwierigkeiten und ist sehr verstandesbetont. Man lässt die Vernunft walten, kann dabei durchaus Erkenntnisse gewinnen, aber handelt oft aus Taktik und Berechnung. Dabei unterliegt man Verlockungen und der Versuchung, den leichteren Weg zu gehen, der nicht immer die richtige Weg sein muss. Doch alles in ihnen strebt nach Heilung, und wirkt immer wieder als Initialzündung für das Überwinden der Komfortzone.

Die energetische und spirituelle Ausrichtung: Diese Menschen zeichnet eine Wandlungsfähigkeit aus, die enorme Heilungsprozesse auslöst. Man lernt aus Erfahrungen und wächst daran. Werden diese Menschen in die Enge getrieben, kann auf unerwartete Angriffe mit Vergeltungsschlägen reagiert werden. Man erlebt immer wieder eine Wiedergeburt (Häutung), hat eine Verbindung zum Heilwissen, die Fähigkeit zum Heilen und strebt nach Selbsterkenntnis. Dadurch erlebt man Entwicklung durch Erkenntnis und kann Altes hinter sich lassen.

Das momentane Leben: Durch Entwicklung von Erkenntnis kannst du Altes hinter dir lassen. Deine Wandlungsfähigkeit ist gefordert, um den Heilungsprozess zu vollziehen. Du lernst intuitiv zwischen Geist und Seele zu kommunizieren. Jedoch bewerte dich und andere nicht negativ und lasse keine Kritik zu, um die Situation nicht komplizierter erscheinen zu lassen, als sie tatsächlich ist.

Ahnenlast: Durch unsere Ahnen sind uns viele Verletzungen vererbt, die von Kritikunfähigkeit, Kritiksucht, Argwohn, Taktik und Berechnung und dem Zwang nach Kontrolle gekennzeichnet sein können. Ein schweres Erbe, das durch die Erkenntnisse der Erfahrungen von Missgunst und Scheitern korrigiert werden sollte. Der analytische Verstand wird dabei helfen, zu erkennen, dass man sich keine Feinde machen und anderen Menschen gegenüber mehr Vertrauen zeigen sollte. Durch das Bewusstwerden von Abhängigkeiten kannst du dich aus Verstrickungen lösen und fühlst dich dann nicht mehr in Situationen gefangen, die du eigentlich nicht möchtest.

Ahnenkraft: Die Kraft der Ahnen hilft dir, dich immer wieder neu zu erfinden und nicht an Altem festzuhalten, das dir nicht mehr dienlich ist. Du besitzt die Kraft der Wandlung zum Guten, um immer mehr zu dir selbst zu finden und vermeintlich erscheinende Umwege zu meistern. Das Leben unterliegt dem Zyklus Tod und Wiedergeburt und unsere Seele erlangt durch die Herausforderungen, die sich ihr stellen, Erkenntnisse, die der spirituellen Entwicklung dienen. Im Spannungsfeld von Ungemach und positiven Wandlungsprozessen, lernt die Seele die Dualität des Lebens kennen und wie wichtig es ist, zu lernen, auf die richtige Weise mit den Problemen umzugehen.

Ahnenheilung: Es geht darum, sich immer wieder wie eine Schlange zu häuten und aufgrund von Erkenntnis zu neuen Ansichten und Beurteilungen des Lebens und dessen Sinnhaftigkeit zu finden. Ja, sogar gegebenenfalls dem Leben wieder Sinn zu verleihen, indem man sich wandeln kann und sich von altem Denken verabschiedet, ohne Schaden im Selbstwert zu nehmen. Kraft der Umwandlung, die du in diesem Prozess vollziehst, wächst die Selbsterkenntnis und trägt entscheidend zum Heilungsprozess bei. Es mutet wie eine Wiedergeburt an, mit neuen Möglichkeiten aus Erfahrungen zu schöpfen.

Botschaft der Karte: Das Leben ist im steten Wandel und auch du, liebe Seele, bist diesem Wandel unterlegen. Je zukunftsorientierter du dich neu erfinden kannst, desto leichter wird es dir fallen, einzwängende Überzeugungen und daraus resultierende Probleme immer mehr aus deinem Leben zu eliminieren. Gib die Kontrolle auf, denn es ist eine Illusion, das Handeln anderer lenken oder etwas erzwingen zu können. Nur was dir freiwillig geschenkt wird, bleibt dir erhalten. Alles andere zerrinnt dir zwischen den Fingern.

Karte 8 Sarg

Haus: Transformation und Loslassen

Als Person: Der Phönix, der aus der Asche steigt. Diese Menschen erleben viele Krisen durch Krankheit oder Abschied. Man erlebt immer wieder ein Ende einer Phase, bedingt durch vorherige Stagnation. Ein Stirb- und Werdeprozess, der durch Transformation aufgelöst werden kann. Durch Trauerarbeit und Trennung von Gewohntem lernt man loszulassen und erlebt dadurch Erkenntnisse und Lernprozesse.

Die energetische und spirituelle Ausrichtung: Man hat phasenweise zu wenig Energie, erlebt Krankheit, fühlt sich schlapp und lustlos, ist wenig motiviert und erlebt Lebensphasen, in denen man leidend und depressiv ist. Kündigt sich ein Ende eines Zyklus an, wird dies als tiefe und intensive Erfahrung erlebt. Doch dann steigt man wie Phönix aus der Asche und lernt durch starke Transformationsprozesse, dass man sich Flügel wachsen lassen kann. Es beginnt immer wieder eine neue Wandlungsphase wie die der Raupe zum Schmetterling.

Das momentane Leben: Du spürst das Ende einer Phase, eines Erkenntnis- und Lernprozesses, der alles hat stagnieren lassen. Lasse los und lasse dir Flügel wachsen und freue dich über den Beginn dieser Wandlungsphase, in der du wie Phönix aus der Asche steigen kannst. Tiefe und intensive Erfahrungen haben dich an diesen Punkt gebracht und das Ende eines Zyklus angezeigt, der dir nicht gutgetan hat.

Ahnenlast: In deinen Ahnenlinien ist es immer wieder zu Situationen gekommen, die alles infrage gestellt haben oder ein Lebensmodell in Schutt und Asche gelegt haben. Das Ende eines sicher geglaubten Lebens und die geglaubten Selbstverständlichkeiten, die plötzlich keine mehr waren. Überprüfe, was in deinem Leben in Schutt und Asche liegt und wage einen Neubeginn, indem du all das loslässt, was sich nicht mehr richtig für dich anfühlt. Auch Krankheit kann eine Möglichkeit sein, deinen Weg zu gehen und dem Leben mehr Wertschätzung zu geben.

Ahnenkraft: Die Kraft, wie Phönix aus der Asche zu steigen, ist dir gegeben und deine Ahnen haben es dir vorgelebt, wie das geht. Auch ihnen wurden immer wieder neue, nicht eigens gewählte Lebensumstände zugemutet, von denen sie nicht gewusst hatten, dass sie ihnen bevorstehen. Je eher man sich den neuen Gegebenheiten anpassen kann, umso leichter fällt der Übergang in diese neue Lebensphase mit neuen Vorzeichen und neuen Ansprüchen, denen wir gegenüberstehen. Lerne aus den Erfahrungen deiner Ahnen, die wie Lebenskünstler das Beste aus jeder Situation machen mussten.

Ahnenheilung: Unser Leben durchläuft Zyklen von Tod und Wiedergeburt im übertragenen Sinne. Wir werden immer wieder vor die Herausforderung gestellt, Altes loszulassen und Platz für neue Ideen und Lebensphasen zu schaffen. Das kann ein schmerzvoller Prozess sein, doch falls wir erkennen, dass es so weit ist, ist es heilsam, dankbar zu sein für all die Erfahrungen, die man auf diesem Weg machen durfte. Doch nun gibt es neue Horizonte zu entdecken, die gelebt werden möchten und zu unserem Wachstum beitragen. Gehe über die Schwelle ins Unbekannte, du wirst dich zurechtfinden und neue Abenteuer deines Lebens stehen dir bevor.

Botschaft der Karte: Immer wieder stehen wir vor einem Abschluss einer Lebensphase, dem Ende von Freundschaften und Beziehungen und dem Beginn eines neuen Lebens, das wir noch nicht einschätzen können. Das kann uns Angst machen, doch gib dich diesem Prozess hin, er dient deiner Weiterentwicklung und du wirst bald verstehen, warum es so und nicht anders kommen musste. Das Ende einer Phase birgt die Möglichkeit, die Lebensumstände zu ändern, die dir nicht mehr guttun und dich von dem zu lösen, was schon länger nicht mehr funktioniert.

Karte 9 Blumenstrauß

Haus: Entfaltung und Kreativität

Als Person: Eine Freundin, eine Lebenskünstlerin und Schöngeist. Diese Menschen sind voller Kreativität, die ein Ventil braucht. Man findet seine Erfüllung in der Entfaltung seiner Talente und Potenziale, liebt Freude und Schönheit und glaubt an die positive Entwicklung im Leben. Dabei zeigt man sich unbeschwert und lebendig und lässt seiner Phantasie freien Lauf.

Die energetische und spirituelle Ausrichtung: Diese Menschen haben eine positive Ausstrahlung, eine Lebendigkeit, die ansteckend wirkt. Sie erleben friedvolle Phasen mit Freude und Lebenslust und sind im inneren Gleichgewicht. Sie lieben Geselligkeit und sind wahre Lebenskünstler/-innen. Ihre lebendige Medialität zeigt sich in der Heilung und als Lichtarbeiter/-innen. Sie lieben die Kunst, und sie verfügen über Heilkraft, die über ein normales Maß hinausgeht. Sie streben danach, die Fülle des Lebens zu genießen. Eine wichtige Lebensweise ist es dabei, sich in Achtsamkeit zu üben.

Das momentane Leben: Entfalte deine Kreativität mit Freude und Unbeschwertheit. Nutze deine Phantasie, deine Talente so einzusetzen, dass eine positive Entwicklung möglich ist. Die Schönheit des Lebens, ausgedrückt in Kunst und Inspiration, erfüllt dich und lässt dich lebendig sein. Strahle diese Lebenslust in dein Umfeld aus und genieße die Heilkraft, die damit einhergeht.

Ahnenlast: Jede Seele strebt nach Selbstverwirklichung und nicht jedem Vorfahren war es vergönnt, sich auszuleben. Es galt, zu überleben und so manches Mal wurde zu viel Gewicht darauf gelegt, was im Außen passiert und wie man sich anpassen muss. Das konnte jedoch bedeuten, seine Talente hintenanzustellen und nur an der Oberfläche seiner Fähigkeiten zu kratzen. Der Preis war, die Schönheit und Vielfalt um sich herum nicht mehr wahrzunehmen und blind dafür zu sein, was noch alles in einem steckt und gelebt werden möchte.

Ahnenkraft: Alles, was in dir als Gedanke beginnt, möchte sich in dieser Welt ausdrücken. Deine Vorfahren werden dich dabei unterstützen, deiner Kreativität zu folgen und schöpferisch zu sein bei allem, was du tust. Kunst, Musik, Literatur und alles, was die Seele nährt und anspricht, findet Zugang zu dir, damit du all das ausdrücken kannst, wofür du deinen Ahnen dankbar bist. Deine kreative Ader ist ein Erbe deiner Vorfahren, die schon immer wussten, ihrer Freude am Erschaffen freien Lauf zu lassen. Lasse auch du deinen Fähigkeiten Raum, sich zu entfalten, und folge der Freude dabei. So wirst du die rechten Ausdrucksweisen deiner Wurzeln finden.

Ahnenheilung: Drücke dich in deinen Fähigkeiten und Talenten aus, damit dein individueller Selbstausdruck sich in der Welt manifestieren kann. Es ist dein Auftrag, der Welt Freude und Schönheit zu schenken. Entdecke dein schöpferisches Potenzial, deine Gaben und Phantasie, da sie dir Seelenerfahrungen schenken, die von Tiefgang und Lebendigkeit geprägt sind.

Botschaft der Karte: Du hattest schon immer eine unverwechselbare Art, deiner Freude und Schaffenskraft Ausdruck zu verleihen. Lasse nicht nach darin und schenke der Welt etwas, wofür es sich zu leben lohnt. Du bist genau hier, um dies der Welt und allen Menschen und deinen Ahnen zu schenken. Du bist es den Menschen, die vor dir gegangen sind schuldig, dich zu entfalten und sie in deinem Herzen weiterleben zu lassen. Auf diesem Weg werden dir verbundene Seelen begegnen, die dich mit Freude und Schönheit bereichern.

Karte 10 Sense

Haus: Verletzungen und Konsequenzen, die sich daraus ergeben sollten

Als Person: Ein Energievampir oder aber auch der Retter in der Not. Diese Menschen erleben tiefe Verletzungen im Leben, die als Initialzündungen dienen, etwas in ihrem Leben zu verändern. Dabei laufen sie Gefahr, daran zu zerbrechen. Durch plötzliche Wendungen im Leben, die einen schmerzvollen Einschnitt und Konsequenzen bedeuten können, leiden sie mitunter sehr darunter. Sie unterliegen dem Prinzip von Ursache und Wirkung und ernten, was sie gesät haben, was ihnen schmerzlich vor Augen geführt wird. Man sollte Vorsicht walten lassen. Dabei muss so manches Mal ein Schlussstrich gezogen werden, um die Belastung zu beenden. Dieser scharfe Schnitt wird aber auch belohnt, falls konsequent gehandelt wird.

Die energetische und spirituelle Ausrichtung: Man hat niedere Energien in sich durch ein Trauma. Dies zeichnet sich durch Verletzlichkeit aus und man erlebt extreme Schicksalsschläge. Dabei kann man mit Aggression bei Angriffen von außen reagieren. Das Empfinden von Wut kann sich nach innen wenden. Man erlebt Tiefschläge durch Energieräuber, die einen umgeben, und denen man schutzlos ausgeliefert scheint. Diese Umstände machen eine Lebenskorrektur notwendig. Eine karmische Lektion nach der anderen trifft immer wieder den wunden Punkt. Es gilt, negatives Karma und destruktive Kräfte wie Schwarze Magie zu eliminieren. Voraussetzung ist die Abkehr von alten Überzeugungen und die Überwindung von Verletzungen und Traumata.

Das momentane Leben: Ziehe Konsequenzen aus einem schmerzvollen Einschnitt, der dir widerfahren ist. Finde die Ursache heraus, die dazu geführt hat, dass du dich verletzt und tief getroffen fühlst. Diese karmische Lektion bedarf einer Lebenskorrektur, um destruktive Kräfte in deinem Leben zu eliminieren. Vielleicht ist auch eine Abkehr von alten Überzeugungen notwendig, um diesen wunden Punkt endlich zu überwinden.

Ahnenlast: Viel Schmerz liegt in deiner Ahnenreihe und lässt dich ratlos zurück. All die Verletzungen, die es gegeben hat, sind unerlöst und wollen in die Heilung finden. Bist du bereit, den nächsten Schritt zu gehen und diese Heilung für alle anderen Vorfahren zu vollziehen? Ein schmerzvoller Einschnitt im Leben zeigt Schuld, die in vergangenen Leben entstanden ist. Setze dem Schrecken ein Ende und trenne dich von Schuld und karmischen Lektionen, die von deinen Ahnen aus in dein Leben finden. Überwinde die Angst vor Konflikten und initiiere eine Lebenskorrektur, damit all diese destruktiven Kräfte keine Chance mehr bekommen. Sei vorsichtig bei der Wahl deiner Weggefährten und sortiere all die aus, die nur von deiner Energie leben.

Ahnenkraft: Aus Verletzungen entspringt nicht nur Schmerz, sondern auch Erfahrung und die Überwindung von Schmerz. Die Ahnen werden dir dabei helfen, alle Verletzungen, die dir widerfahren sind, in eine wunderbare Erkenntnis zu verwandeln. Der richtige Zeitpunkt für Entscheidungen ist nun da und du kannst aus selbst auferlegten Regeln ausbrechen und dich mit einem Streich von Altlasten befreien. Die Belohnung folgt auf dem Fuße und läutet den Umbruch in deinem Leben ein, der dir einen neuen Fokus auf die Dinge schenkt, die wirklich für dich bereichernd sind.

Ahnenheilung: Du wächst an deinen Aufgaben und vielleicht bist du besonders, da du so viel Schmerz erleben musst. Es wird gesagt, dass deine Seele dir nur das zumutet, was du auch schaffen kannst. Es gibt einen Weg und du wirst ihn finden, auch wenn dafür ein harter Schnitt notwendig sein sollte. Der Schmerz und die Trauer sind Energien, die in dir und durch dich durch fließen müssen. Mache dich durchlässig für diese Erfahrung und gebe alles an den Spirit ab, der dies in neutrale Energien umwandeln kann.

Botschaft der Karte: Der Trennungsschmerz scheint unerträglich und doch liegt ihn ihm der Kern der Lösung. Sei es eine Situation oder ein Mensch, von dem man sich trennen muss, um zu erkennen, dass man nicht wirklich voneinander getrennt sein muss. Ist er dir wichtig, kannst du ihn im eigenen Herzen wiederfinden, da, wo all die Menschen und Lebewesen wohnen, die wir lieben. Nichts kann diesen Schmerz lindern, und so nehmen wir wahr, was es bedeutet, getrennt zu sein. Hinter dem Schmerz sind all die glücklichen Momente, die wir miteinander teilen durften, ein tief verborgener Schatz, den es zu entdecken gilt.

Karte 11 Ruten

Haus: Glaubenssätze und innere Konflikte

Als Person: Eine Kämpfernatur, Krieger/-in und Ratgeber/-in. Diese Menschen sind oft voller Sorge. Sie meiden Diskussionen und Streit und geraten gerade deshalb immer wieder in diese niederen Spannungsfelder. Dabei sind Zerwürfnisse möglich, bei denen man anderen Vorwürfe macht. Diese Menschen fühlen eine innere Zerrissenheit und hegen große Zweifel daran, ob das, was sie denken, richtig ist. Sie tun sich schwer mit Meinungsverschiedenheiten und beschwören dadurch Konflikte herauf. Jeder hat eigene Denkweisen und Überzeugungen, dies gilt es zu akzeptieren. Doch oftmals unterliegen sie Selbstbestrafung und Glaubenssätzen, die durch konditionierte Bewertungen gesteuert sind.

Die energetische und spirituelle Ausrichtung: Das Leben im Strudel von Angriff und Verteidigung ist anstrengend und kann bei anderen Menschen Widerstand erzeugen. Sind sie bereit zu schlichten und kommen jemandem entgegen, ist Klärung möglich. Sie brauchen Schutz vor negativen Energien. Objektivität ist etwas, was sie sich erarbeiten müssen. Dies gelingt, indem sie sich ihre Überzeugungen anschauen und gegebenenfalls verändern. Es fällt ihnen oft schwer einen gemeinsamen Konsens zu erarbeiten. Doch sie sollten die Inflexibilität aufgeben und zu mehr Kompromissen bereit sein. Denn es gilt, Gegensätze anzuerkennen und Glaubenssätze zu entlarven, die nicht dienlich sind und diese gegebenenfalls zu korrigieren.

Das momentane Leben: Schütze dich vor negativen Energien, indem du dich verteidigst und die Angriffe abwehrst. Deine Überzeugungen haben ihre Berechtigung, können aber für Streit und Diskussionen sorgen. Zweifle nicht an dir und deiner Denkweise, sondern erkenne die Gegensätze an. Falls du durch Überprüfung deiner Glaubenssätze Fehler entdeckst, korrigiere sie umgehend und zeige dich flexibel. Ansonsten erarbeite einen gemeinsamen Konsens oder handle Kompromisse mit deinem Gegenüber aus. Du solltest dich jedoch nicht für deine eigene Meinung schuldig fühlen und dich selbst dafür bestrafen, indem du deine Überzeugungen missachtest.

Ahnenlast: Schon lange gibt es in deiner Ahnenlinie Glaubenssätze, die von Generation zu Generation weitergegeben werden. Nun ist es an der Zeit, diese zu heilen und Zeit für eine Erlösung deiner Ahnen – Zeit, all dies zu hinterfragen und dann zu korrigieren. Immer wieder kreisen in diesen Tagen die Gedanken um vermeintlich verpasste Gelegenheiten oder Chancen, die man nicht genutzt hat, um sich wirklich miteinander auszutauschen. Schreibe einen Brief oder halte Zwiesprache mit dem verstorbenen Menschen oder deinen Ahnen, deren Rat du brauchst. Sie werden dir auf eine bestimmte Art und Weise, die du erkennen wirst, antworten.

Ahnenkraft: Der Glaube an etwas kann Berge versetzen, wie du weißt. Glaubst du daran, dass deine Ahnen dich in deiner Inkarnation unterstützen, wirst du diese positive Kraft auch spüren. So manche Überzeugung deiner Ahnen sind aus ihren Lebensumständen entstanden und sollten überprüft und deinem Leben angepasst werden. Denn so wie die Lebensumstände deiner Ahnen, hast auch du dich verändert. Packe die Probleme beim Schopf, leiste keinen Widerstand gegenüber dem, was dir auf deinem Weg als Herausforderung begegnet, so kannst du jedes Selbstsabotage-Programm aus deinem Leben entfernen.

Ahnenheilung: Überzeugungen haben sich gebildet, um sich selbst die Welt zu erklären. Unterscheide, ob sie von dir selbst oder anderen stammen, die sich die Welt nur nicht anders vorstellen konnten. Halte Heilung für möglich und Heilung kann geschehen, ohne blockierende Glaubenssätze und Selbstbilder, die nicht deinen wahren Kern ehren. Denn die Überwindung von alten Strukturen und Überzeugungen machen den Dialog mit deiner Seele erst möglich. Durch Egobewältigung und Fremdeinflüsse werden negative Glaubenssätze aufgelöst und du kommst mit dir selbst ins Reine.

Botschaft der Karte: So viele Worte wurden gesprochen und drücken trotzdem nicht das aus, was wirklich empfunden wird. Ist es doch das Verstehen ohne Worte, was einen miteinander verbindet. Die leisen Andeutungen, die kleinen Gesten, die so viel mehr als Worte auszudrücken vermögen, wie nahe man sich kommen kann. Diese Nähe ist immer noch da, tief im Herzen, wo Worte nicht mehr notwendig sind. Eine innere Neuausrichtung heilt die innere Zerrissenheit und Konflikte, die wie Schattenboxen im Außen geführt werden. Das Leben besteht aus Kompromissen, die man mit sich selbst und anderen eingehen sollte, um eine Lösung für alle Beteiligten zu finden.

Karte 12 Vögel

Haus: Selbstsabotage und blinder Fleck

Als Person: Der Rebell, die Rebellin, Entdecker/-innen und Eroberer/-innen, die Großeltern. Diese Menschen leben in Anspannung, Aufregung und Hektik. Sie leiden unter Nervosität, machen sich viele Sorgen bis hin zur Verzweiflung. Dabei übersehen sie ihren blinden Fleck, der sich durch Unberechenbarkeit auszeichnet, die man nicht unter Kontrolle bekommt. Die Kontrolle aufzugeben, fällt ihnen sehr schwer. Aber wenn sie sich bemühen, erlangen sie im Laufe des Lebens Weisheit, Selbstbestimmung und Individualität. Dabei ist es wichtig, sich in Selbstentfaltung und der Befreiung von Zwängen zu üben und alte Konditionierungen loszulassen. Dadurch können diese Menschen Magie in ihr Leben zaubern.

Die energetische und spirituelle Ausrichtung: Man unterliegt starken niederen Schwingungen. Dabei muss man den Mut aufbringen, etwas zu verändern und eine eindeutige Haltung einzunehmen. Durch klare Imagination und Gedankenkraft können innere Umbrüche erzielt werden. Dabei werden enorme spirituelle Entwicklungs-möglichkeiten in jede Richtung freigesetzt. Das bringt Magie ins Leben und fördert Fähigkeiten wie Telepathie. Man sollte Gewohntes infrage stellen und nach seinen wahren Überzeugungen leben. Dabei hilft eine ausgeprägte Intuition.

Das momentane Leben: Durch klare Imagination und Gedankenkraft bringst du den Mut auf, etwas zu ändern. Dabei nimmst du eine eindeutige Haltung ein, die dir neue spirituelle Entwicklungsmöglichkeiten bietet. Stelle deine Gewohnheiten infrage und lebe deine wahren Überzeugungen. Nur so kannst du deine ganz eigene Magie in deinem Leben entfalten. Deine ausgeprägte Intuition und deine magischen Fähigkeiten werden dich dabei unterstützen.

Ahnenlast: Viele Sorgen spielten in den Leben deiner Ahnen eine Rolle. Alles hat sich für sie so oder so geklärt. Entweder haben sie sie bewältigt, oder die Situation als gegeben akzeptiert. Nimm sie zum Vorbild, um unnötige Sorgen zu vermeiden und nicht alles so schwer zu nehmen. Du kannst dich durch deine Sichtweise entscheiden, ob du etwas als Problem oder Herausforderung zum Wachsen ansiehst. Stress wird erzeugt, wenn du die Realität nicht akzeptieren kannst. Das, was dich daran hindert, glücklich zu sein, ist der blinde Fleck, dem du auf die Schliche kommen solltest. Stelle Gewohntes infrage, zeige dich unabhängig von den Meinungen anderer und gehe deinen ganz eigenen individuellen Weg.

Ahnenkraft: All die Weisheit, die deinen Ahnen zur Verfügung stand, ist auch für dich zugänglich. Nimm Kontakt auf zu deinen Ahnen und stellen ihnen die Fragen, die dir gerade wichtig erscheinen. Die Antwort kann auf verschiedenste Weise zu dir finden – sei es ein Lied, eine Passage in einem Buch, etwas, was ein anderer zu dir sagt oder was beim Stellen der Frage intuitiv in dir aufsteigt. Es wird dir dabei helfen, hinter die Kulissen zu schauen und dir eine eigene Meinung zu bilden. Nur so entwickelst du innere Weisheit und eine Unabhängigkeit, die all die Sorgen verblassen lässt, die dich gerade noch umtreiben.

Ahnenheilung: All deine Überzeugungen gestalten dein Leben. In Zeiten innerer Umbrüche legst du alte Vorstellungen vom Leben ab und erlaubst dir, deine Welt mit neuen Ideen zu bereichern. Das fördert die Magie in deinem Leben und bringt dich der Weisheit ein Stückchen näher. Du löst alte Traumata auf, indem du innere Weisheit entwickelst und den Mut beweist, etwas zu verändern, was dir Sorge bereitet. Dafür ist es erforderlich, eine eindeutige Haltung einzunehmen, die deiner Selbstbestimmung dient.

Botschaft der Karte: Erkenne, was dir Stress und Sorge bereitet und versuche, es aus deinem Leben zu eliminieren. Sorgen sind keine guten Voraussetzungen, um ein schönes Leben zu führen. Die Schwingung, in die dich Sorgen und Ängste bringen, ist nicht dazu da, um Lösungen zu finden. Also bringe dich in die Lage, deine Situation angstfrei und ohne negative Gefühle zu einem guten Ergebnis für dich und alle Beteiligten zu führen.

Karte 13 Kind

Haus: Unerfahrenheit und Naivität, das Innere Kind

Als Person: Die Erben, das Innere Kind in uns. Diese Menschen zeigen sich neugierig, spontan und oft auch naiv. Es gibt immer wieder Neuanfänge im Leben, die durch Gutgläubigkeit nicht vereitelt werden sollten. Mit Lebendigkeit und Leichtigkeit kann man dabei Entwicklungsprozesse vollziehen und Schritt für Schritt vorangehen. In der Kindheit ist jeder dieser Menschen sehr talentiert, jedoch macht sie ihre Unerfahrenheit oft mutlos. Mit einem Gefühl der Unschuld sollten sie sich erlauben, Fehler zu machen und all das zu korrigieren, was ihnen und ihrem Inneren Kind in der Kindheit angetan wurde.

Die energetische und spirituelle Ausrichtung: Diese Menschen sollten sich durch Gelassenheit und Hingabe an die Sache auszeichnen. Durch spielerisches und unbekümmertes Handeln bekommt man den notwendigen Auftrieb und ist voller Schwung und Elan. Ein Lebensthema ist die Heilung des Inneren Kindes. Dabei erlebt man Initiationen und Einweihungen. Das befähigt, die Aufmerksamkeit im Hier und Jetzt zu halten und die Vergangenheit hinter sich zu lassen.

Das momentane Leben: Voller Schwung und Elan experimentierst du ganz verspielt und unbekümmert mit deiner Neugier auf das Leben. Deine Hingabe gibt dir den notwendigen Auftrieb, dich Schritt für Schritt voranzutasten und deinen Wünschen Gestalt zu verleihen. Durch den Dialog mit deinem Inneren Kind gelingt es dir, im Hier und Jetzt zu sein und dich leicht und lebendig zu fühlen.

Ahnenlast: Das Innere Kind ist die Instanz in uns, die uns zeigt, welche Kindheitstraumata in uns heilen sollten. Sie sind bedingt durch die Erfahrungen in unserer Ursprungsfamilie und die Erfahrung von Einsamkeit und Ablehnung unserer Person. Dieses Trauma zieht sich durch die Ahnenlinien und wird weiter an die Nachfahren gegeben, falls es nicht von dir geheilt wird.

Ahnenkraft: Kraft deiner Ahnen und der Unterstützung, die sie dir anbieten möchten, wird es möglich, in deine Selbstliebe zu finden. Dein Inneres Kind wartet auf dich, um all das zu heilen, was in dir verletzt wurde und dein Leben negativ beeinflusst. Öffne dich der Kraft der Liebe und deiner Ahnen und heile dadurch alle Vorfahren gleich mit.

Ahnenheilung: Durch deine eigene Liebe, die du dir selbst entgegenbringst, kannst du all das heilen, was durch Unachtsamkeit und Lieblosigkeit anderer Menschen verursacht wurde. Diese neue Perspektive macht es dir möglich, etwas Neues in dein Leben zu bringen und dich geliebt und lebendig zu fühlen. Auch deine Vorfahren werden durch diese Selbstliebe in ihren Wunden und Verletzungen rückverbindend geheilt, denn es gibt in dieser Verbindung keinen Raum und keine Zeit, die dich in deiner Heilarbeit begrenzen könnte.

Botschaft der Karte: Nun ist es an der Zeit, alte Wunden zu heilen, die in der Vergangenheit verursacht wurden und nun keine Bedeutung mehr für dich haben müssen. Worauf es ankommt, ist lediglich, wie du zu dir selbst stehst und ob du dich so annehmen und lieben kannst, wie du gerade bist. Mit allem, was dich ausmacht.

Karte 14 Fuchs

Haus: Sich von Täuschung und Fehleinschätzung befreien

Als Person: Der Falschspieler, Dieb und Lügenbaron, ein hinterlistiger und unehrlicher Mensch. Diese Menschen werden oft mit Lüge, Täuschung und Heuchelei konfrontiert. Verrat und Betrug machen misstrauisch und führen zu Fehleinschätzungen. Etwas läuft falsch und man muss sich vor Hinterlist einerseits schützen, aber andererseits sein Herz nicht verschließen. Man sollte Verdrängung und daraus resultierenden Fehler vermeiden, da sie nur Illusionen schüren. Aber auch: Man zeichnet sich durch, Scharfsinn, Raffinesse, und Spürsinn aus. Die vorhandenen Instinkte sorgen für mehr Authentizität, falls man ihnen vertraut. Der Fuchs als Person zeigt uns, was nicht auf Wahrheit beruht.

Die energetische und spirituelle Ausrichtung: Man ist von Energieräubern umgeben, man manipuliert aber auch selbst die anderen. Die spirituelle Verbindung zu sich selbst ist gestört. Das führt zu Desillusionierung und karmischen Prüfungen, die eine Reifeprüfung initiieren. Die Verbindung zu den Ahnen hilft, auf seinem Seelenpfad zu sein.

Das momentane Leben: Diese karmische Prüfung, die dir gestellt wird, kann nur bewältigt werden, wenn du in Verbindung mit dir selbst bist. Setze alles an Klugheit, Raffinesse und Spürsinn ein, um diese Reifeprüfung zu bestehen. Täuschung und Desillusionierung müssen ein Ende finden, damit du authentisch deine eigene Wahrheit lebst. Vertraue auf deine Instinkte und gehe auf deinem ganz individuellen Seelenpfad voran und lasse alle Fehleinschätzungen, die aus Angst entstanden sind, hinter dir.

Ahnenlast: Du kannst, was deine Familiengeschichte betrifft, nicht wissen, was Wahrheit oder Lüge ist. Sind die Geschichten, die über deine Ahnen erzählt werden, wirklich so geschehen oder sind sie aufgrund von Gründen, die du nicht kennst, verfälscht worden? Forsche weiter und gib dich nicht mit lapidaren Begründungen zufrieden. Sei bereit, die Wahrheit zu erkennen, selbst wenn es nur die Gewissheit ist, dass du alles heilen kannst, was in deinen Ahnenlinien an Negativem geschehen ist.

Ahnenkraft: Deine Ahnenlinien haben sich schon immer durch besondere Bauernschläue ausgezeichnet. Sich durchs Leben zu schlagen oder widrigen Umständen auszuweichen gehörte zum Überlebensinstinkt dazu. Doch gilt es zu unterscheiden, ob es immer gerechtfertigt war, die Wahrheit zu verdrehen oder etwas aufgrund einer Lüge aufzubauen. Jeder deiner Vorfahren hat die Erfahrung gemacht, dabei auf Sand zu bauen. Also nimm dir das zu Herzen und bleibe ehrlich und authentisch bei allem, was du tust.

Ahnenheilung: Die Wahrheit ist immer stärker als die Lüge, die sich irgendwann entlarvt. Es ist wie mit der Liebe, die auch stärker als die Angst ist. Bist du aufrichtig und zeigst dich so, wie du wirklich bist, kannst du sicher sein, dass das Universum dich unterstützen wird. Zudem lebt es sich ohne Lügen leichter und du weißt genau, wer du bist und was dir wirklich wichtig ist, dein Seelenheil. Denn wenn wir den aufrichtigen Wunsch hegen, uns selbst zu erkennen, beenden wir die Selbstlügen und die damit einhergehende Selbstsabotage.

Botschaft der Karte: Deine Verbindung zu den Ahnen und verstorbenen Seelengefährten hilft dir, auf deinem Seelenpfad zu wandeln. Alles, was Illusion oder Täuschung beinhaltet, kann sich einfach vor dir auflösen, sobald du erkennst, wer du wirklich bist. Ein spirituelles Wesen mit einer Seele, die auf dieser Erde eine menschliche Erfahrung machen möchte. Lasse alles hinter dir, was dich bisher davon abgehalten hat, in Fülle zu leben und ganz authentisch zu sein.

Karte 15 Bär

Haus: Ahnenlast vergangener Generationen, in der Vergangenheit leben

Als Person: Ein Vorbild und eine Autoritätsperson. Diese Menschen zeichnen sich durch besondere Kraftreserven und innere Stärke aus. Durch Beständigkeit und Beharrlichkeit wird Wohlstand gesichert. Diplomatie und Geduld sind dabei wichtige Fähigkeiten, um die Führungsqualitäten, die in ihnen schlummern, auszudrücken. Durch Regeneration und innere Ruhe entsteht Sicherheit und Durchhaltevermögen. Es droht aber auch Selbstüberschätzung, Sturheit, Wut und Zorn, solange man mit seinen Kräften Raubbau betreibt und an Vergangenem haftet.

Die energetische und spirituelle Ausrichtung: Man verfügt über starke Energie, die Macht und Autorität vermittelt. Schutz und Stärke garantieren eine innere Sicherheit, die eine kraftvolle und unbändige Lebenskraft aktiviert. Man hat ein Talent, ein/-e spirituelle/-r Lehrer/-in zu sein, Schamane/Schamanin. Es fällt diesen Menschen leicht, Kontakt zu Geistführern und Krafttieren zu pflegen. All dies unterliegt ihrem Heilungsprozess. Sie haben eine starke Verbindung durch eine Naturverbundenheit, die sie regenerieren lässt und ihre Kraftreserven wieder auftankt.

Das momentane Leben: Zeige deinen Mut und deine Kraft, die dir innewohnen und Macht und Autorität vermitteln. Diese kraftvolle und unbändige Lebenskraft gibt dir die Sicherheit, um beharrlich an deiner spirituellen Entwicklung zu arbeiten. Durch Diplomatie und Beständigkeit wirst du deine selbst gesteckten Ziele erreichen. Dabei bekommst du den Schutz deines Geistführers und wirst von deinem Krafttier begleitet. Ereignisse aus der Vergangenheit gehen in die Heilung und dein innerer Heiler vollzieht die Transformation, die dich von den Fesseln vergangener Verletzungen befreit. Dein innerer Wohlstand beruht auf den Führungsqualitäten, die du dir angeeignet hast. Nutze diese Kraft für dein zukünftiges Leben und lasse dich dabei von deinen Ahnen unterstützen.

Ahnenlast: Den Mitgliedern deiner Ahnenreihen ist es immer wieder gelungen, ihre innere Kraft zu mobilisieren und sich mit neuem Selbstbewusstsein aus schwierigen Situationen mit Geschick und diplomatischem Feingefühl herauszuretten. Nutze diese innere Stärke für dein Wohlbefinden und nimm deinen Geistführer mit ins Boot. Du selbst hast in dir die Fähigkeit, anderen zur Seite zu stehen und als Mentor/-in zu dienen.

Ahnenkraft: Die Fähigkeit, die Erfahrungen vergangener Generationen zu nutzen und zu seinem Vorteil einzusetzen, ist die besondere Kraft, die deine Ahnen für dich bereithalten. Erkenne deine Stärken und setze sie für dich und das Wohl aller sinnvoll ein.

Ahnenheilung: Wenn es gelingt, nicht die gleichen Fehler der Ahnen zu wiederholen, sondern aus den Erfahrungen, die man selbst oder die Vorfahren gemacht haben, zu lernen, kann innere Kraft mobilisiert werden und für dein Leben so eingesetzt werden, wie es deinen Führungsqualitäten und deinem diplomatischem Geschick entspricht.

Botschaft der Karte: Jetzt ist es an der Zeit, all deinen Mut in die Waagschale zu legen und dich auf die innere Stärke, die du besitzt, zu fokussieren. Es sind die Schwingungen von Toleranz und Diplomatie, die dir jetzt weiterhelfen werden, um unbeschadet deine Führungsqualitäten zu zeigen, und deinen Auftrag als Mentor/-in wahrzunehmen. Die geistige Welt wird dich dabei unterstützen und dir die notwendige Sicherheit geben, auf dem richtigen Weg zu sein.

Karte 16 Sterne

Haus: Den Horizont erweitern, Eingebungen und Visionen, die Erweiterung des Bewusstseins anstreben

Als Person: Ein Medium, Hellseher/-in, Mentor/-in, Visionär/-in und Wissenschaftler/-in. Diese Menschen üben sich in spirituellen Praktiken und dem Glaube an eine Kraft, höher als man selbst. Darin finden sie Klarheit und Erfüllung. Dabei definieren sie ihre Ideale und erheben sich auf höhere Ebenen ihres Bewusstseins. Ihnen ist ein Leben unter einem guten Stern geschenkt, gespickt mit Erfolg, Glückseligkeit, und Fülle. Man hat die Fähigkeit, das Licht am Ende des Tunnels zu sehen. Herausstechend ist ein Forschergeist, der Wissenschaft und Spiritualität miteinander verbindet. Sie zeichnen sich durch Intelligenz aus, die sie befähigt, tiefe Einsichten in größere Zusammenhänge des Lebens zu erlangen.

Die energetische und spirituelle Ausrichtung: Hier findet sich ein lichter Mensch mit leuchtender Ausstrahlung und Kraft. Mit der Fähigkeit, jede Situation zu verbessern und eine höhere Ebene des Bewusstseins zu erreichen. Man kann den Horizont erweitern und mit Vertrauen in die Zukunft ein glückliches Leben gestalten. Durch Eingebungen und Hellsicht nimmt die Medialität einen großen Platz im Leben ein. Dabei ist man ein spirituelles Vorbild mit zukunftsweisenden Visionen für sich selbst und die ganze Welt.

Das momentane Leben: Sei ein spirituelles Vorbild, indem du deinen Eingebungen folgst und einer Verbesserung deiner Situation entgegenstrebst. Vertraue in die Zukunft und erreiche mit deiner Medialität eine höhere Ebene deines Bewusstseins. Deine tiefe Einsicht in größere Zusammenhänge und die Klarheit, die damit einhergeht, lässt dich deinen Idealen näherkommen. So ist dir der Erfolg sicher und du siehst das Licht am Ende des Tunnels.

Ahnenlast: Das Leugnen der feinstofflichen und spirituellen Welt, die dich umgibt, hat so manchen Vorfahren blind gegenüber den Mysterien des Lebens gemacht. Sie bezeichneten es als Weltfremdheit, wenn es um die kosmischen Zusammenhänge und deren Einfluss auf ihr Leben ging. Du bist aufgerufen, diese Wunde zu heilen und wieder alle Ahnen in die Ganzheit zu führen, die ihre Herkunft aus Sternensaat verleugnet haben.

Ahnenkraft: Es geht darum, tiefere Einsichten in Zusammenhänge des Lebens auf dieser Erde und der Verbindung zum Kosmos zu erlangen. Dies erweitert deinen Horizont und macht dich bereit, dich nicht nur hier auf der Erde im Kreise deiner Ahnen, sondern auch als Sternensaat zu sehen, die mit dem gesamten Universum verbunden ist. Deine Ahnen möchten dir den Glauben an eine Macht, größer als du selbst, für dieses Leben hier auf diesem Planeten mitgeben. Das Glück zu haben, deinen Idealen zu folgen und dir all das zu erfüllen, was du dir wünscht. Du kommst von den Sternen und hier auf die Erde, um menschliche Erfahrungen zu machen. Welche es sind, bestimmst du durch dein Streben nach Liebe oder Angst.

Ahnenheilung: Deine Wünsche und Visionen leiten dich wie Sterne durch dein Leben und zeigen dir den Weg, wie du die Schmerzen deiner Ahnen heilen kannst. Dabei helfen dir die Anbindung an das Göttliche und das Vertrauen in die Zukunft, die von deiner Hellsicht genau dahin geführt wird, wo du jetzt genau richtig bist. Erinnere dich daran, woher du kommst und wohin du wieder gehst, wenn du dieses menschliche Dasein verlässt. Integriere all das, was du bist und sein könntest, wenn du die kosmischen Energien nutzt, um heil zu werden.

Botschaft der Karte: Um spirituell zu leben ist es wichtig, dich selbst zu lieben und zu achten, eine Grundvoraussetzung dafür, um die Verbundenheit mit anderen zu leben. Lasse dich von deinen Vorfahren und den Verstorbenen inspirieren und empfange göttliche Eingebungen. Sei ein Vorbild für andere auf dem Weg hin zu deiner Bestimmung hier auf dieser Erde. Spirituell ist der Mensch, der sich im täglichen Leben auf seiner persönlichen Lebensreise befindet, mit dem Ziel, Liebe zu empfinden und sie aktiv auszudrücken, und sich mit dem höheren Ideal der göttlichen Kraft verbindet. Auf der höchsten Ebene, der himmlischen Ebene, ist die Seele mit dem Leben eins, wie es so Lichtgestalten wie Buddha und Jesus vorgelebt haben.

Karte 17 Störche

Haus: Aufbruch in eine positive Veränderung, Fortschritte machen

Als Person: Das Chamäleon, anpassungsfähig und sprunghaft. Diese Menschen unterliegen weitreichenden Veränderungen, die viel Flexibilität und Anpassungsfähigkeit erfordern. Immer wieder muss man zu neuen Ufern in eine neue Lebensphase und neue Lebensbedingungen aufbrechen. Der Wandel dient der positiven Weiterentwicklung. Umzüge und Ortswechsel sind möglich, die neue Begebenheiten gestalten. Auch etwas aus einer anderen Perspektive zu betrachten, kann den Horizont erweitern.

Die energetische und spirituelle Ausrichtung: Bei diesen Menschen gibt es viele Impulse für Neues und sie fördern die Beweglichkeit im Denken und Handeln und den Fortschritt. Man ist impulsiv, zeigt sich oftmals unbeständig und erfindet sich immer wieder neu. Es ist wichtig, ein soziales Miteinander zu leben, einer Gemeinschaft anzugehören. Dadurch stellt sich ein Gefühl der Verbundenheit ein und fördert Abwechslung und Vielfalt.

Das momentane Leben: Beende die Unbeständigkeit und passe dich der gegebenen Situation an. Entwickle ein Gefühl der Verbundenheit mit deinem Umfeld und leite einen Wandel ein, der einen Aufbruch in eine neue Lebensphase bedeutet. Dies führt zu einer positiven Weiterentwicklung, die Impulse für Neues bietet, wenn du dich flexibel und beweglich zeigst. So wird ein soziales Miteinander möglich und beschert dir Abwechslung und Vielfalt.

Ahnenlast: Die Ahnen wurden oft gefordert, sich flexibel und anpassungsfähig zu verhalten und nicht gegen den Strom zu schwimmen. Das Leben und die Lebensumstände, die sich einem bieten, beruhen auf dem Mut der Vorfahren, Chancen zu nutzen und sich dem Wandel des Lebens anzuvertrauen. Vielleicht verspürt man eine gewisse Unruhe und möchte die Welt entdecken. Die Ahnen haben den Weg dafür bereitet.

Ahnenkraft: Nutzt man die Chancen, die sich einem bieten, öffnet man sich für die Synchronizitäten, die nur das Leben selbst bieten kann. Es macht einen Unterschied, nicht nur aus eigener Kraft sich Verbesserungen zu erarbeiten, sondern auch aufmerksam für die Türen zu sein, die das Leben uns „zufällig" öffnet. Der Treibstoff ist das Vertrauen ins Leben, das bereits die Vorfahren hatten.

Ahnenheilung: Hinter jedem Wandel, jedem Zufall steckt eine göttliche Absicht, die genau die Lektion in sich birgt, die man braucht, um zu heilen. Ist man achtsam und hält Ausschau nach diesen Gelegenheiten, lehrt das Leben einen, dass Vertrauen belohnt wird. Eine positive Erwartungshaltung zieht einen positiven Wandel in das Leben. Das ist Magie und ein energetisches Ergebnis dessen, dass das Leben nach einem göttlichen Plan verläuft.

Botschaft der Karte: Das Leben steckt voller Überraschungen und so manche Veränderung kannst du nicht sofort einordnen. Erst im Nachhinein stellst du fest, dass alles, was sich beim Wandel gezeigt hat, deinem Lebensweg dient. Vertraue darauf, dass es eine positive Alternative bietet, um neue Chancen zu nutzen und daran zu wachsen.

Karte 18 Hund

Haus: Helfersyndrom, zu vertrauensselig sein,

Als Person: Geistführer, Seelengefährten. Diese Menschen sind vertrauenswürdig und loyal gegenüber ihren engsten Freunden und der Familie. Sie zeichnen sich durch Hilfsbereitschaft und Treue gegenüber den Menschen aus, die sie lieben, und man ist bekannt für Verlässlichkeit und Aufrichtigkeit.

Die energetische und spirituelle Ausrichtung: Es fällt einem leicht, die Verbundenheit in sozialen Bindungen zu pflegen, sich mit Gleichgesinnten zu umgeben, empathisch zu sein und feine Antennen für die Bedürfnisse anderer zu haben. Durch Innenschau kann man die Kräfte des Unbewussten entdecken und zum Ausdruck bringen, seinen medialen Fähigkeiten Aufmerksamkeit und Entfaltungsmöglichkeiten bieten und Gemeinschaftssinn leben.

Das momentane Leben: Du solltest durch Innenschau die Kräfte des Unbewussten entdecken und diese zum Ausdruck bringen. Gemeinschaftssinn leben, indem du dich mit Gleichgesinnten umgibst und generell soziale Bindungen pflegst. Biete deinen medialen Fähigkeiten Aufmerksamkeit und entfalte sie so gut es geht. Übe dich darin, empathisch und offen für die Bedürfnisse anderer zu sein. Zeige dich loyal und hilfsbereit und baue Vertrauen auf, damit du andere in ihrem Tun unterstützen kannst.

Ahnenlast: Vor der Inkarnation hast du dich mit deiner Seelenfamilie abgesprochen, wer dich in diesem Leben unterstützt. Diese Seelengefährten können dich auf verschiedenste Weise anregen, deine Fähigkeiten zu entdecken und in dein Leben zu integrieren. Die Beziehungen, die in deinem Leben eine große Rolle spielen, sind die Lernaufgaben deines Lebens. Hier kannst du zeigen, auf welche Art und Weise du mit anderen in Kontakt trittst und wie weit deine Loyalität geht, falls es schwierig wird. Nutze die Chance, von deinen Ahnen zu lernen, was wirklich wichtig ist an Treue und Zuverlässigkeit zu zeigen, ohne etwas dafür zu erwarten.

Ahnenkraft: Die zwischenmenschlichen Beziehungen in deinem Leben sind ein Spiegelbild dessen, was du wirklich fühlst und welche Werte dir wichtig sind. Es ist die Verlässlichkeit, die du besonders an anderen schätzt und die auch dir in die Wiege gelegt wurde. Treue und Loyalität sind für dich wichtige Voraussetzungen, um Beziehungen welcher Art auch immer, erfolgreich und innig zu führen. Deine Ahnen sind präsent, egal ob du sie spürst oder nicht. Sie helfen dir, dich auf dem Weg hin zur Liebe zu entfalten.

Ahnenheilung: Bist du verraten worden oder haben dich dir nahestehende Menschen verlassen, so lasse dich nicht von deinen Werten der Treue und Loyalität abbringen. Es kann sein, dass man nicht auf der gleichen Entwicklungsebene ist, und der Preis wäre zu hoch, seine eigene Schwingung mit Schmerz und Zweifeln zu vergiften. Bleibe dir treu und vergib, sobald es dir möglich ist. Das macht dich wieder frei für Menschen, die es gut mit dir meinen. Bitte um Menschen, die deine Seelengefährten sind und genau wissen, was du brauchst, um heil und liebend zu leben.

Botschaft der Karte: Wenn man auf sein Leben zurück blickt, erkennt man, dass es die Beziehungen und Freundschaften sind, die wirklich wichtig im Leben sind. Es ist die Möglichkeit, sein Bestes zu geben, sich fürsorglich und mitfühlend zu zeigen und im Umkehrschluss auch sich selbst darin treu zu sein, all die Werte wie Treue und Loyalität in seinem Leben zu verwirklichen. Lasse dich dabei nicht von anderen irritieren, die noch nicht so weit sind, ihre Empathie dafür zu nutzen, um ihr Herz für andere Menschen zu öffnen.

Karte 19 Turm

Haus: Die Individualität und gesunde Grenzen setzen

Als Person: Die Einzelgänger, Eigenbrötler, Prinzipienreiter und Amtsschimmel. Diese Menschen zeichnen sich durch Eigenständigkeit und Selbstständigkeit aus. Oft muss man sich zurückziehen, in die Isolation gehen, um sich besser abgrenzen zu können. Zeitweilige Einsamkeit und Distanz verschafft einem den Raum und die Zeit, sein inneres Licht zu finden. Diese Auszeit, die entweder durch eine Krise oder eine Zwangspause ausgelöst wird, dient der Selbstreflexion und dazu, sein Ego zu bezwingen.

Die energetische und spirituelle Ausrichtung: Man zeichnet sich durch Introvertiertheit aus, die sich dadurch ausdrückt, dass man niemanden an sich heranlässt. Diese Unnahbarkeit ist eigentlich Hilflosigkeit und wirkt für andere wie eine Abweisung. Durch eine Krise oder erzwungene Einschränkungen findet eine Rückbesinnung auf sich selbst statt. Eine Zwangspause für innere Sammlung und Neuorientierung kann dabei zur Grenzerfahrung werden. Man stößt an seine eigenen Grenzen und kann sie überwinden, indem alte Glaubenssätze aufgegeben werden.

Das momentane Leben: Es ist Zeit, dich auf dich selbst zu besinnen. Ziehe dich zurück und sammle dich, um dich zu orientieren, was du wirklich möchtest. Diese erzwungene Einschränkung ist eine Grenzerfahrung, die dir zeigt, welche alten Glaubenssätze du aufgeben musst. Setze gesunde Grenzen und komme wieder in deine selbst gewählte Eigenständigkeit, die dir durch diese Selbstreflexion nur allzu deutlich wird.

Ahnenlast: In der Ursprungsfamilie ist es wichtig für uns, ein Ego zu entwickeln, das uns von den anderen Menschen unterscheidet. Jedoch ist es wichtig, dem Ego nicht zu viel Bedeutung beizumessen und nicht zu vergessen, das wir eigentlich allumfassendes Bewusstsein sind. Ansonsten wird das Leben uns Lebensumstände geben, die uns dazu auffordern, all das niederzureißen, was nur dem Ego entspricht und nicht deine wahre Essenz beseelt.

Ahnenkraft: Die Individualität eines Menschen ist wichtig, jedoch sollte sie nicht unsichtbare Grenzen setzen, die nicht überwunden werden können. Weitblick und der Zusammenhang des großen Ganzen setzen Kräfte frei, die einen befähigen, alles zu überwinden, was einen von der Einheit trennt und uns nur dazu führt, unser Ego zu pflegen. Falls du Umbrüche in deinem Leben bewältigen musst, findest du immer Sicherheit in deinem eigenen Herzen. Sie zerstören alte Strukturen, das, was nicht mehr wirklich gut für dich funktioniert, damit etwas Neues entstehen kann.

Ahnenheilung: Sein inneres Licht zu finden und in der Abgeschiedenheit sich selbst zu begegnen, ist das, was wir für unsere Heilung brauchen. Entdecken wir unsere uns innewohnende Kraft, kommen wir wie verwandelt wieder in das Leben, mit all seinen Herausforderungen zurück und fühlen uns gewappnet, alles zu schaffen, was uns wirklich wichtig ist. Einsamkeit ist eine Illusion, denn du kannst dich jederzeit den Menschen wieder zuwenden. So wie du einatmest und ausatmest, gilt es auch, den Rückzug und die darauf folgende Öffnung für neue Begegnungen als Lebensbedingungen zu erkennen, die dich ganz und heil werden lassen.

Botschaft der Karte: Lasse alle Begrenzungen, die dir dein Ego vorschreibt, los und setze neue Maßstäbe. Du bist hier, um dein inneres Licht zu entdecken, was dir immer zeigt, wohin dein Weg dich führen möchte. Falls du Einsamkeit empfindest, verbinde dich mit deinen Ahnen oder den verstorbenen Seelen, die wichtig für dich waren. Sie wissen genau, was es bedeutet, einerseits gesunde Grenzen zu setzen und andererseits Teil einer Gemeinschaft zu sein. Lasse sie für dich ein Beispiel sein, wie es geht, ein Gleichgewicht zwischen Alleinsein und Einssein zu leben.

Karte 20 Park

Haus: Das Umfeld und dessen Reaktion, etwas öffnet sich dir

Als Person: Man ist sehr nach außen orientiert. Die Öffentlichkeit und das Umfeld sind einem sehr wichtig. Dementsprechend ist das eigene Auftreten von enormer Wichtigkeit. Ein soziales Netzwerk gibt einem die entsprechende Plattform, sich zu zeigen und sein Image zu pflegen. Dies verführt einen jedoch auch dazu, eine Fassade aufzubauen, Masken zu tragen und seine Selbstverantwortung zu missachten, da man sich den anderen Menschen nicht wirklich zeigt und Begegnungen nicht die notwendige Tiefe verleiht. Es gilt, seinen eigenen Seelengarten kennenzulernen, in dem man mit anderen Menschen, Tieren, der Natur und der geistigen Welt in Verbindung tritt. Diese Entdeckungsreise kann diese Menschen besonders mit Frieden erfüllen und mit dem Strom der Liebe magisch verbinden.

Die energetische und spirituelle Ausrichtung: Es zeichnet sich die Verbundenheit des Menschen zur Natur aus. Man kann nicht gut allein sein und möchte gerne im Mittelpunkt stehen. Seine Aufgabe und seinen Platz im Leben zu finden, ist nicht einfach, da man sich wie ein Chamäleon dem Umfeld anpassen möchte. Aufgabe ist es, authentisch zu werden und seine Masken abzulegen. Lässt man die Seele baumeln und sorgt für genügend Erholung in der Natur, kann man regenerieren und Gelassenheit entwickeln. Doch die wichtigste Verbindung, die man in dieser Inkarnation aufbauen sollte, ist die zum eigenen Seelengarten. Dem Ort, wo Reinigung von Körper, Geist und Seele stattfindet und man sich von niederen Gedanken, Schwingungen und Gefühlen befreien kann.

Das momentane Leben: Es gilt, Masken abzulegen und authentisch zu werden in allem, was du tust. Finde deine Aufgabe und deinen Platz im Leben. Nur, wenn du zu dir selbst stehst, kannst du herausfinden, was deine ganz eigene Wahrheit ist. Verbinde dich mit der Natur und lerne von ihren Gesetzen, einerseits selbstverantwortlich und andererseits Teil eines Netzwerkes zu sein. Werde unabhängig von der Meinung anderer und gib die Kontrolle darüber auf, andere beeinflussen zu müssen.

Ahnenlast: Du bist ein Teil des Ganzen, das unsterblich ist. Das Erbe ist in den kollektiven Informationen begründet, die dich in deiner Kindheit beeinflusst haben. Getragen von dem Wissen deiner Ahnen, geben sie dir den Rahmen deiner Erlebniswelt, die durch das Erforschen neuer Hemisphären erweitert werden kann. Sei voller Mitgefühl mit dir selbst als Teil der Erde, die dich trägt. Triffst du die richtigen Entscheidungen, bringt dies Harmonie in dein Leben. Die Verbindung zur Natur bietet dir den Weg in dein Gleichgewicht. Widerstehe Gier, Habsucht und Stagnation und entscheide dich für Dankbarkeit und die Hilfe der Ahnen. Versuche, jede Veränderung in deinem Leben anzunehmen. So verwandelst du diese Negativitäten in ein Vertrauen in die göttliche Quelle.

Ahnenkraft: Dein Ahnenfeld dient hier als Kraftort, der widerspiegelt, was dir an gelerntem Wissen zur Verfügung steht. Doch um neue Erfahrungen machen zu können, gilt es hinauszugehen und die Welt, wie sie sich in all ihren verschiedenen Facetten zeigt, neu zu entdecken. Genauso wichtig ist der Blick nach innen in den Seelengarten, der einen mit Weisheit und innerer Führung verbinden kann. Du bist es, die die Verantwortung dafür trägt, die Pracht des eigenen Seelengartens zu bestimmen. Säe im Inneren und ernte im Außen die Schönheit, die du dir wünschst.

Ahnenheilung: Dein Gegenüber und die Welt da draußen spiegeln dir wider, was du bist und wo du noch heilen darfst. Du bist nicht isoliert, sondern in diesem Gefüge eingebunden. Wie viel Hilfe du annimmst und welche Erfahrungen du machen möchtest, liegt in deiner Hand. Denn du bist niemals wirklich allein und getrennt von Ganzen. Dein Seelengarten ist ein geschützter Raum, in dem man all den Menschen begegnen kann, die einen fordern und einem zusetzen. Hier kann durch die Ahnen und ihre Weisheit Heilung geschehen, sei es in Beziehung zu einem selbst, anderen Menschen, dem Körper, seinem Geist oder der Seele. Deine Außenwelt spiegelt dein Innerstes wider. Besonders, wenn du dich emotional tief berührt fühlst, ist dies ein Zeichen dafür, dass etwas in deinem Inneren heilen möchte. Nutze die Kraft der Ahnen und alle himmlischen Mächte, die du dir nur erlauben kannst zu nutzen, um deine Seelenthemen zu erlösen.

Botschaft der Karte: Es hilft dir nicht, dich hinter einer Maske zu verstecken, denn die Menschen und Lebewesen, die deine Liebe verdient haben, sind es auch wert, dass du dich um sie bemühst. Vielleicht sind es sogar Themen in der Familie oder Freundschaften, die nun anstehen, um geheilt zu werden. Viele Generationen stehen hinter dir und du bist nun bereit, für sie alle in die Heilung zu gehen. Denn deine Seele ist unendlich – die Illusion, von deinen Seelengefährten getrennt zu sein, kannst du beenden. Pflanze in deinem Seelengarten Eigenschaften wie Liebesfähigkeit, Mitgefühl und Empathie für dich und alle Lebewesen auf dieser Erde und im Universum, das dich dabei unterstützt, deinen Seelengarten zu nähren.

Karte 21 Berg

Haus: Ausdauer, Hindernisse überwinden und über sich hinauswachsen

Als Person: Widersacher und Lehrer/-innen deines Lebens, die dir die Stirn bieten und dich auffordern, dich anzustrengen. Ansonsten zeichnen sich bei diesen Menschen immer wieder Blockaden und Herausforderungen auf dem Lebensweg ab. Nur durch Beharrlichkeit und Durchhaltevermögen wird es möglich, die Probleme, die man sich selbst erschafft, zu lösen. Es gilt zu lernen, dass die Hindernisse selbst gewählte Aufgaben sind, die nur mit Einsicht, Willenskraft und entsprechenden Konsequenzen der Lebensführung bewältigt werden können. Dazu muss man gegebenenfalls auch einen langen Weg auf sich nehmen.

Die energetische und spirituelle Ausrichtung: Es treten im Leben viele unsichtbare Widerstände auf, für die man energetischen Schutz benötigt. Die vielen Baustellen des Lebens, die man bewältigen muss, sind nicht nur mit dem nötigen Biss, sondern auch mit Ausdauer und Entschlossenheit zu bewältigen. Dabei muss man oft den inneren Schweinehund überwinden. Gipfelerlebnisse erlebt man nur, wenn man nicht aufgibt und Rückgrat zeigt. Doch es ist viel leichter, sich selbst zu sabotieren und im Weg zu stehen. Es gilt, sich einen Überblick zu verschaffen, Frustphasen zu überwinden und über sich selbst hinauszuwachsen, alles andere dient nur der Bekräftigung von Illusionen und dem Wunschdenken.

Das momentane Leben: Die Baustellen des Lebens fordern dich heraus, deinen inneren Schweinehund zu überwinden. Gib nicht auf und zeige Rückgrat. Überwinde diese Frustphase und stehe dir nicht selbst im Weg. Verschaffe dir einen Überblick und wachse über dich selbst hinaus. Nur so bewältigst du diese unsichtbaren Widerstände, indem du Durchhaltevermögen beweist und keine Scheu vor Anstrengung zeigst. Mit dem nötigen Biss wirst du diese Herausforderung meistern und viel daraus lernen.

Ahnenlast: Es sind die Herausforderungen, an denen man wächst. So wird es gesagt, und so ist auch die Erfahrung von uns Menschen. Besonders die leidvollen Hindernisse, die uns einen schlechten Start ins Leben bieten, fordern uns, stärker zu sein und das Hindernis zu überwinden. Unsere Ahnen haben es uns vorgemacht, und wir sollten ihrem Beispiel folgen. Denn auch sie erlebten Konflikte und Frustrationen, die sie dazu herausforderten, zu widerstehen und sich anzustrengen, die Durststrecke zu überwinden.

Ahnenkraft: Die Herausforderungen, die sich einem stellen, wecken genau die Talente in uns, um daran zu wachsen. Unsere Ahnen lebten ein Leben mit vielen widrigen Umständen, was sie nicht davon abgehalten hat, ein wertvolles Leben zu führen. Es ist der Kampf ohne Gewalt, ohne anderen zu schaden, der eine erstrebenswerte Schlichtung in dir und in Bezug zu anderen verlangt. Die Vorfahren helfen dir, deine Kräfte bewusst zu zentrieren und eine absichtliche positive Veränderung herbeizuführen.

Ahnenheilung: Auch wenn der Weg länger ist, unsere Fähigkeiten zu entwickeln und sie für unsere Entwicklung einzusetzen, lohnt es sich trotzdem, all diese Hürden zu nehmen und dadurch unsere Heilung voranzubringen. Allen

Widerständen zum Trotz gilt es nach Weiterentwicklung zu streben, allein oder in Gemeinschaft, wie auch immer. Es macht dich stark wie ein Fels in der Brandung, falls du auch mal allein deines Weges gehen musst. Denn geistiger und seelischer Einklang vermittelt dir die Stärke, die du brauchst, um ein Gleichgewicht zwischen bewussten und unbewussten Kräften aus den Ahnenreihen herzustellen und zu heilen.

Botschaft der Karte: Auch wenn der Weg dir so manches Mal lang erscheint: „Der Weg ist das Ziel." Also genieße jede Anhöhe, jeden Abstieg und arbeite dich hoch zum Gipfel, damit du weißt, was an wunderbaren Aussichten vor dir liegt. Es gibt dabei keine Umwege oder Rückschritte, es ist einfach nur dein ganz eigener Weg.

Karte 22 Wege

Haus: Kreative Lösungen finden, eine neue Ausrichtung

Als Person: Die Schwester oder Freundin. Unser Leben besteht aus stetigen Entscheidungen, bei denen man alle Möglichkeiten und Alternativen in Betracht ziehen sollte. Hat man eine Wahl getroffen, gilt es konsequent seinen eigenen Weg zu finden. Denn nur so beweist man ein gesundes Urteilsvermögen.
Wankelmut ist dabei ein schlechter Ratgeber und beweist, dass man sich vor der Entscheidung drücken möchte. Keine Entscheidung ist auch eine Entscheidung, die dazu beiträgt, nie herauszufinden, wofür sich das Herz entscheiden würde. Diese Menschen müssen lernen, ihre Entscheidungen aus dem Herzen heraus zu fällen und den Mut aufbringen, ihnen zu folgen.

Die energetische und spirituelle Ausrichtung: Eine neue Ausrichtung findet man, indem man Orientierung findet. Es ist oft eine Gratwanderung, die Perspektive zu wechseln, doch diese Lektion gehört zum karmischen Lebensplan. Der inneren Führung zu vertrauen, und zu erkennen, dass der Weg das Ziel ist, ist die Lernaufgabe, die sich hier verbirgt. Jede Entscheidung birgt die Chance, zu lernen und sich zu entwickeln. Sich nicht zu entscheiden, ist auch eine Entscheidung mit Konsequenzen, die einem die Macht über seinen Lebensweg und dessen Umstände nimmt.

Das momentane Leben: Vertraue deiner inneren Führung, denn jede Entscheidung birgt die Chance, zu lernen und dich zu entwickeln. Manchmal ist es eine Gratwanderung, denn keine Entscheidung zu treffen, ist auch eine Wahl, die Konsequenzen hat. Wechsle auch mal die Perspektive, um eine neue Ausrichtung oder Alternativen zu finden. Das Wichtigste hierbei ist es, deinen eigenen Weg zu finden und deinem Urteilsvermögen zu vertrauen. Falls er dich in die Irre führen sollte, dann kehre entschlossen um und probiere andere Möglichkeiten, die sich dir immer bieten.

Ahnenlast: Unser Leben besteht aus Entscheidungen, die vor unserer Geburt in unserer Seelenfamilie getroffen wurden. Dort bestimmten wir, was wir lernen wollten und wer uns dabei in dieser Inkarnation unterstützt. Doch auch die Entscheidungen, die du jeden Tag triffst, beeinflusst von deinen Gedanken, Gefühlen und daraus resultierenden Handlungen, geben deinem Leben entscheidende Impulse und Richtungsentscheidungen. Ist es Liebe oder Angst, was deine Motivation nährt? Verdränge keine Gefühle, die aus denen Ahnenreihen zu dir fließen. Sie möchten mutig wahrgenommen werden, damit die Destruktivität, die sich ansonsten daraus ergeben würde, kontrolliert und erlöst werden kann.

Ahnenkraft: Zu wissen, wie man sich entscheiden sollte, ist die Entscheidung zwischen Angst oder Liebe. Angst macht uns unfrei und lässt uns klein erscheinen. Liebe ist die Antwort, die unsere Seele befreit und sich in ihrer Schönheit entfalten lässt. Alles, was du durch deine Taten zum Ausdruck bringst, sollte im Einklang mit dir und deinen Ahnen sein. Sie werden dich dabei unterstützen, dein Leben in Liebe zu führen.

Ahnenheilung: Um die richtige Entscheidung über den Weg im Leben und wer uns dabei begleiten soll, zu fällen, sollte man tief in sein Herz blicken und immer aus dem Herzen heraus eine Wahl treffen. So kann man sicher sein, die richtige Wahl getroffen zu haben und alle Angst besetzten Egovorstellungen hinter sich lassen. Denn du bist ein energetisches Wesen, das eine besondere Atmosphäre erschafft, die sich direkt auf dein Umfeld und die Ahnen auswirkt.

Botschaft der Karte: Du erkennst deinen Weg, wenn du dein Herz als Ratgeber nutzt. Nur so kannst du sicher sein, ein Leben in Liebe zu führen – das, wozu deine Seele wirklich hier auf Erden ist. Erkenne, dass es mindestens zwei Perspektiven gibt, die anerkannt werden möchten. Lasse bei allem, was du tust, Mitgefühl und Liebe mitschwingen. Der Segen der Ahnen und der geliebten Verstorbenen ist dir dabei gewiss.

Karte 23 Mäuse

Haus: Sich von Ballast befreien

Als Person: Ein unsauberer Charakter, eine selbst gewählte Opferrolle spielend. In dem Leben dieser Menschen gibt es viel Angst und Kummer. Verluste und Verzicht lassen einen pessimistisch werden und alles scheint zum Scheitern verurteilt. All der Mangel, der sich hier offenbart, dient dem Zweck, unzufrieden zu sein und allen Entbehrungen zum Trotz mit Demut zu begegnen. Passivität hilft da nicht weiter, man muss schon die Grübeleien lassen und Engpässe im Leben als Chance erkennen, sich da wieder herauszugraben.

Die energetische und spirituelle Ausrichtung: Enormes Mangeldenken erschafft schlechte Energien, und Existenzängste und Geiz können zu einem totalen Zusammenbruch führen. Schüchternheit hilft hier nicht weiter. Diese Lebensumstände verursachen kein oder wenig Selbstwert. Zunächst gilt es, sich in Bescheidenheit zu üben, und wieder in die Einfachheit des Lebens zu finden. Beendet man den Selbstbetrug und wird dem Leben gegenüber dankbar und demütig, zieht man positivere Energien in sein Leben. Das ist ein Naturgesetz.

Das momentane Leben: Durch Entbehrungen musst du dich in Bescheidenheit üben. Nutze die Gelegenheit, um wieder in die Einfachheit des Lebens zu finden. Beende allen Selbstbetrug und alle Sorgen, die mit diesem Verzicht einhergehen. In Demut, was bedeutet, den Mut zu haben, dich selbst und dein Leben dem Göttlichen anzuvertrauen, findest du zu deinem wahren Selbstwert zurück und kannst alle Unzufriedenheit und Verzweiflung hinter dir lassen. Mache dem Pessimismus ein Ende und gib deine Passivität auf, damit sich deine Existenzängste nicht verselbstständigen.

Ahnenlast: Durch die Dramen, die sich in deiner Ahnenreihe ereignet haben, ist deine Seele von ihrem Weg weit abgekommen. All die Entsagungen und der Kummer sind ein schweres Erbe und verleiten dich dazu, in deiner Traurigkeit und Opferrolle zu versinken. All dies führt zu Verzweiflung und einem Zusammenbruch, der dich von dir selbst und anderen entfremdet. Lasse die Trauer zu, die in deinen Ahnenreihen ist und überwinde dann all die Sorgen, die lediglich auf Angst beruhen. Angst, die Abkehr von der Liebe, verhindert es, dass du deinem inneren Licht folgen kannst.

Ahnenkraft: Lasse all die Liebe und Fülle, die auch in deiner Ahnenreihe existiert, dir den Rücken stärken und dir und deinen Vorfahren beweisen, dass du selbst es bist, die darüber bestimmt, wie du die Welt und dein Leben empfindest. Du hast die Macht, dich aus der Opferhaltung zu befreien. Löse dich von schmerzvollen Erinnerungen und Beziehungen und dem Misserfolg durch Pessimismus. Die Ahnen geben dir die Vision eines besseren Lebens, ohne Beklemmung und Verluste.

Ahnenheilung: Befreie dich von den Altlasten, die dir deine Ahnen in diese Inkarnation als Auftrag mitgegeben haben. In diesem Mangelbewusstsein liegt das Geschenk, dich aus eigener Kraft deinen wahren Bedürfnissen von Liebe und Fülle zuzuwenden. Auch deine Ahnen werden davon profitieren und durch deine Heilung ins Licht geführt.

Botschaft der Karte: Das Leben mag dir widrige und karge Umstände bescheren, jedoch schmälert dies nicht die Freiheit in deinem Geiste und die Entscheidung, deine Liebesfähigkeit für dich und alles Lebendige zu entfalten, besonders wenn es um die Liebe zu deinen Liebsten geht. Durch diese Magie verschwinden der Kummer und die Sorgen in deinem Leben, weil du lernst, dem Leben zu vertrauen. Fange an, dich zu lieben und entdecke die Schönheit, die sich manchmal in den kleinsten Dingen verbirgt. So schulst du deinen Geist und lenkst deine Gefühle in höhere Schwingungen – der Schlüssel zu innerem Reichtum.

Karte 24 Herz

Haus: Den Herzensweg gehen und Dankbarkeit zeigen

Als Person: Der Herzensmensch. Der, oder die man wirklich liebt, egal in welcher Beziehung man zueinander steht. Denn Liebe und Nächstenliebe sind die elementaren Werte, die das Leben bestimmen. Durch Mitgefühl und Einfühlungsvermögen kultiviert man Güte, die eine Quelle des Lebens bedeutet. Mit Freundlichkeit und Hilfsbereitschaft beweist man Empathie und die Selbstliebe, die die Grundlage für Vergebung und Dankbarkeit bewirkt. Den heiligen Gral des Lebens, das, wofür jeder Mensch hier inkarniert ist.

Die energetische und spirituelle Ausrichtung: Positive Schwingungen bewirken eine Herzöffnung – man aktiviert sein Herzfeld und sorgt dafür, dass das Herzchakra sich öffnet, um die göttliche Liebe spüren zu können. Dies bewirkt eine magische Anziehungskraft. Man kann mit dem Herzen sehen (Der kleine Prinz) und sich um Herzensangelegenheiten bemühen, sich im All-Eins-Sein und den Seelenverbindungen auf dieser Erde beweisen und durch Aktivierung seiner Herzensenergie einen spirituellen Weg gehen. So lebt man seine Spiritualität wirklich, das heißt, zu sich selbst zu finden und durch Selbstliebe Frieden in sich zu erschaffen und sein Leben aus dem Herzen heraus zu leben.

Das momentane Leben: Aktiviere dein Herzfeld, indem du positive Schwingungen aus deinem Herzchakra herausstrahlen lässt. So aktivierst du deine Herzensenergie, die dir auf spiritueller Ebene dabei hilft, dich selbst zu finden und durch die Liebe zu dir selbst den Frieden in dir zu schaffen, um dein Leben aus dem Herzen heraus zu leben und mit dem Herzen zu sehen. Dadurch erzeugst du eine magische Anziehungskraft, die dein Herz für alle Menschen und Wesen sowie die Schöpfung öffnet, sodass du aus deinem Herzen heraus mit Mitgefühl handeln kannst.

Ahnenlast: Viel Liebe wurde dir zuteil und hat dir gezeigt, was sich in deinem Leben an Fähigkeiten entfalten kann, wenn du deinen Ahnen folgst. Der Auftrag, der deine Wurzeln stärkt, ist die Botschaft der Liebe in die Welt zu tragen und ein Licht für andere Menschen zu sein, so, wie auch deine Ahnen einen Samen der Liebe und des Mitgefühls in dein Herz gelegt haben. Gibt es einen Mangel an Liebe bei deinen Vorfahren, ist es deine Aufgabe, diesen Mangel an Liebe auszugleichen und den Ahnenreihen Heilung durch dein Wirken zu schenken. Lasse dich nicht von sentimentalen Gefühlen verwirren oder Selbstsucht und Täuschung dein Begleiter sein. Mache dich bereit, für dich und deine Ahnen entschlossen eine Entscheidung für die Liebe zu fällen, damit der Samen des Mitgefühls wachsen kann.

Ahnenkraft: All die Liebe, die deine Ahnen für dich empfinden, strömt in dein Leben und verzaubert alles, mit dem sie in Berührung kommt. Ist es doch die Liebe, die alles heilt und die Illusion des „Getrenntseins“ aufhebt. Die Ahnen helfen dir bei der Entfaltung deines göttlichen Wesens, das sich darin ausdrückt, dass du dich von der Liebe der Ahnen getragen und beschützt fühlst. Diese magische Kraft bringt Anmut in dein Leben, die dir das Gefühl gibt, dass du im Fluss des Lebens bist, wenn du die Einheit mit allen anderen empfindest.

Ahnenheilung: Der Heilige Gral ist die Magie, die sich in deinem Herzen bildet und jede Dunkelheit durchbricht. Ihn in dir zu entdecken und dein Licht leuchten zu lassen, durchdringt alles, was in deinem Leben der Heilung bedarf. All die Liebe, die in deiner Ahnenreihe existiert, unterstützt deine Liebesfähigkeit. Du wirst die Wahrheit dieser Magie der Liebe entdecken, wenn du erwachst und beginnst, deinen Fokus auf Liebe, Vertrauen, Freude und Mitgefühl zu richten. Auf deinem Weg ist es wichtig, deine Schwingung so hoch wie möglich zu halten. Lässt du zudem eine kosmische Perspektive von der Existenz bedingungsloser Liebe in dein Leben einfließen, wird deine Schwingung auf immer höhere Bewusstseinsebenen angehoben.

Botschaft der Karte: Liebe ist die Magie, die alles verändert. Sie durchleuchtet deine innere Atmosphäre, macht dich bereit für die Geschenke des Lebens und zieht hoch schwingende Energien in dein Leben, die dich glücklich machen. Sie hat die Strahlkraft, dein Umfeld zu beflügeln und alles in ein lebensspendendes Licht zu tauchen. Liebe ist alles, was du brauchst, und was die Seele in diesem Leben entwickeln und ausdrücken möchte.

Karte 25 Ring

Haus: Seelenverbindungen, Abschluss eines Zyklus

Als Person, bzw. Personen: Eine Gemeinschaft Gleichgesinnter, die Ehe, Verbündete. Als Person jemand, der Beziehungen jeglicher Art hat und ein Netzwerk, worauf man sich verlassen kann. Partnerschaft spielt eine große Rolle und dadurch lebt man Verbindungen, die auf Verbundenheit und Verbindlichkeiten beruhen. Dieses Zusammengehörigkeitsgefühl schafft die Basis für das soziale Leben. Man fühlt sich zudem in Routinen wohl und kümmert sich zuverlässig um seine Verpflichtungen.

Die energetische und spirituelle Ausrichtung: Man durchläuft immer wieder Lebensphasen, die den Abschluss eines Zyklus anzeigen. Hier wird es wichtig, alle Versprechen, Schwüre und Eide aufzulösen, um frei zu sein. Etwas zu besiegeln, zeigt die Bindungsfähigkeit, aber nur, wenn es den wirklichen und aktuellen Bedürfnissen und Werten entspricht. Durch immer wiederkehrende Muster besteht die Chance, zu erkennen, dass neue Rituale und heilige Versprechen sich selbst gegenüber einen neuen Zyklus beginnen lassen sollten. Ansonsten findet man sich in einem Hamsterrad wieder und durchläuft immer wiederkehrende Lernaufgaben, bis sie verinnerlicht wurden.

Das momentane Leben: Drücke deine Verbundenheit in Auseinandersetzung mit der Welt aus und kultiviere die Fähigkeit, Verbindlichkeiten einzugehen und die Verbundenheit zu anderen Menschen wirklich zu empfinden. Der Ausdruck von Zusammengehörigkeit lässt dich wahrhaftig sein und dir die notwendige Stabilität für deine seelische Gesundheit geben. Gib dir ein heiliges Versprechen, andere genauso wertzuschätzen, wie du auch dich selbst achten und lieben solltest.

Ahnenlast: Alles, was die Ahnen dir als Erbe mitgeben, was in Verbindung mit Manipulation, Falschheit, Desillusionierung, Trennung und innerer Leere einhergeht, sollte nun von dir aufgelöst und geheilt werden. Es geht um die Fähigkeit, Bindungen einzugehen und sich verlässlich zu zeigen. Etwas, was das soziale Umfeld, das Netz der sozialen Kontakte sichert und einen in eine Gemeinschaft einbindet, die einem Schutz und Sicherheit bietet.

Ahnenkraft: Es stehen die zwischenmenschlichen Beziehungen im Vordergrund und all die Verpflichtungen, die auch damit einhergehen. Sich verlässlich zu zeigen, lässt die Seele zu einem wertvollen Mitglied der Gemeinschaft werden, der man sich angehörig fühlt. Achte auf deine eigenen natürlichen Zyklen, die du auch in der Natur finden kannst. Sie verhelfen dir zu kreativen Manifestationen, die dir, deinen Ahnen und Mutter Erde zugute kommen.

Ahnenheilung: Durch die Auseinandersetzung mit dem Gegenüber und der Dynamik einer Gruppe, die dabei entsteht, wenn man zusammen agiert, lernt man sich selbst kennen. Die Chance, zu einem besseren Menschen zu werden, sofern man sich auf diese Auseinandersetzung mit dem anderen einlässt, ist sehr groß und lässt einen innerlich wachsen. Zudem solltest du deinen Platz in der Natur finden und die Rhythmen der Natur achten und sie in dein Leben einbinden. Folge diesen Rhythmen, indem du auf deinen Körper und die Führung deines Herzens vertraust. Alles, was einen bisher an eine Beziehung gebunden hat, durch Versprechen, die geleistet wurden, wird nun aufgelöst und das macht einen frei, ganz man selbst zu sein und seine Eigenverantwortung zu übernehmen.

Botschaft der Karte: Nun bist du frei von Versprechen, Gelübden und ehemaligen Verpflichtungen in jenseitigen und auch in diesem Leben. Du kannst nun die Beziehungen und Bindungen eingehen, die du jetzt für deine Weiterentwicklung brauchst und die dich in deinen sozialen Kontakten stärken.

Karte 26 Buch

Haus: Der Lernprozess, die innere Wahrheit entdecken

Als Person: Die Schlaumeier und Detektive der Menschheit. Wissen und Weisheit zu entwickeln ist sehr wichtig und prägt die Lebenserfahrung dieser Menschen. Lehren, lernen, und die Mysterien des Lebens zu erforschen macht den Reiz aus, um Verborgenes und unbekanntes Terrain zu erobern. So manches Geheimnis wird auch sorgfältig gehütet, sei es die Familie oder sich selbst betreffend. Das Unterbewusstsein lenkt dabei entscheidend die Erkenntnisse und Schlussfolgerungen, die das Leben in bestimmte Bahnen lenken.

Die energetische und spirituelle Ausrichtung: Der Reiz, etwas, was nicht offen sichtbar ist, zu erforschen, ist hier extrem im Vordergrund. Jedes Geheimnis wird zur Obsession und möchte gelüftet werden. Das inneres Wissen hilft dabei, die wirklich wichtigen Rätsel von den „Fake News“ zu unterscheiden. Die Akasha-Chronik kann dabei eine wertvolle Wissensquelle sein. Geheimwissenschaften, Weisheit, Einweihungen und Orakelarbeit leisten dabei weitere gute

Dienste, um altes Wissen wieder ans Licht zu bringen. Überlieferungen vom Meister zum Schüler, der spirituelle Lehren und Gesetze weitergibt, sind in vielen Kulturen zu finden und tragen dazu bei, dass dieses alte Wissen der Menschheit erhalten bleibt und nicht verloren geht.

Das momentane Leben: Dein inneres Wissen möchte aus dem Verborgenen emporsteigen. Mit Hilfe von Orakelarbeit oder Einweihungen in die hermetischen Gesetze wirst du das wertvolle Wissen der Überlieferungen vom Meister zum Schüler und aus dem morphogenetischen Feld, in dem alles Wissen gespeichert ist, für deinen Lebensplan einsetzen können. Denn hier ist der Schlüssel zum tiefgründigen Entwicklungsprozess des Menschen angelegt. Nutze dieses dir zur Verfügung stehende Wissen, um deinem Leben einen Sinn zu geben und dich energetisch mit der kosmischen Energie zu verbinden. Sie wird deine Lernprozesse unterstützen und dir die Kraft geben, deine gewonnene Weisheit in dein Leben zu integrieren.

Ahnenlast: Alles Wissen dieser Welt liegt in der Akasha-Chronik, der Bibliothek, die von den Erfahrungen deiner Ahnen gespeist wurde. Dieses Wissen steht dir zur Verfügung und möchte dir helfen, dir in der momentanen Lebensphase wichtige Informationen geben. Hier ist die Weisheit aller Zeitalter frei zugänglich und die Entwicklungschancen für die Seele sind grenzenlos. Doch was dich momentan belastet, sind die Familiengeheimnisse, die Rätsel um die Herkunft oder die Vorkommnisse, für die sich deine Vorfahren geschämt haben oder es zu gefährlich war, sie offen zu zeigen. So entstanden Lebenslügen, die jetzt noch schwer wiegen und dich veranlassen, nach Wahrheit und dem Sinn deines Lebens zu suchen. Es ist wichtig, deinem Leben eine Richtung zu geben, die nicht mehr auf Vernebelung der Vergangenheit beruht.

Ahnenkraft: Die spirituellen hermetischen Gesetze geben dir Orientierung, um dein Leben so zu führen, wie es deinem Lebensplan entspricht. Nutze all die Erfahrungen der Ahnen, um das Wissen, was im Verborgenen liegt, zu offenbaren. Es zeigt dir die Geheimnisse des Lebens und wie alles miteinander verbunden ist, besonders mit dir und deinen Ahnen, die dich an ihrem Wissen teilhaben lassen möchten. Du suchst nach der Wahrheit und findest auf dem Weg zu dir selbst. Das ist es, was dich den wahren Sinn des Lebens erfahren lässt.

Ahnenheilung: Wenn sich dir die Geheimnisse des Lebens zeigen, kannst du sicher sein, dass Heilung möglich ist. Die Geheimnisse deiner Familie können dich belasten, bis du sie für dich anerkennst und akzeptierst. Kannst du dir und deinen verwandten Seelen vergeben, ist die Heilung bereits vollzogen und öffnet dein Herz für die Liebe, die die Magie des Lebens ausmacht.

Botschaft der Karte: Wende dich den spirituellen Gesetzen und dem Wissen der Menschheit zu, um dein Leben mit Sinnhaftigkeit zu füllen. Viele deiner Vorfahren sind diesen Weg bereits gegangen und haben bewiesen, wie wichtig die Magie der Liebe zu dir selbst und allem anderen Lebendigen gegenüber ist und was sie ausmacht. Es ist die Essenz und die Magie, die deine Seele in diesem menschlichen Leben erleben möchte. Alle deine Ahnen haben dir den Weg geebnet, du musst ihn nur erkennen, und dein Wissen über das Leben und die Magie die darin steckt, in die Tat umsetzen.

Karte 27 Brief

Haus: Schwüre, Versprechen und Eide lösen, Botschaften aus dem Jenseits

Als Person: Gleichgesinnte und Literaten, Dichter und Denker. Kommunikation und Kontakte spielen eine wichtige Rolle im Leben dieser Menschen. Dies kann allgemeine Korrespondenz in Form von Nachrichten, Schriftstücken und Dokumenten sein. Sowie jegliche Form der modernen Möglichkeiten, Botschaften zu vermitteln und Informationen auszutauschen. Doch auch die Kommunikation mit einem selbst ist tiefgehend und schafft eine Grundlage für die Kommunikation mit anderen Menschen und der geistigen Welt.

Die energetische und spirituelle Ausrichtung: Man meidet unbeständige und oberflächliche Kontakte, die sich in Unverbindlichkeit auflösen. Dafür ist einem die Mühe und Zeit zu schade. Man möchte dem Gegenüber wirklich tief begegnen und sich austauschen, um sich kennenzulernen und sich womöglich gegenseitig zu inspirieren. Um ins Zwiegespräch mit seiner Seele zu kommen, nutzt man das Kartenlegen, den Kontakt zur Anderswelt und die Botschaften der Engel und Geistführer. Als Schreibmedium oder Verfasser spiritueller Schriften ist man Empfänger der Anderswelt.

Das momentane Leben: Empfange die Botschaften deiner Engel oder Geistführer, die dir durch Träume oder spirituelle Schriften etwas mitteilen möchten. Gehe ins Zwiegespräch mit deiner inneren Führung und entlaste deine Seele von allen unwichtigen, oberflächlichen Gefühlen, die dich nur daran hindern, ein Sender und Empfänger für die spirituellen Wahrheiten zu sein. Werde in deiner Kommunikation mit anderen immer offener und ehrlicher, damit wahre Begegnungen von Seele zu Seele möglich werden.

Ahnenlast: Dein Kontakt zur Anderswelt und deinen Ahnen ist dir gegeben. Nutze sie und stelle eine Verbindung her, die dir und allen Menschen zu ihrem Wohl in ihrem Leben wirken kann. Heile alle Einflüsse von Begierde, Unbeständigkeit, Oberflächlichkeit, Täuschung und Verfluchung aus den Ahnenreihen, sodass sie dir in deinem jetzigen Leben nicht mehr schaden können. Trenne dich von Gelübden, Schwüren und Eide, die jemals in deiner Ahnenreihe geleistet wurden und dein Leben negativ beeinflussen.

Ahnenkraft: Die Kraft der Ahnen hilft dir dabei, Kontakt mit ihnen aufzunehmen, um all das zu erfahren, was du wissen musst. Ist es doch die klare Kommunikation, die dich dazu befähigt, wichtige Gründe für deine Schwierigkeiten im Leben zu finden und daraus etwas zu lernen. So musst du nicht die gleichen Fehler wie deine Vorfahren machen und lernst aus ihren vergangenen Lebensumständen. Durch mediale Botschaften erreichen dich neue Impulse, die dir bereichernde Perspektiven schenken.

Ahnenheilung: Wenn du dich mit den Leben deiner Ahnen auseinandersetzt, kann es dir dabei helfen, dich selbst besser zu verstehen. Falls du nichts von deiner Familiengeschichte kennst, gibt es trotz alledem die Möglichkeit, mit deinen Ahnenlinien in Kommunikation zu treten. Alles, was sich dabei an inneren Impulsen bei dir zeigt, kann dir Aufschluss darüber geben, wer du bist und was du für deine Heilung benötigst. Erarbeite dir emotionale Objektivität, um mehr Fülle in dein Leben zu bringen, das ständige Bewegung und wertvolle Informationen bietet.

Botschaft der Karte: Die Seelenkommunikation bedeutet die Kommunikation mit Seelen, die nicht mehr inkarniert sind. Denn man kommuniziert mit der Seele des Verstorbenen, nicht mit dessen Geist. Deine Fähigkeit, dich mit dir und deiner Umwelt auseinanderzusetzen, gibt dir die Gelegenheit, dich zu zeigen und andere besser kennenzulernen. Kommunikation, ob nun verbal oder auch nonverbal, ist die Verbindung, die dich nährt, unterstützt und dir Schutz bietet. Du stellst fest, auf wen du dich wirklich verlassen kannst und wer ehrlich zu dir ist. Das ist es, was wirklich im Leben zählt.

Karte 28 Herr

Haus: Die Initiative ergreifen, aktiv gestalten und Heilung initiieren

Als Person: Krieger des Herzens, Schamane. Momentane Inkarnation der Seele, die sich entwickeln möchte, um dann wieder zu ihrem Ursprung zurückkehren zu können, falls es um einen Fragesteller geht.
Karte für den Fragesteller, Hauptperson, Partner, Ehemann, das männliche Prinzip, die Yang-Energie

Die energetische und spirituelle Ausrichtung: Handeln, aktiv sein, kämpferisch, stolz, produktiv, ehrgeizig, vernunftsbetont, sozial, willensstark, autoritär, mutig, dominant. Ordnung und Stabilität schaffen, Verantwortung übernehmen, klare Strukturen setzen, Realismus, Streben nach Unabhängigkeit, der Versorger, der Beschützer

Das momentane Leben: Nutze alle deine Eigenschaften, die dich produktiv und willensstark sein lassen. So verschaffst du dir die Stabilität, die du brauchst, um die volle

Verantwortung für dich zu übernehmen. Klare Strukturen und das Streben nach Unabhängigkeit lassen dich mutig voranschreiten auf dem Weg in dein selbstbestimmtes Leben.

Ahnenlast: Die väterlichen Ahnenlinien spenden dir Mitgefühl und Hingabe, damit du deine Selbstbestimmung leben kannst. Es hilft dir, dich zu verwirklichen und deine Interessen in den Vordergrund zu stellen. Die negativen Einflüsse wie Hinterhältigkeit, Egoismus, Herrschsucht und Intoleranz, die in der Ahnenreihe noch unerlöst sind, lassen dein Leben instabil werden. Wenn du versuchst, durch Manipulation und Falschheit an dein Ziel zu gelangen, wird sich das negativ auf das Ergebnis auswirken.

Ahnenkraft: Die Kraft deiner männlichen Ahnen erreicht dich jetzt, um dich dabei zu unterstützen, dein Leben mit nährendem Willen und Tatkraft zu erfüllen. Alles, was du tust, wird davon durchdrungen, dich und andere dabei zu unterstützen, dich im Leben zu behaupten und deinen ganz eigenen Weg selbst zu bestimmen. Mit Willen und fokussierter Energie ist der Erfolg gesichert, vorausgesetzt, er wird von geistiger Aktivität, strategischem Denken und emotionaler Hingabe beseelt.

Ahnenheilung: Sind deine männlichen Ahnen hinter dir, ist es dir möglich, alles zu verwirklichen, was deinem Wachstum und der Liebe untereinander förderlich ist. Dies heilt alle Beteiligten auf allen Ebenen des menschlichen Seins und macht deine Bemühungen und Handlungen fruchtbar und lebensspendend. Die Entscheidung, dir selbst zu vertrauen, öffnet die Tür für das, was sich in deinem Leben wandelt und deine Zukunft neu ausrichtet.

Botschaft der Karte: Das männliche Prinzip, das in uns und all unseren Ahnen lebt, führt dazu, dass Struktur, Stabilität und Verantwortung für die Menschen und ihren Lebensraum die Welt erfüllt. Gib diesen Werten so viel Ausdruck wie du nur kannst, damit es viele Menschen gibt, die sich beschützt und geliebt fühlen können.

Karte 29 Dame

Haus: Empfangen, akzeptieren und annehmen der Bedingungen

Als Person: Kriegerin des Herzens, Schamanin. Momentane Inkarnation der Seele, die sich entwickeln möchte, um dann wieder zu ihrem Ursprung zurückkehren zu können, falls es um eine Fragestellerin geht.
Karte für die Fragestellerin, Hauptperson, Partnerin, Ehefrau, das weibliche Prinzip, die Yin-Energie

Die energetische und spirituelle Ausrichtung: Sinnlichkeit und Entspannung, nährend, schützend, vermittelnd, empfänglich, passiv, abwartend, fürsorglich, feminin. Selbstverwirklichung und Selbstbestimmung, Mitgefühl, Fruchtbarkeit, sich selbst in den Vordergrund stellen, Hingabe, Emanzipation

Das momentane Leben: Stelle dich selbst in den Vordergrund und unterstütze deine Selbstverwirklichung mit Hingabe. Durch Entspannung vermehrst du dein Mitgefühl und stellst dich nährend und schützend vor andere, die deiner Fürsorge bedürfen. Du weißt, wann du abwarten musst, wo du vermitteln solltest und wo du dich dem Fluss des Lebens einfach hingeben solltest. Es ist die sanfte, aber emanzipierte Selbstbestimmung, die dich auszeichnet und die deine Bemühungen auf fruchtbaren Boden fallen lässt.

Ahnenlast: Die mütterlichen Ahnenlinien spenden dir Mitgefühl und Hingabe, damit du deine Selbstbestimmung leben kannst. Es hilft dir, dich zu verwirklichen und deine Interessen in den Vordergrund zu stellen. Durch das negative Ausleben der Schöpferkraft sind unter den Ahninnen auch fehlgeleitete Frauen, die durch Eifersucht, Herrschsucht und Berechnung versuchten, sich das Glück zu erschleichen. Dies hat sie gelehrt, wie unberechenbar das Leben sein kann. Erlöse alle Anteile, die in dir davon noch vorhanden sind und gib auch Intoleranz keine Chance.

Ahnenkraft: Die Kraft deiner Ahninnen erreicht dich jetzt, um dich dabei zu unterstützen, dein Leben mit nährender Kraft und Fürsorge zu erfüllen. Alles, was du tust, wird davon durchdrungen, dich und andere dabei zu unterstützen, sich im Leben zu emanzipieren. Dein Wunsch nach Selbstbestimmung und deine hohe Lernbereitschaft bieten die notwendigen Voraussetzungen, die Kraft der Ahnen für dich wirken zu lassen.

Ahnenheilung: Sind deine weiblichen Ahninnen hinter dir, ist es dir möglich, alles zu verwirklichen, was deinem Wachstum und der Liebe untereinander förderlich ist. Dies heilt alle Beteiligten auf allen Ebenen des menschlichen Seins und macht deine Bemühungen und Handlungen fruchtbar und lebensspendend. Die Entscheidung, dir selbst zu vertrauen, öffnet die Tür für das, was sich in deinem Leben wandelt und deine Zukunft neu ausrichtet.

Botschaft der Karte: Das weibliche Prinzip, das in uns und all unseren Ahninnen lebt, führt dazu, dass Fürsorge, Wachstum und Mitgefühl die Welt erfüllt. Gib diesen Kräften so viel Ausdruck wie du nur kannst, damit es viele Menschen gibt, die sich beschützt und geliebt fühlen können.

Karte 30 Lilien

Haus: In den inneren Frieden finden, Harmonie im Innen und Außen erschaffen

Als Person: In der Ahnenreihe der Großvater oder die gesamte Familie. Friedensstifter und Diplomaten. Spiritualität ist hier das Lebenselixier für diese Menschen, um Harmonie und Lebensfreude zu empfinden. Im Gleichgewicht sein und Dankbarkeit zu empfinden für die Familie und die Schönheit, die einen umgibt. Alles, was mit Körperlichkeit, Sinnlichkeit und Sexualität zu tun hat, wird gelebt und genossen.

Die energetische und spirituelle Ausrichtung: Durch Hingabe und Freude an der Schönheit des Lebens, die einen umgibt, schafft man die Basis für den inneren Frieden, den man braucht, um in seine innere Mitte zu finden. Dabei setzen sich positive Energien, Freude, Vitalität und Leidenschaft frei, die die Selbstannahme fördern. Sich der Spiritualität zu widmen und mit Gebet und Meditation den Energiehaushalt positiv zu beeinflussen, ist eine gute Voraussetzung für eine liebevolle Annahme seiner selbst. Eine in Reinheit und Unschuld gelebte Selbstliebe, der es nicht schwer fällt, sich in Vergebung sich selbst und anderen gegenüber zu üben.

Das momentane Leben: Durch Gebet und Meditation kannst du deinen Energiehaushalt positiv beeinflussen und in deine Mitte finden. Durch liebevolle Annahme deiner selbst erschaffst du den Frieden in dir, den du brauchst, um die Leidenschaft und Vitalität zu erzeugen, die dir hilft, das Leben harmonisch zu gestalten. Im Gleichgewicht mit deinen Kräften empfindest du Dankbarkeit für die Selbstliebe, die sich in deiner Spiritualität ausdrücken darf und dir die

Energie schenkt, die du für deine Sinnlichkeit und deine Wertschätzung für die Schönheit des Lebens benötigst.

Ahnenlast: Ruhe und Gelassenheit sind menschliche Qualitäten, die ein zufriedenes Dasein garantieren. Deine Ahnen haben alle Voraussetzungen dafür geschaffen, damit du diese Eigenschaften entwickeln und in dein Leben integrieren kannst. Auch die Natur ist eine enorme Regenerationsquelle, die du nutzen kannst, um wieder in dein inneres Gleichgewicht zu finden. Doch so mancher Ahne deiner Ahnenreihen konnte durch Genusssucht, Selbstherrlichkeit und Eitelkeiten ein Übermaß an Extremen erzeugen, die dem inneren Gleichgewicht widerstrebten und nicht zu einem goldenen Mittelweg führten. Erkenne diese Anteile der Zersplitterung in dir und heile sie für alle Vorfahren, die sich in ihren Fängen verirrten.

Ahnenkraft: In der Ruhe liegt die Kraft. Wie wahr das doch ist. Bist du in deinem inneren Gleichgewicht wirst du souverän alles meistern, was das Leben für dich an Erfahrungen bereithält. Deine Ahnen unterstützen dich dabei, Harmonie in deinem Leben zu initiieren. Sie wollen dich als einen glücklichen und zufriedenen Menschen sehen, der die Gelassenheit weitergeben kann, die auch deinen Ahnen innewohnt. Dafür solltest du deine eigenen natürlichen Rhythmen von Anspannung und Entspannung wahren, damit Regeneration für dich möglich wird.

Ahnenheilung: Findest du in deine innere Mitte, hast du alle Optionen, ein glückliches Leben zu führen. Dafür brauchst du nur wenige äußere Umstände wie Frieden und die Tatsache, keinen Hunger zu leiden. Alles andere wird aus dir selbst und deiner Erwartung an das Leben geboren. Fühlst du dich geborgen, wird dir das Leben alles schenken, was du für dein Gleichgewicht und deine innere Harmonie brauchst. Sorge für deine eigene Regeneration, indem du die Ahnen, die Verstorbenen der Wahlfamilie und die Natur in deinen Heilungsprozess miteinbeziehst.

Botschaft der Karte: Finde Ruhe in dir und die Gelassenheit dem Außen gegenüber wird folgen. So kannst du ohne Aufregung alle Prüfungen meistern, die dazu da sind, um zu erkennen, wie wundervoll und einzigartig du bist. Finde die Gelassenheit in dir, indem du deine Verantwortung für dein Wohlergehen übernimmst und anderen den Respekt erweist, für sich selbst zu sorgen.

Karte 31 Sonne

Haus: An Ausstrahlung und Lebensfreude gewinnen, die Lichtseite

Als Person: In der Ahnenreihe der Vater. Voller Lebensenergie und Kraft gehen diese Menschen voller Zuversicht durch das Leben. Sie zeichnen sich durch Optimismus, Selbstbewusstsein, Sensibilität und einer guten Portion Humor aus. Durch ihre Willenskraft und Souveränität garantieren sie Erfolg und Wohlstand für sich selbst und ihre Liebsten. Anerkennung ist ihnen nicht so wichtig, denn sie strahlen von innen nach außen und sind daher nicht auf die Energien anderer Menschen angewiesen. Alles, was mit ihnen in Verbindung kommt, geht in die Heilung und macht die Wärme und Fülle deutlich, die sie umgibt.

Die energetische und spirituelle Ausrichtung: Diese Menschen umgibt eine positive Ausstrahlung, hohe Schwingungen aufgrund von positiver Energie. Durch Lichtarbeit wie Reiki wird die Vitalkraft und die Aura gestärkt. Es fällt dadurch leicht, sein Bewusstsein zu erhöhen, Selbstbewusstsein zu entwickeln, Selbstvertrauen zu verströmen und seine Persönlichkeit zu entwickeln. Lichtwesen umgeben diese Menschen und vermitteln die Lebensfreude, die besagt: „Alles ist gut".

Das momentane Leben: Es steht deine Persönlichkeitsentwicklung im Vordergrund. Deine Lebensenergie zu erhöhen und deine Ausstrahlung zu optimieren. Schaffe dir ein Bewusstsein von Fülle, Humor und Souveränität. Setze deine Willenskraft für Erfolg, Wohlstand und Erfüllung ein, indem du dir deiner selbst bewusst wirst, in all deiner Kraft und Schönheit. Nur du selbst kannst in dir diese positive Energie dauerhaft erzeugen und mit deiner daraus resultierenden Lebensfreude deinem Leben zuversichtlich begegnen. Alles ist gut, so wie es gerade ist und der Startpunkt für mehr Selbstvertrauen und Selbstwert, denn du bist es dir wert, dich zu lieben und so anzunehmen, wie du bist.

Ahnenlast: Die Sonne schenkt uns die Möglichkeit, auf dieser Erde zu leben. Sie spendet Licht und Energie, lässt alles wachsen und gedeihen und spendet uns die Lebensenergie, die wir brauchen, um das Leben auf diesem Planeten in vollen Zügen zu genießen. Doch nicht allen Ahnen war es gegeben, das Leben zu lieben. Verluste und Selbstüberschätzung führten zu Situationen, die den Vorfahren so manches Leid beschert haben. So ist es wichtig, so Züge wie Arroganz, Überheblichkeit und Planlosigkeit zu entdecken und stattdessen zu lernen, seine Kräfte zu kontrollieren und für seinen Erfolg einzusetzen.

Ahnenkraft: Deine Ahnen sind so voller Energie und Enthusiasmus, etwas, was dir für deine Lebenserfüllung nützlich ist. Deine Ausstrahlung und Lebensfreude ist ansteckend und macht auch deine Welt so viel heller und lichter. Das Licht deiner Seele ist in deinem Herzen präsent. Du bist Licht, du bist Liebe. Die Kraft der Ahnen unterstützt dich dabei, diese Wahrheit zu leben und in die Welt zu strahlen.

Ahnenheilung: Die Sonne spendet dir Energie und Lebensfreude, um voller Zuversicht dein Leben zu gestalten. Wenn du deine Schwingung anhebst und dich positiv dir selbst und den anderen gegenüber zeigst, wird das Leben dich beschenken und dir die Gelegenheit geben, deine Lebensfreude mit anderen zu teilen. So heilst du dich, deine Ahnen und alle Menschen, die dir begegnen. Also bemühe dich täglich, dein Schwingungsniveau hochzuhalten und niedere Gemütszustände durch Freude und Lachen zu heilen.

Botschaft der Karte: Du bist auf der lichten Seite des Lebens und voller Freude und Enthusiasmus blickst du deiner Zukunft entgegen. Genau die Lebenseinstellung, die du brauchst, um ein erfolgreiches und positives Leben führen zu können. Sei dir dieser positiven Kraft bewusst und lasse sie in deinem Leben wirken. Alles wird von der allumfassenden nährenden Energie durchdrungen. Auch wir Menschen sind nicht von ihr getrennt. Sie ist eine liebende, lebensspendende Energie, die in allem ist und alles belebt.

Karte 32 Mond

Haus: Seine Gemütslage ausbalancieren, seine Schattenseite integrieren

Als Person: In der Ahnenreihe die Mutter. Die empfindsame Seele, aber auch die Dramaqueen und Mimose. Diese Menschen zeichnet eine Gefühlswelt aus, die voller widersprüchlicher Emotionen ist. Einerseits eine Sensibilität und Intuition, die herausragend sein kann und im Leben enorm hilft, die richtigen Entscheidungen zu treffen. Andererseits der Hang zur Melancholie, der sich durch Träume, Ängste und Vorahnungen zeigen kann, die von der Kindheit geprägt sind und Depressionen und Schwermut zur Folge haben können. Das Innenleben mit all seinen Schattenanteilen kann einerseits die Empfänglichkeit für Energien wie Feinfühligkeit anzeigen, ebenso aber auch Illusionen, die man sich macht und die den Erfolg im Leben verhindern können.

Die energetische und spirituelle Ausrichtung: Anziehungskraft und Sensibilität, die besonders die weibliche Seite signalisiert. Das Einfühlungsvermögen und die Intuition, die einen medial sein lässt, und ein ausgeprägter 7. Sinn zeigen sich hier. Die Labilität, die die Kehrseite der Medaille ist, darf nicht verdrängt werden. Mediale Fähigkeiten und eine enorme Visualisierungskraft dienen dem reichen Innenleben, um zu manifestieren, was man sich für sein Leben wünscht. Die Verbindung zum Unterbewusstsein, die bei diesen Menschen sehr ausgeprägt ist, fordert sie heraus, die Schattenanteile anzunehmen und zu transformieren, sodass die Verbindung zur medialen Welt gestärkt wird.

Das momentane Leben: Nimm deine Schattenanteile an und transformiere deine Ängste, die nur zu Illusionen führen. Setze dem Hang nach Melancholie eine enorme Visualisierungskraft entgegen, die dir hilft, dich aus dem Labyrinth der Sentimentalitäten und negativen gebundenen Emotionen zu befreien. Nutze deine Intuition und dein Feingefühl, deine Gemütslage ins Gleichgewicht zu bringen, um die Geschenke des Lebens wirklich wahrzunehmen. Deine Verbindung zu deinem Unterbewusstsein wird dich dabei unterstützen, empfänglich für die Sensibilität zu sein, die dich sicher durch die Herausforderungen des Lebens führt.

Ahnenlast: Erst der Blick in deine Schattenanteile lässt dich erkennen, wer du bist und woher du kommst. Erst wenn du dich von den Konditionierungen und Prägungen deiner Ahnen befreist, offenbart sich dir die Essenz deiner Seele, die allen Schmerz in deinen Ahnenlinien heilen kann. Zu leicht erscheinen einem Realitätsflucht und Träumereien, die unseren Blick für das Wahre vernebeln und unsere Urinstinkte trüben. Es geht darum, die Naivität abzulegen und nicht seelische Verhaftungen der Desillusionierung vorzuziehen. Dabei hilft es, der eigenen Intuition zu vertrauen.

Ahnenkraft: Deine Ahnen möchten dir durch deine Träume Hilfe zukommen lassen. Sie erinnern dich daran, dass du deiner Intuition folgen solltest, um deine sensitiven Fähigkeiten zu erweitern. Dein innerer Kompass sollte sich in Richtung höherer Schwingungen bewegen, um dich aus dem Reich der Schatten zu befreien.

Ahnenheilung: Seinen eigenen Schatten zu begegnen ist nicht immer leicht. Doch ist es der Schlüssel wieder in sich in Harmonie finden zu finden. Alles, was dich ausmacht, darf sein und anerkannt werden. So nimmt es den Schrecken und die Macht, dich und dein Leben zu beherrschen. Die Illusion des Getrenntseins kann sich auflösen, wenn die Schatten ans Licht gebracht und erlöst werden.

Botschaft der Karte: Nun wird es Zeit deine Schattenanteile zu erkennen und sie als Teil von dir zu akzeptieren. Gehst du mit dir dabei in Liebe und Fürsorge um, kannst du viele dieser negativen Seinszustände transformieren und heil werden. Liebe ist immer stärker als der Schatten, der sich auf deine Seele gelegt hat. Gehe in dich und bringe Licht und Liebe in diese versteckten Areale deiner Existenz.

Karte 33 Schlüssel

Haus: Kompetenz entwickeln, sein Potenzial entfalten und leben

Als Person: Menschen, die eine Schlüsselrolle in unserem Leben einnehmen. Diesen Menschen ist es wichtig, ihr Potenzial dafür einzusetzen, um Stabilität und Sicherheit in ihrem Leben zu gewährleisten. Ihre Fähigkeit, zuversichtlich zu sein und sich für Lösungen zu öffnen, bestätigt ihre Kompetenz, der Realität ihren Anstrich zu geben. Ihre positive Einstellung zum Leben und ihrer Bestimmung präsentieren ihnen viele Schlüsselerlebnisse und lassen sie verlässlich und mit Gewissheit dem Erfolg entgegenstreben.

Die energetische und spirituelle Ausrichtung: Gibt es für diese Menschen etwas zu klären, nutzen sie ihr Urvertrauen, um sich der Lösung zu öffnen. Dadurch bringen sie Energien in Gang, die die Kulissen des Lebens schieben und das Vertrauen zu sich selbst und dem Leben widerspiegeln. Ihre Aufrichtigkeit und Verlässlichkeit schaffen bei anderen Vertrauen. Ihre Bestimmung ist es, Erkenntnis über die Gesetze des Lebens zu gewinnen, und die notwendige Kompetenz zu entwickeln, das Richtige zu tun. Das bedeutet für diese Menschen, ihr Potenzial voll auszuleben.

Das momentane Leben: Es ist eine Zeit, in der sich einiges für dich klärt. Du öffnest dich mit mehr Vertrauen zu dir dem Leben. Pragmatismus war gestern und jetzt bringst du etwas Neues in dein Leben. Vielleicht hilft dir ein Schlüsselerlebnis, letzte Zweifel zu zerstreuen und wichtige Erkenntnisse zu gewinnen. Tue das Richtige und entfalte dein ganzes Potenzial. So entwickelst du die Kompetenz, dein Leben so wie du es wirklich leben willst zu leben.

Ahnenlast: Deine Wurzeln geben dir die Voraussetzung dafür, dein ganzes Potenzial zu entfalten und dein Urvertrauen dafür zu nutzen, dem Leben all das abzugewinnen, was du dir in diesem Leben vorgenommen hast. Doch hüte dich vor Manipulation, unerreichbaren Ideale und ewigen Erwartungen an andere. Das hat schon deine Ahnen darin geschwächt, Stagnation und fehlende Willenskraft zu überwinden. Erkenne deine inneren Werte und nutze die Chancen, die sich dir bieten, um die Prüfungen und Aufgaben zu meistern.

Ahnenkraft: In der Gewissheit, auf dem richtigen Weg zu sein, klärt sich vieles, womit du zurzeit konfrontiert bist. Durch Schlüsselerlebnisse wird dir klar, wie sehr deine Ahnen dich dabei unterstützen möchten, die wichtige Bestätigung zu bekommen, dass du kompetent und auch fähig bist, alles zu erreichen, was du dir vorgenommen hast. Erkenne, dass die Realität deine individuelle Sicht auf die Dinge ist und durch die Heilung der Ahnen deine Lebenseinstellung positiv beeinflusst wird. Realität wird durch unsere Reaktionen auf das Leben geformt, die durch alte Glaubenssätze, Traumata und Überzeugungen aus deinen Ahnenlinien geprägt sein können. Richtest du dich positiv aus, gibst du dir und deinen Vorfahren die Chance, etwas Gutes für dich und andere zu bewirken.

Ahnenheilung: Um das Richtige zu tun, ist es wichtig, an sich und sein eigenes Potenzial zu glauben. Beschäftige dich mit den Fähigkeiten, die dir deine Ahnen mitgegeben haben und die dir als Segen dienen. Der Glaube daran wird dir helfen, die Kompetenz zu entwickeln, die dich befähigt, deiner Bestimmung zu folgen. Die Realität wird oft durch unbewusste Reaktionen erlernter Konditionierungen geformt, daher wähle achtsam, was du denkst und fühlst. Das ist es, was deine Wirklichkeit und Wirkungskraft in positive Bahnen lenkt.

Botschaft der Karte: Um zu wissen, ob man das Richtige tut, ist es entscheidend, zu wissen, woher man kommt und welche Fähigkeiten in einem schlummern. So kannst du Vertrauen in dich selbst und gegenüber dem Leben entwickeln und Klärung darüber gewinnen, was deine ganz eigene Bestimmung ist und wie du dorthin gelangen kannst. Die zwischenmenschlichen Beziehungen sind Meilensteine der Liebe auf deinem Weg, die den Unterschied in dieser Welt machen und alles heilen, was noch im Schatten lebt.

Karte 34 Fische

Haus: Inneren und äußeren Reichtum entwickeln, mit dem Leben fließen

Als Person: Der Tempel der Seele. In der Ahnenreihe der Bruder oder Onkel, eine Seelenverbindung und Magier. Diese Menschen sind ihrer Seele sehr nahe und ihre Innenwelt ist von Sensibilität geprägt. Ihre Psyche sollte stark sein, damit sie sich nicht in Träumereien, Realitätsferne und oberflächlicher Verführbarkeit verlieren. Ihre Phantasie ist rege und kann sie dazu verleiten, der Welt da draußen zu entrücken und sich in Süchten zu verlieren. Nur ein Gleichgewicht von innerem und äußerem Reichtum kann dafür sorgen, in der materiellen wie der spirituellen Welt zu bestehen, um ihren inneren Schatz zu heben.

Die energetische und spirituelle Ausrichtung: Unbewusste Prozesse können dend Fluss des Lebens stören. Dazu gehören auch die Veranlagung zu Suchtverhalten, die jede Verbindung zur Seele belasten. Entscheidet man aus dem Bauch heraus, was gut und richtig für einen ist, besteht die Chance, diese Stolpersteine zu vermeiden. Ein Seelenleben, das den Seelenplan erfüllt, garantiert ein glückliches Leben. Alle Seelenverbindungen, die man in diesem Leben eingeht, gehen in die Tiefe und zeichnen sich durch eine seelische Verbundenheit aus. Das ist es, was das Gefühl vermittelt, mit dem Leben zu fließen.

Das momentane Leben: Tauche ein in die Tiefe deines Seelenlebens und erkenne die unbewussten Prozesse, die dich daran hindern mit dem Leben zu fließen. Nur so kannst du deinen Seelenplan erfüllen und lernen, aus dem Bauch heraus die richtigen Entscheidungen zu treffen. Hierbei geht es um inneren und äußeren Reichtum, der sich in deinem

Leben manifestieren möchte. Alle Süchte und Träumereien, die dein Leben beeinträchtigen, haben keine Chance, wenn du mit deiner Seele verbunden bist. Denn auch die reale Welt möchte entdeckt und in ihrer Fülle gelebt werden.

Ahnenlast: Deine Seele ist das Intimste, was du hast, um dich in dieser Inkarnation zu erfahren. Sind es die menschlichen Erfahrungen, die dich dazu gebracht haben, genau in diese deine momentane Existenz zu inkarnieren, mit all ihren Lernaufgaben und Tiefen, die du als spirituelles Wesen hier auf dieser Erde erleben kannst. Wir sind ewige Seelen ohne Anfang und Ende und haben dies nur in dieser momentanen Inkarnation vergessen. Wir sind wie Schüler in diesem Leben, die durch Erfahrungen sich wieder daran erinnern können, was sie eigentlich ausmacht: eine spirituelle Seele, die eine menschliche Erfahrung macht. So mancher Vorfahre ist durch Träumerei und Sucht in Verwirrung versunken. Trügerische Hoffnungen und falsche Versprechen haben Illusionen erzeugt, die sich als Schein herausgestellt haben. Lebe deine Träume, doch sei dir gewiss, dass der Einsatz für die Verwirklichung groß sein muss.

Ahnenkraft: Ohne deine Seele wäre es dir nicht möglich, all die Erfahrungen zu sammeln, die dich dazu führen, deiner Herkunft zu trotzen und deinen eigenen Weg zu finden. Dabei helfen dir die positiven wie die negativen Eigenschaften deiner Ahnen, dich im Labyrinth der Dualitäten, der Freiheit und der Abhängigkeiten zu erfahren.

Ahnenheilung: Da du ein Teil deiner Ahnenlinie bist, kommt dir all das zugute, was sie an Liebe und Weisheit durchlebt haben und zu dir strömt. Ist es doch die Verbindung zu der Seelenquelle, in die du nach deinen gemachten Erfahrungen von Freiheit, und auch den Abhängigkeiten und Unfreiheiten im Leben, wieder zurückkehren kannst. Erkenne die Zusammenhänge im Universum und du erkennst deine Seele. Lasse dich von deiner Seele und den Seelengefährten durch all die Tiefen der initiierten Heilung führen, denn du hast sie dir selbst als Erfahrung auferlegt.

Botschaft der Karte: Deine Seele birgt alle Erfahrungen deiner vergangenen Inkarnationen. Doch inkarnieren wir, legt sich ein Schleier des Vergessens um uns und wir sind erneut dazu aufgerufen, den Weg zu wahrem Menschsein zu finden. Freundschaft und innige Verbindungen pflegen bedeutet, mit Liebe und Mitgefühl auf dieser Erde zu wandeln und Spuren in den Herzen der anderen Menschen zu hinterlassen.

Karte 35 Anker

Haus: Engagement zeigen, etwas verarbeiten, ein selbstbestimmtes Leben führen

Als Person: Ein Chef oder Kollege. „Arbeit ist das ganze Leben“, könnten diese Menschen sagen. Der Beruf oder die Berufung ist das Wichtigste im Leben. Es ist nicht nur eine Beschäftigung, sondern bietet den Halt, den man braucht, um Stabilität und eine sichere Basis für sein Leben zu haben. Die Ausbildung und das Studium verschiedenster Fertigkeiten belohnt den Einsatz und bietet Beständigkeit und Hoffnung für die Zukunft.

Die energetische und spirituelle Ausrichtung: Dies sind Menschen, die ständig an etwas arbeiten, oder etwas verarbeiten müssen. Es fällt ihnen schwer, nicht an etwas zu klammern und sie müssen viel Zeit dafür aufbringen, etwas loszulassen. Diese Unbeweglichkeit zeigt sich jedoch nur im Privatleben, denn in ihrem Berufsleben zeigen sie sich sehr innovativ. Sie haben viel Entwicklungspotenzial in der materiellen Welt, und können so ihr Überleben sichern. Bei der spirituellen Arbeit an sich selbst leisten sie gründliche Aufarbeitung, da sie Halt im Leben finden möchten. Doch am wichtigsten ist es ihnen, ein selbstbestimmtes Leben zu führen.

Das momentane Leben: Du arbeitest an deinem Entwicklungspotenzial, um dein Überleben zu sichern. Du findest dadurch Halt in deinem Leben. In Auseinandersetzung mit der Welt gilt es so manches Mal, etwas loszulassen, sich nicht an Vergangenes zu klammern. Gehe deinen ganz eigenen spirituellen Weg und verarbeite all die Herausforderungen, die dich am Ende stark und weise werden lassen. Durch Engagement findest du zu deiner Berufung, die den Einsatz wert ist und dich an den rechten Platz in deinem Leben bringen wird.

Ahnenlast: Bei deinem Beruf/deiner Berufung kannst du deine Fähigkeiten, die dir in dieser Inkarnation zur Verfügung stehen, in einem Rahmen ausdrücken, der auch deinen Ahnen gefallen hätte. Ist es doch die berufliche Tätigkeit, die schon deinen Vorfahren die entsprechenden Lebensbedingungen vorgegeben haben. Forsche nach, welche Tätigkeiten und Fertigkeiten in deinen Ahnenlinien vorkamen und schaue, ob du sie mit ihnen teilst. Lasse dich nicht auf sinnlose Machtkämpfe ein, die aus Herrschsucht entstehen und eine Überreaktion deines Gegenüber provozieren könnten. Überprüfe alle Details, bevor du dich zum Handeln entscheidest und setze dich dort durch, wo es um dein Gelingen deines Selbstausdrucks geht.

Ahnenkraft: Oft sind es vererbte Talente und Neigungen, die uns mit unseren Vorfahren verbinden. Oder Familienbetriebe werden von Generation zu Generation weiter vererbt und es steht bereits bei der Geburt fest, welcher Werdegang einem bevorsteht. Prüfe für dich, ob es wirklich das ist, was du in deinem Leben verwirklichen möchtest, oder ob deine Sehnsüchte in eine ganz andere Richtung gehen. Gegebenenfalls musst du deine Pläne ändern, um dein ganzes dir gegebenes Potenzial auszuleben.

Ahnenheilung: Oft arbeiten wir hart an einer Aufgabe, ohne zu wissen, ob es wirklich das ist, was in uns träumt. Wir klammern uns an den ursprünglichen Plan und sind nicht flexibel genug, umzudenken und einen anderen Kurs zu setzen. Sind es nicht unsere eigenen Träume, die verwirklicht werden möchten, machen sie uns nicht glücklich. Nimm dir Zeit und schaue dir an, wo du dich noch an alte Strukturen klammerst, die für dich eigentlich keine Gültigkeit mehr haben. Setze gegebenenfalls neue Prioritäten, die deiner Selbstverwirklichung zugute kommen. Die Hauptsache ist, dich in deiner Arbeit und deinen kreativen Tätigkeiten ausdrücken zu können, daran zu wachsen und zu zeigen, was in dir steckt. Etabliere dafür Gewohnheiten, die deine Träume und Ziele unterstützen.

Botschaft der Karte: Die Berufung und alles, was dir in diesem Leben wirklich wichtig ist, bleibt eine wichtige Entscheidung, da sie viel Zeit in deinem Leben einnehmen wird. Prüfe für dich, ob du die richtige Wahl getroffen hast, oder ob es Zeit wird, neue Wege zu gehen. Folge dabei der Sehnsucht deines Herzens, das trotz widriger Umstände einen Weg finden wird, diesen Traum in dir zu verwirklichen. Die Kreativität und Freude, die dadurch in deiner Seele entfacht wird, ist der Lohn für all deine Mühen.

Karte 36 Kreuz

Haus: Ein positives Karma erschaffen, der göttlichen Führung vertrauen

Als Person: Das Schicksal und tiefgreifende Lernaufgaben zeichnen den Weg dieser Menschen. Er ist voller Prüfungen und daraus resultierender Selbsterkenntnis und lässt durch die Bürden und Belastungen den Glauben schwinden, dass positives Karma erschaffen werden kann. Durch die Notwendigkeit von unabwendbaren Erfahrungen lernen sie, Fügungen zu erkennen und für sich zu nutzen, und im Nachhinein alles als wichtige Lektion des Lebens zu erkennen.

Die energetische und spirituelle Ausrichtung: Obwohl man sich dem Unausweichlichen stellen muss, verliert man nicht den Glauben daran, dass Synchronizitäten geschehen, falls man offen dafür ist und sie für möglich hält. Dadurch kann man sich mit der Schöpfung verbunden fühlen. Das Anwenden von kosmischen Gesetzen und der Glaube daran, dass alles im Leben einen Sinn hat, lässt sie die Herausforderungen des Lebens als Wachstumsmöglichkeiten begreifen.

Das momentane Leben: Das Unausweichliche, dem du dich stellen musst, schenkt dir die Selbsterkenntnis, die du jetzt für dein Leben brauchst. Der Glaube, dass alles in deinem Leben einen Sinn hat, hilft dir dabei, die Herausforderungen des Lebens als Wachstumsmöglichkeiten zu begreifen. Nimmst du deine Lernaufgabe an, wirst du mehr und mehr deine Berufung leben, denn sie dient der Selbstverwirklichung im Leben eines jeden Menschen.

Ahnenlast: Die Ahnenlinien sind durch Schicksalsschläge gezeichnet, die so manche Umwälzungen und schmerzvolle Erfahrungen für die betroffenen Vorfahren bedeutet haben. Werden diese Traumata nicht geheilt, werden sie an die nächste Generation weitergegeben. Zu heilen sind Intoleranz, Verhärtung, Entfremdung, Fatalismus, Verbitterung und Selbstaufgabe. Die Opferrolle, das Gefühl, dem Schicksal ausgeliefert zu sein sollte sich in Schöpferkraft wandeln, damit alle Vorfahren in die Heilung geführt werden können.

Ahnenkraft: Die Kraft der Ahnen steht einem zur Verfügung, diese Traumata zu transformieren und alte Wunden zu heilen, die Krieg, Verfolgung, Armut und Krankheit in den Herzen der Vorfahren geschlagen haben. Jetzt ist die Zeit, Heilarbeit durch den tiefen Glauben daran, dass damit alle Ahnen auch heilen, zu vollziehen. In der heutigen Zeit ist dies viel einfacher und tiefgreifender als noch vor wenigen Generationen. Alles, was wir in den verschiedenen Inkarnationen erlebt haben, bleibt im Seelengedächtnis gespeichert. Liebe und Weisheit sind dabei die Erfahrungen, die die Seele am meisten nährt und sich in ihrer liebenden Energie erfahren lässt.

Ahnenheilung: Der Glaube an eine Macht, höher als man selbst, die einen beschützt und nur die Lernaufgaben zumutet, die man auch bewältigen kann, bildet die Grundlage dafür, sein Schicksal anzunehmen. Im Laufe des Lebens ist es wichtig, zu lernen, auf die richtige Art und Weise mit den Problemen umzugehen. In der Gewissheit, dass das Leben einem wohl gesonnen ist, kann das Universum auch dementsprechend auf unsere innere Haltung dem Schicksal gegenüber antworten. Jede Entscheidung, die du triffst, formt dein Schicksal. Dazu gilt es zu erkennen, dass du dein Leben maßgeblich beeinflussen kannst und selbst die Rollen wählst, sei es ein Opfer, Täter oder Friedensstifter. Denn es ist deine innere Welt, die deine äußere Welt erschafft.

Botschaft der Karte: Das Leben wird von unseren Gedanken, Gefühlen und Taten gelenkt und kommt uns so manches Mal schicksalhaft vor. Doch alles dient dem spirituellen Wachstum der Seele, die auf diese Erde inkarniert ist, um menschliche Erfahrungen zu machen und in dem Spannungsfeld der Dualität den Glauben an die Liebe und das Wissen um ein Miteinander in Mitgefühl und Respekt zu leben. Öffne dich für die Weisheit, dass du alles verändern und wieder wahre Freundschaft finden kannst.

Zusatzkarten von Angelina Schulze

Karte 37 Bauch

Haus: Ordnung und Struktur ins Leben bringen

Als Person: Die Heiler, Schamanen und Anführer. Diese Menschen haben Pläne für die Menschheit, die eine Ordnung schaffen, die von Heilung und Gleichheit geprägt ist. Dafür rufen sie bei anderen innere Erkenntnisprozesse hervor, indem sie Verantwortlichkeiten sortieren und alles eliminieren, was dem Heilungsprozess im Wege steht. Sie zeigen uns, wie man sich aus Chaos befreit und sein Leben strukturiert und strategisch vorgeht durch Planung und Verwirklichung der eigenen Vorstellungen. Dabei vergessen sie nicht, ihre heilerischen Fähigkeiten zu entwickeln und auszuführen. Das Streben, etwas Neues zu entwickeln, ist stark in ihnen verankert und gibt ihrem Leben Ordnung und Struktur.

Die energetische und spirituelle Ausrichtung: Etwas ausbrüten, innere Erkenntnisprozesse, Erwartungshaltung, visualisieren und Umsetzung, sortieren und eliminieren, körperliche Vereinigung, Heilungsprozess, heil werden, sich aus Chaos befreien und sein Leben strukturieren, strategisch vorgehen durch Planung und Verwirklichung, seine heilerischen Fähigkeiten entwickeln und ausführen, etwas Neues entwickeln, seinem Leben Ordnung und Struktur geben.

Das momentane Leben: Befreie dich aus dem momentanen Chaos und fange an, dein Leben neu zu strukturieren. Dabei solltest du strategisch vorgehen, denn durch Planung kommst du deiner Selbstverwirklichung einen entscheidenden Schritt näher. So kann Heilung geschehen und deine neu gewonnene Herzensweisheit fördert innere Erkenntnisprozesse. Die richtige Vorbereitung hilft bei der Umsetzung und lenkt alles in die richtigen Bahnen.

Ahnenlast: Am Anfang war die Liebe, die durch ihre hohe Schwingung dafür sorgt, dass der Mensch für seine Nachkommen sorgt und die Lebensbedingungen stetig verbessern möchte. Allen ist es gegeben, nicht nur zu überleben, sondern der evolutionären und spirituellen Entwicklung entgegenzustreben. Die Ahnen haben dabei eine Rolle gespielt, denn sie haben es ermöglicht, dass man als Seele inkarnieren konnte. Ein großer Auftrag liegt in dem Bemühen, die kosmische Ordnung zu wahren und sich für die Heilung allen Lebens auf dieser Erde einzusetzen.

Ahnenkraft: Entwickelt man innere Weisheit, stellt man fest, dass man niemandem Schlechtes wünscht und davon ausgeht, dass jeder sein Bestes gibt. In jedem schlummert ein göttlicher Kern, der sich durch den Ausdruck der Liebe entfaltet und dafür sorgt, sich selbst und andere mit Güte zu behandeln.

Ahnenheilung: Hat man die Orientierung im Leben gefunden und in seine innere Mitte gefunden, öffnet sich das Herz für die Eigenliebe und die Liebe für die Mitmenschen. Dann verbreitet man Licht, Freude und Freiheit um sich herum und begleitet andere dabei, das Gute in sich zu entdecken. Das ist Heilung für jede Seele, die hier auf dieser Erde inkarniert ist.

Botschaft der Karte: Sieh das Gute in dir und deinen Mitmenschen. Vertraue auf die göttliche Ordnung und das Wissen, dass jede Seele sich auf dem Weg der Entwicklung und Erkenntnis befindet. Schaffe Klarheit, wo du stehst, und gehe in der Gewissheit voran, dass alles zur rechten Zeit und am rechten Ort für dich geschieht.

Karte 38 Engelsflügel

Haus: Die geistige Welt und deren Helfer

Als Person: Dies sind die Engel in Menschengestalt. Die in deinem Leben auftauchen und dir entscheidende Hilfestellung geben. Sie bieten dir Schutz und du fühlst dich von ihnen geführt, um Gutes zu bewirken. Sie sind wertvoll und ein Gewinn für jeden Menschen auf dieser Erde.

Die energetische und spirituelle Ausrichtung: Die Verbindung zu den Engeln ist sehr innig und sie kommunizieren mit den Engeln, Krafttieren und Geistführern. Dies gelingt ihnen, weil sie an Engel glauben und sie wie selbstverständlich in ihr Leben integrieren. Dabei fühlen sie sich von ihnen beschützt und geführt. Sie haben die Engel an ihrer Seite und die geistige Welt unterstützt ihre Bemühungen, auch ein Engel auf Erden zu werden.

Das momentane Leben: Die Engel möchten dich dazu auffordern, ihren Schutz und ihre Unterstützung in dein Leben zu integrieren. Wenn du die Existenz der Engel als wahr empfindest und mit ihnen kommunizieren möchtest, bitte sie um ihren Schutz und Beistand. Ein Schutzkreis aus himmlischen Energien wird dein Leben bereichern und du wirst zu den Menschen und Gelegenheiten geführt, die für deinen Lebensplan wichtig sind.

Ahnenlast: Die Engel sind schon immer Begleiter deiner Ahnenlinien gewesen und haben ihre schützende Hand über all die gehalten, die für das Leben und die Liebe eingestanden sind. Dieser Glaube zieht sich von Generation zu Generation, dass man beschützt von den Engeln all das vom Universum erhält, was der spirituellen Entwicklung dienlich ist.

Ahnenkraft: Der Glaube kann Berge versetzen und dem Leben eine besondere Note der Hingabe geben. Überprüfe die Beweggründe des Tuns im Hinblick auf die spirituelle Lehre der bedingungslosen Liebe und handle im Auftrag der Vorfahren gemäß der Gewissheit, dass alles von Bedeutung ist, vorausgesetzt es ist beseelt von Liebe und Mitgefühl.

Ahnenheilung: Die Stabilität, die die menschliche Psyche sich wünscht, kann durch den Glauben an die Liebe und die Engel gestärkt werden. Die Gewissheit, nicht allein zu sein und beschützt und behütet zu werden, lässt es zu, dass man über sich hinauszuwachsen vermag. Alles geht in die Heilung, wenn man in der Energie der Liebe schwingt.

Botschaft der Karte: Glaube daran, dass das Universum und die Engel dich bei deinen Vorhaben unterstützen werden, wenn es deinem Lebensplan entspricht. In dem Wissen, dass dein Wunsch erfüllt wird, handle mit klarem Menschenverstand und der Absicht, gutes für dich und dein Umfeld zu bewirken.

Karte 39 Fabrik

Haus: Ein Lebensprojekt, Dienst an der Gemeinschaft

Als Person: Die Vorbilder und Manager dieser Welt, die durch ihr Schaffen Spuren auf der Welt hinterlassen. Diese Menschen zeichnen sich durch Selbstständigkeit und großen Arbeitseinsatz aus. Ihr Besitz liegt in ihrem Streben, etwas herzustellen, was sie überdauert und kommenden Generationen dient. Sie arbeiten hartnäckig an Stabilität und Projekten, die zukunftsweisend und innovativ sind und auf denen man gut etwas Neues aufbauen kann.

Die energetische und spirituelle Ausrichtung: Dies sind Menschen, die Großes bewegen und ihre Gestaltungsmöglichkeiten für die Gemeinschaft einsetzen. Sie sind für die Gesellschaft eine stabilisierende Kraft. Sie leben nicht nur ihre Talent aus, sondern erschaffen etwas Neues, was die Welt ein bisschen besser macht. Sie investieren ihre Zeit und Kraft, um sich in einem Projekt zu verwirklichen und etwas für die Nachwelt zu schaffen.

Das momentane Leben: Bringe etwas Neues in die Welt, indem du etwas erschaffst, woran dein Herz sich erfreuen kann. Lebe deine Talente und verwirkliche dich in Projekten und nutze all die Gestaltungsmöglichkeiten, die dir zur Verfügung stehen. Du hast bereits eine sehr gute Basis, auf der du aufbauen kannst. Dieser Schaffensprozess, in dem du dich ausdrücken kannst, dient deinem Heilungsprozess und erschafft in dir die Zufriedenheit und das Gleichgewicht, das deiner spirituellen Entwicklung dienlich ist.

Ahnenlast: In der Ahnenlinie gibt es innovative Vorfahren, die dafür gesorgt haben, dass sie nicht so schnell vergessen werden. Ein unbändiger Drang, etwas Bleibendes zu erschaffen, ist auch in dir angelegt. Denke groß und setze deine schöpferischen Kräfte für das Wohl aller Menschen und Mutter Erde ein. Dein Wissen, dass du ein Teil des großen Ganzen bist, treibt dich an, dich für nachhaltige Innovationen einzusetzen.

Ahnenkraft: Mit der Kraft der Ahnen kannst du Großes bewirken und dir und deinen Vorfahren ein Denkmal setzen. Alles dient der Entwicklung neuer Ideen und der Evolution des Menschengeschlechts, die es dir und deinen Verwandten ermöglicht, ein wichtiger Teil vom Ganzen zu sein und das Überleben auf diesem Planeten für alle Lebewesen zu sichern.

Ahnenheilung: Heilung geschieht von selbst, falls man sein gesamtes Tun dem Leben auf diesem Planeten widmet. Sei es, sich für Menschen einzusetzen, denen es nicht gut geht, oder für die Pflanzen- oder Tierwelt, deren Sicherung ihres Lebensraums unser eigenes Überleben sichert. Sich einer solchen Aufgabe vollständig in den Dienst zu stellen, ist die Garantie dafür, die eigene Erfüllung zu erlangen. Der Dienst am anderen erfüllt das Herz und die Seele erfüllt ihren Seelenplan auf wunderbare Weise.

Botschaft der Karte: Denke groß und mache dich frei von engen Vorstellungen und eigens gewählten Begrenzungen. Du bist der Mensch, der den Unterschied macht und hier inkarniert ist, um ein Vorbild für andere zu sein. Du zeigst, was alles möglich ist, wenn man selbst den Anfang macht und alles für machbar und möglich hält. Du wartest nicht auf andere, sondern nimmst die Dinge selbst in die Hand. Das ist es, was der Planet Erde in der Zukunft mit am dringendsten braucht. Pioniere und Wegbereiter, die den Mut haben, voranzugehen und mit all ihrer Kraft und Engagement dem Wohle aller zu dienen.

Karte 40 Hand

Haus: Aus dem Chaos der Gefühle in die Vergebung und das Loslassen finden

Als Person: Die Friedensstifter. Diese Menschen tragen viel Verantwortung für die Erfahrungen, die sie in dieser Inkarnation machen. Alles, was geheilt werden sollte, dient dazu, seine eigene Autorität anzuerkennen. Dafür ist es wichtig, seine Grenzen zu erkennen und dann loszulassen, wenn es etwas zu akzeptieren gilt. Eigenverantwortliches Handeln und die Bereitschaft, zu vergeben, lässt diese Menschen eine positive Bilanz ziehen. Sie sind bereit, alle Schuldgefühle loszulassen, die nur zu Chaos und Selbstverurteilung führen würden.

Die energetische und spirituelle Ausrichtung: Der Lernprozess verlangt immer wieder loszulassen, was man als wahr und richtig anerkennt. Die Dinge sind im Wandel und mit ihnen die Voraussetzungen, die sich ergeben. So ist es wichtig, sich von der Vergangenheit zu befreien, sich selbst und anderen zu vergeben und gesunde Grenzen dahingehend zu setzen, was nur chaotisch und destruktiv das Leben beeinflusst. Dafür ist es wichtig, die Selbstverantwortung zu erkennen und für den inneren Frieden Brücken der Verständigung zu bauen. Denn Vergeben ist das, was uns alle befreit.

Das momentane Leben: Erkenne deine Selbstverantwortung und vergib dir selbst und anderen. Dadurch wird dir die Freiheit geschenkt, die du brauchst, um Brücken der Verständigung zu dir und anderen Menschen zu bauen. Lasse los von etwas, was dir nicht mehr guttut und befreie dich aus dem Sog, den negative Energien in Form von Erinnerungen in dir auslösen. Setze klare Grenzen und werde deine eigene Autorität, die selbst bestimmt, sich von jeglichen Schuldgefühlen zu befreien. Ziehe Bilanz und befreie dich vom Chaos, das Schuldzuweisungen in dir auslösen, indem sie dich an Begebenheiten binden, die längst vergangen sind.

Ahnenlast: Das Thema, was sich wie ein roter Faden durch die Ahnenlinien zieht, ist die Vergebung. Sich selbst gegenüber in der Hinsicht, dass man Fehler machen darf und sie, falls es geht, wieder gut machen sollte. Und die Vergebung anderen gegenüber, die auch ihre eigenen Lektionen zu lernen haben und da wir es nicht in der Hand haben, wann sie so weit sind, sich erwachsen und angemessen zu verhalten. Es gilt, das Schicksal anzunehmen und zu akzeptieren, dass das Leben ewige Veränderung bedeutet.

Ahnenkraft: Die Kraft der Ahnen wird gestärkt, wenn man bereit ist, stellvertretend für alle Vorfahren Vergebungsarbeit zu leisten. So können alle Vorfahren heilen und die Kraft, die sich dadurch bildet, ist von der Liebe und dem Licht getragen. Dann ist alles möglich und man kann sein Leben auf liebevolle Weise gestalten, mit der Rückendeckung all derer, die vorher da waren und es ermöglicht haben, dass deine Seele inkarnieren konnte.

Ahnenheilung: Loslassen und Vergebung sind die Königsdisziplinen des Lebens. Sie machen dich frei von vergangenen Verfehlungen und bereiten den Weg für Heilung und Erfüllung. Solange du anderen ihre Fehler nicht verzeihen kannst, bist du an die niederen Energien von Missgunst und Schmerz gebunden und der Weg zur Erlösung ist dir verwehrt.

Botschaft der Karte: Willst du dich von vergangenem Schmerz befreien, dann vergebe allen beteiligten Personen. Du selbst und dein Gegenüber sind hier, um zu lernen, und wenn du loslassen kannst, wenn ein anderer Mensch diesen Lernprozess vollzogen hat, kannst du alles loslassen und deine ganze Kraft für Heilung und liebespendende Eigenschaften einsetzen. Du hast die Macht, dich und alle deine Vorfahren von altem Schmerz und Ungemach zu befreien. Lasse los und sei gesegnet!

Hier findest du weitere Inspiration, falls du nach den Krafttieren in den Legungen Ausschau hältst:

Karte Reiter/Pferd
Das Pferd steht für Ausdauer, Kraft und Flexibilität. Die Herausforderungen des Lebens sollten mit Energie und Dynamik in Angriff genommen werden. Hierbei stellt der Reiter die innere Führung dar, der das Pferd sicher ans Ziel führt.

Karte Schlange
Die Schlange zeigt uns, wo wir uns in welchem Lebensbereich häuten bzw. erneuern müssen. Da, wo Heilung notwendig ist, wird mit klarem Verstand ohne Umschweife die Lernaufgabe umgesetzt und die Veränderung angenommen. Verbunden mit der göttlichen Energie sorgt sie für das Gleichgewicht zwischen Körper Geist und Seele.

Karte Vögel
Die Eulen stehen für Magie und Weisheit. Ihre Hellsichtigkeit unterstützt den spirituellen Prozess, sich im Labyrinth von Wahrheit und Täuschung zurechtzufinden. Klug und sich selbst reflektierend hilft sie bei der Entwicklung der Persönlichkeit.

Karte Fuchs
Der Fuchs besticht durch seine Klugheit und Intelligenz, die er richtig einzusetzen weiß. Er lässt sich nicht in die Karten gucken und seine Beobachtungsgabe lässt ihn den richtigen Zeitpunkt finden, sich seinen Vorteil zu verschaffen.

Karte Bär
Ruhig und besonnen bereitet der Bär alles vor und vertraut auf seine Erfahrungen aus der Vergangenheit. Er symbolisiert Schutz und Stärke und die Geborgenheit, die er

vermittelt, gibt einem die notwendige Sicherheit, alles in Ruhe zu bedenken und mit Bedacht zu handeln.

Karte Störche
Die Störche sind ein Symbol für unterwegs sein und bereit zu sein, Veränderungen herbeizuführen. Durch eine positive Ausrichtung ist er offen für Neues und flexibel genug, sich auf neue Situationen einzustellen. Er hat ein untrügerisches Gefühl und die innere Weisheit in dem Leben des Fragenden, positive Impulse zu geben und auf eingefahrene Situationen mit Enthusiasmus zu reagieren.

Karte Hund
Der treuste und loyalste Freund des Menschen. Er zeichnet sich durch bedingungslose Liebe und das Leben im Hier und Jetzt aus. Alles an Liebe und Zuwendung, was wir uns von anderen wünschen, erfüllt er in dienender und achtsamen Art und Weise. Ein besonderes Krafttier und ein Geistführer, der einem bei der spirituellen Entwicklung zur Seite steht.

Karte Mäuse
Die Kraft der Maus liegt in ihrer Vorsicht, um ihre körperlichen Defizite auszugleichen. Sie überprüft alles ganz genau, schaut ins Detail und lotet alles aus, was gefährlich werden könnte. Diese Aufmerksamkeit sichert ihr Überleben und garantiert, dass sie sich ihrer Umgebung anpassen kann.

Karte Fische
Die Fische verbinden einen mit seiner Seele, die einen intuitiv durch das Leben führt. Ihre Sensibilität und Feinfühligkeit lässt sie ihrer emotionalen Intelligenz vertrauen, die viel weiser ist als der Verstand es je sein könnte.

Autorenseite

Andrea Rosenthal
E-Mail: andrea@reiki-tor.de
Facebook: facebook.com/ReikiTor

www.reiki-tor.de

Mein spiritueller Weg begann mit den Tarotkarten, die mir widerspiegelten, wie es um mein Seelenheil bestellt war. Nachdem ich die Ausbildung zur psychologischen Beraterin und Reiki-Lehrerin absolviert hatte, entschloss ich mich, auch in die Welt des Lenormand einzutauchen. Damit begann für mich eine Reise, die immer spannender und vielfältiger wird.

Mein Anliegen, wenn ich mit den Karten arbeite, ist es, Situationen transparent zu machen. Darzulegen, was gerade da ist, um dann lösungsorientiert Möglichkeiten aufzuzeigen, die mehr zu einer Harmonisierung einer Lebenssituation beitragen können. So verstehe ich die Arbeit mit den Karten, denn an erster Stelle steht die Selbstverantwortung, die jeder selbst für sich ergreifen muss, um seine eigenbestimmte Zukunft zu gestalten.

Verwirklicht habe ich dieses Anliegen bereits in meinen Büchern.

Bücher von Andrea Rosenthal

Kartenlegen ausführlich erklärt – Lenormand-Legungen mit psychologischer Deutung zum Thema Blockaden und Loslassen
Band 11
ISBN: 978-3-943729-53-5

Kartenlegen ausführlich erklärt – Madame Lenormand kombiniert mit Andreas Chakra-Legung
Band 12
ISBN: 978-3-943729-54-2

Kartenlegen ausführlich erklärt – Karma als Legungen mit Lenormandkarten
Band 13
ISBN: 978-3-96738-115-3

Lenormand Legesysteme für die Achtsamkeitspraxis
Mit 46 Legungen eine magische Reise durch das Jahr
ISBN: 978-3-96738-175-7

Der magische Seelenblick
Lenormand große Tafel und kleine Legesysteme zum Thema
ISBN: 978-3-96738-176-4

Die große Tafel mit den Lenormandkarten mal anders gedeutet
Separate Tafeln zu den Themen Liebe, Beruf und Privatleben
ISBN: 978-3-96738-181-8

Zahlenmagie und Liebeszauber mit den Lenormandkarten
Mit Zahlen sich selbst und die magische Welt der Liebe entdecken
ISBN: 978-3-96738-223-5

Die Deutung der Persönlichkeits-Matrix mit Lenormandkarten
It's Magic Lenormand
– die wundervolle Welt des
Lenormand – vom Wissen zum Sein

Softcover
ISBN: 978-3-96738-161-0

Hardcover
ISBN: 978-3-96738-162-7

Du bekommst die Bücher im Onlineshop vom Verlag:

https://angelina-schulze.com

oder auf Amazon und anderen Online-Buchhandlungen, sowie im Buchhandel bei dir um die Ecke, also direkt vor Ort. Gib dann in der Buchhandlung den Titel und die ISBN an und das Buch kann beim Großhandel bestellt werden und liegt meist schon 1-2 Tage später zur Abholung bereit.

Die E-Books gibt es in der Regel als PDF zum Lesen und ggf. ausdrucken am PC im Onlineshop vom Verlag.

Legeschablonen zur großen Tafel von Andrea

- 2-teiliges Faltblatt mit glänzender Schutzschicht.
- Maße der ausgelegten Schablone sind 59,4 cm x 63 cm.
- Auf der Vorderseite ist die Schablone, wo du direkt die Karten drauf legen kannst und dazu viele Deutungshilfen bekommst.

Lenormand 9x4 Legeschablone
Persönlichkeits-Matrix als Zubehör zum Buch
EAN: 4260399371730

Große Tafel Lenormand 9x4 Legeschablone
"Liebes Board" inkl. Bonus Video
EAN: 4260399371761

Große Tafel Lenormand 9x4 Legeschablone
"Privatleben Board" inkl. Bonus Video
EAN: 4260399371778

Große Tafel Lenormand 9x4 Legeschablone
"BERUF / BERUFUNG / PROJEKTE Board" inkl. Bonus Video EAN: 4260399371754

Große Tafel Lenormand 9x4 Legeschablone
"Das magische Seelenblick Board" inkl. Bonus Video
EAN: 4260399371785